Architektur beginnt im Kopf

Elke Krasny
Architekturzentrum Wien

Architektur beginnt im Kopf
The Making of Architecture

Az W

BIRKHÄUSER
BASEL · BOSTON · BERLIN

Herausgegeben von Elke Krasny, Architekturzentrum Wien

Direktor: Dietmar Steiner
Geschäftsführung: Karin Lux

**Dieses Buch erscheint anlässlich der Ausstellung
„Architektur beginnt im Kopf. The Making of Architecture"
16.10.2008 bis 02.02.2009 im Architekturzentrum Wien.**

Kuratorin der Ausstellung: Elke Krasny
Projektkoordination und wissenschaftliche Ausstellungsmitarbeit: Gudrun Hausegger
Wissenschaftliche Ausstellungsmitarbeit: Robert Temel
Szenographie: Alexandra Maringer
Mitarbeit: Bernadette Krejs
Ausstattung: Dietlind Rott
Ausstellungsgrafik: Thomas Kussin, buero8

Katalogkonzeption und Redaktion: Elke Krasny (ek)
AutorInnen: Gudrun Hausegger, Elke Krasny, Robert Temel (rt), Dietmar Steiner, Gerhard Vana
Zwei Objektbeschreibungen: Peter G. Auer, Manfred Wolff-Plottegg

Grafische Gestaltung des Buchs und Satz: o- Alexander Schuh
Bildbearbeitung: Martina Frühwirth, o- Alexander Schuh
Lektorat: Andrea M. Werther

Umschlag vorne: Orchidee im Büro von Lacaton & Vassal, Paris © Elke Krasny
Reduktionszirkel, Archiv Vana-Architekten, Wien © Peter Kubelka
Umschlag hinten: Holzdreieck von Lux Guyer, Zürich © Peter Kubelka
Buntstifte aus dem Büro Diller Scofidio + Renfro, New York © Peter Kubelka
Abbildungsnachweis und Quellenverweis: siehe Angaben in den Bildunterschriften
Wir haben uns bemüht, alle Fotorechte zu recherchieren und anzugeben. Für den Fall,
dass einzelne namentlich nicht angeführte Fotografen Rechtsansprüche haben, ersuchen wir
diese, mit dem Herausgeber Kontakt aufzunehmen.

Ausstellung und Katalog konnten nur realisiert werden dank der großzügigen Unterstützung
von öffentlichen und privaten Leihgebern.

WIEN KULTUR   IN ZUKUNFT :WIEN   bm:uk   ARCHITECTURE LOUNGE Architekturzentrum Wien   Institut Français de Vienne

Bibliografische Information der Deutschen Nationalbibliothek
Die Deutsche Nationalbibliothek verzeichnet diese Publikation in der Deutschen National-
bibliografie; detaillierte bibliografische Daten sind im Internet über http://dnb.d-nb.de abrufbar.

Dieses Buch ist auch in einer englischen Ausgabe erschienen
(ISBN 978-3-7643-8980-2).

© 2008
Architekturzentrum Wien und AutorInnen
Birkhäuser Verlag AG
Basel · Boston · Berlin
P.O. Box 133, CH-4010 Basel, Schweiz
Ein Unternehmen der Fachverlagsgruppe Springer Science+Business Media

Gedruckt auf säurefreiem Papier, hergestellt aus chlorfrei gebleichtem Zellstoff. TCF ∞
Druckerei: Holzhausen Druck & Medien GmbH, Wien

Printed in Austria

ISBN: 978-3-7643-8979-6

9 8 7 6 5 4 3 2 1   www.birkhauser.ch

Inhalt

2 **VOWORT** Dietmar Steiner
5 **VON WERKZEUG UND INSPIRATION.**
  KREATIONSÖKONOMIEN DER ARCHITEKTUR Elke Krasny

ARCHITEKTURFELDFORSCHUNG: ZWANZIG ATELIERBESUCHE

14 **ALVAR AALTO**
20 **LINA BO BARDI**
28 **ATELIER BOW-WOW**
34 **HERMANN CZECH**
42 **DILLER SCOFIDIO + RENFRO**
46 **EDGE DESIGN INSTITUTE**
52 **YONA FRIEDMAN**
58 **ANTONI GAUDÍ**
64 **LUX GUYER**
68 **STEVEN HOLL ARCHITECTS**
72 **THE JERDE PARTNERSHIP**
78 **LACATON & VASSAL**
84 **RUDOLF OLGIATI**
88 **CHARLOTTE PERRIAND**
94 **R & SIE(N)**
100 **THEISS & JAKSCH / SCHWALM-THEISS**
106 **KARL SCHWANZER**
112 **SOM SKIDMORE, OWINGS & MERRILL**
118 **UNSTUDIO**
124 **VENTURI SCOTT BROWN & ASSOCIATES**

131 **MOMENTAUFNAHMEN**

WERKZEUGGESCHICHTEN

140 **MITTEL UND ZWECK** Robert Temel
144 **RUNDER ALS DAS O DES GIOTTO** Gerhard Vana

KLEINES LEXIKON DER WERKZEUGE

150 **DIE SKIZZE**
152 **BLEISTIFT, AQUAFIX & SKETCHUP**
156 **DER PLAN**
158 **REISSZEUG, RASIERKLINGEN & CAD**
162 **ZIRKEL, SCHABLONE & INDY**
166 **DREIECK, REISSSCHIENE & VECTORWORKS**
168 **STORCHENSCHNABEL, LICHTPAUSMASCHINE & KOPIERER**
170 **PAPIER, LETRASET & AIRBRUSH**
174 **DAS MODELL**
176 **STANLEYMESSER, KLEBER & 3D-PLOTTER**
180 **3D-MODELING, BÉZIER KURVEN & RENDERMASCHINEN**

186 **AUTORINNEN BIOGRAFIEN**
188 **DANK**

Wie entsteht Architektur? – Zuerst im Kopf, sagen wir. Dann wird die Idee mit Werkzeugen formuliert. Wir sagen Werkzeuge, weil sie als Verlängerung von Absichten und Gedanken diese kodifizieren und kommunizieren. Und weil die jeweiligen Werkzeuge schon mitbestimmend sind für das Ergebnis. So war es in den 1960er Jahren üblich mit einem dicken Bleistift zu skizzieren. Die berühmte 6B-Mine. Damals wurden Pläne als „Glanzpausen" produziert und mit bunten Folien beklebt. In den 1980er Jahren nannte sich die erste Londoner Architekturgalerie im Kontrast dazu 9H, die dünnste und härteste Mine des Bleistifts bezeichnend. Kein Zweifel auch, die jeweiligen Werkzeuge der Formulierung der Ideen erlauben Rückschlüsse auf die gebaute Architektur. Als ich in den 1970er Jahren davor, die abgerundeten Ecken, die dicken Filzstifte, die Glanzpausen verweigerte und wieder mit bunten Bleistiften auf Aquafix zeichnete, war dies auch eine für mich als revolutionäre empfundene Ablehnung der Architektur zuvor. Eindeutig war damals das Verhältnis von Kopf, Hand und Werkzeug. Eine lange Nacht diskutierte ich damals mit Bruno Reichlin die Frage, welche inhaltliche Position bezogen wird, wenn man eine Linie zeichnet und dann entscheiden muss, wie man um die Ecke geht. Das war vorbei, als die ersten Zeichencomputer die Architekturbüros eroberten, konnten diese doch zunächst nur gerade Linien zeichnen. Und jetzt vergleichen wir die Architektur dieser Zeit mit den vielfach fließenden Formen heute, und dürfen damit die Frage beantworten, dass es auch die Werkzeuge des Entwerfens sind, welche die Idee und Formen der Architektur bestimmen.

Denn Werkzeuge und Techniken der Darstellung der Vermittlung einer Idee haben alle ihre technischen Möglichkeiten, Grenzen und Bedingungen. Ist also Architektur nicht das im Kopf visionär Erdachte und Erträumte allein, sondern auch das, was sich mit den jeweils zur Verfügung stehenden Werkzeugen visuell vermitteln lässt? Diese Problematik eröffnet und entschlüsselt das Projekt von Elke Krasny, Architekturbüros anhand ihrer unterschiedlichen Arbeitsweisen für dieses Projekt auszuwählen. Ein einzigartiger Blick durchs Schlüsselloch in die Intimität der architektonischen Produktion. Man meint, einem Schöpfungsakt beiwohnen zu dürfen ...

Dietmar Steiner

GARY COOPER ALS ARCHITEKT HOWARD ROARK IM FILM „THE FOUNTAINHEAD" (EIN MANN WIE SPRENGSTOFF) 1949, FOTO: CINETEXT

HERMANN CZECH   ATELIER BOW-WOW   LACATON & VASSAL   YONA FRIEDMAN

FOTOS: ELKE KRASNY

VILÉM FLUSSER

„Aber Werkzeuge verändern nicht nur die Umwelt, sondern auch den Menschen, ihren Benützer. Sie schlagen auf ihn zurück, und er simuliert seine eigenen Simulanten."

Von Werkzeug und Inspiration. Kreationsökonomien der Architektur

Elke Krasny

a) Orchideen, b) Gewehr, c) Legosteine, d) Zigarettenasche, e) ein Bett, f) Bauerntruhen, g) Bäume, h) Wasserfarben, i) Lösungen aus der Architekturgeschichte, j) Worte, k) Spazierengehen, l) Kino, m) abgehängte Schnüre, … Was wie eine Erschütterung „aller Pläne" anmutet, die sich in Michel Foucaults „Die Ordnung der Dinge" ereignet, in der eine „gewisse chinesische Enzyklpädie (…) b) einbalsamierte Tiere, c) gezähmte, d) Milchschweine, e) Sirenen, f) Fabeltiere" (FOUCAULT 1971: 17) vorstellt, ist die erste Annäherung an in Architekturbüros angetroffene Instrumentarien der Ideenfindung im Akt des Entwerfens. Es ist, bis zur mythischen Verklärung, der Beginn des Entwurfsakts, der zählt. Selten, so wird in Gesprächen mit Architektinnen und Architekten klar, ist es die Frage nach dem Entwurfsverlauf oder nach dem Wissen, wann der Entwurf sein Ende gefunden hat, die gestellt wird.

Als ich 2006 in die Architekturfeldforschung „Architektur beginnt im Kopf. The Making of Architecture" aufgebrochen bin, hatte ich folgende Frage: Wie spielen die Relationen und Konstellationen zwischen ArchitektInnen und ihren Werkzeugen und Arbeitsräumen im Prozess des Entwerfens zusammen? Ich vermutete, dass die Art, wie mit Werkzeugen umgegangen wird, einen Einfluss auf den Entwurfsakt und die Architektur nimmt. Die Räume, die Architekten und Architektinnen für sich einrichten, betrachtete ich als mehrdimensionale Visitenkarte, nicht im Sinne eines repräsentativen Gestus, sondern im Sinne von tiefen, zugrundeliegenden Haltungen und Philosophien, die räumlich an die Oberfläche treten.

Fragen des Wie wurden dem Was zugrundegelegt: Es ging nicht so sehr um das, was Architektinnen und Architekten tun, sondern vielmehr darum, wie sie es tun. Zugleich ging es um die Formationen und Prägungen des Was der Werkzeuge, das im Wie des Tuns für die Möglichkeiten des Denkens in Lust an der Überschreitung wie Kritik an der Begrenzung eine entscheidende Rolle spielt. Welche Rolle spielen die kollektiven Werkzeuge einer Zeit im individuellen Entwurfsakt? Wie haben zum Beispiel Computerprogramme die Entwurfs...t?

...n of the century, scores of men and women have penetrated deep forests, ...ates, and weathered hostility, boredom, and disease in order to gather the ...d primitive societies. By contrast to the frequency of these anthropological ... few attempts have been made to penetrate the intimacy of life among ...h nearer at hand." (LATOUR, WOOLGAR 1986: 17) So beschreiben Bruno Latour ...ren Aufbruch ins Labor. „Laboratory Life" inspirierte mich für „Archi...f" zu „Atelier Life" in Form einer zeitgemäßen instant Feldforschung.

Gilles Deleuze, Claire Parnet

*„Die Werkzeuge setzen stets eine Maschine voraus —
und diese ist allemal primär eine Gesellschaftsmaschine.
Ein Werkzeug bleibt randständig oder kaum genutzt,
solange keine Gesellschaftmaschine oder kollektive
Verkettung existiert."*

AUS RUDOLF OLGIATIS SAMMLUNG ANTHROPOLOGISCHER FUNDSTÜCKE IN DER SCHWEIZ,
OLGIATI STIFTUNG, FLIMS

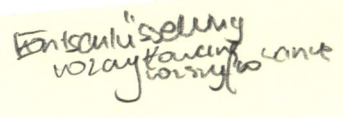

...ach vor Ort, Beobachtung beim Arbeiten, Dokumentarfotografie, Teilnahme
...n mit Kunden, an Entwurfssessions, Personalbesetzungsmeetings sowie
...terviews waren die von mir gewählten Werkzeuge der Atelierfeldforschung.
...m Falle der nicht mehr lebenden Architekten und Architektinnen wurde durch Interviews
mit ehemaligen MitarbeiterInnen eine Annäherung an die Arbeitsweise gefunden.

Recherchen wie im Aalto Archiv brachten zu Tage, dass noch nie eine ForscherIn nach
den von Aalto verwendeten Werkzeugen gefragt hatte. Selbst die Versammlung hunderter von
Skizzen zu einem Projekt gibt heute keine Auskunft mehr über den Verlauf des Entwurfsprozesses, wenn nicht mit noch lebenden BüromitarbeiterInnen darüber gesprochen wird. Diese
fehlende Wahrnehmung für die Notwendigkeit des Sprechen über das Architekturmachen als
Quelle der Entschlüsselung von im finalen Entwurf dann unsichtbar gewordenen, nicht mehr
nachvollziehbaren Entwurfsverläufen und Ideenentwicklungen entspricht dem Vexierbild, das
Mark Wigley zwischen Papier und Aufgezeichnetem beschreibt. „We have been trained to act
as if the paper is not present, trained to see through it, noticing only the dark marks made
upon it." (WIGLEY 2005: 331) Das Verhältnis zwischen Linien und Papier wurde erst dadurch sichtbar, dass in den 1960er Jahren dem Neuen des schwarzen Bildschirms mit den weißen Linien
folgend auf Papier gezeichnete Architektur nochmals weiß auf schwarz republiziert wurde. Ist
dies ein technologischer Akt, der ein Verhältnis und ein durch Selbstverständlichkeit einfach
Abwesendes wahrnehmbar werden lässt, ist es in meinen Ohren das Sprechen, die ‚oral
history' der Architekturproduktion, die das Abwesende des Prozesses, die Arbeit, (wieder) zu
Wort kommen lässt.

Um das Sprechen und das Schauen zu verbinden, wurden folgende Ateliers besucht:
Alvar Aalto in Jyväskylä und Helsinki, Lina Bo Bardi in Saõ Paulo, Bow-Wow in Tokio,
Hermann Czech in Wien, Diller Scofidio + Renfro in New York, Edge Design Institute in Hong
Kong, Yona Friedman in Paris, Antoni Gaudí in Barcelona, Lux Guyer in Zürich, Steven Holl
Architects in New York, The Jerde Partnership in Los Angeles, Lacaton & Vassal in Paris,
Rudolf Olgiati in Flims, Charlotte Perriand in Paris, R&Sie(n) in Paris, Schwalm-Theiss in
Wien, Karl Schwanzer in Wien, Skidmore, Owings & Merrill SOM in Chicago, UNStudio in
Amsterdam und Venturi Scott Brown & Associates VSBA in Philadelphia. Das dialogische
Gegenüber bildete die Recherche zeittypische Werkzeuge der Architekturprofession des
20. Jahrhunderts in privaten Sammlungen, Firmen sowie in Museen, von denen sich keines
ausgewiesenermaßen auf diesen Sammlungsbereich spezialisiert hat. Die kollektive Wissens-

YONA FRIEDMAN   THE JERDE PARTNERSHIP   UNSTUDIO   ATELIER BOW-WOW

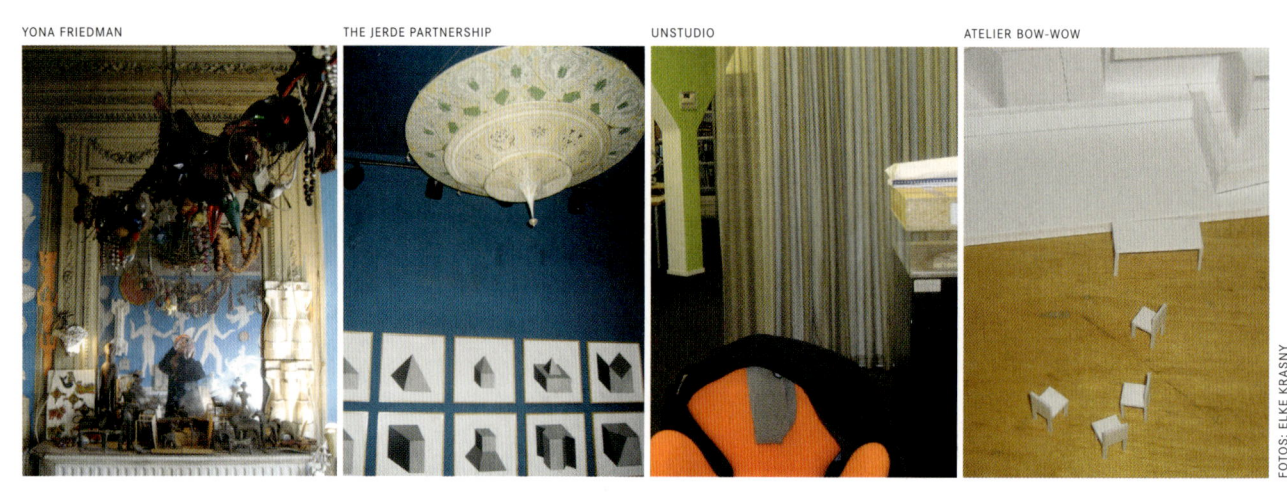

FOTOS: ELKE KRASNY

SANFORD KWINTER

„Our task, I would argue, is to resist these pathways of thought, and wherever possible tho expand the concept of the concrete and to extend the play of intuition into new domains. "

ALVAR AALTO, SKIZZE UNIVERSITY OF TECHNOLOGY, OTANIEMI 1949–1974
ARCHIVES OF THE ALVAR AALTO MUSEUM, JYVÄSKYLÄ

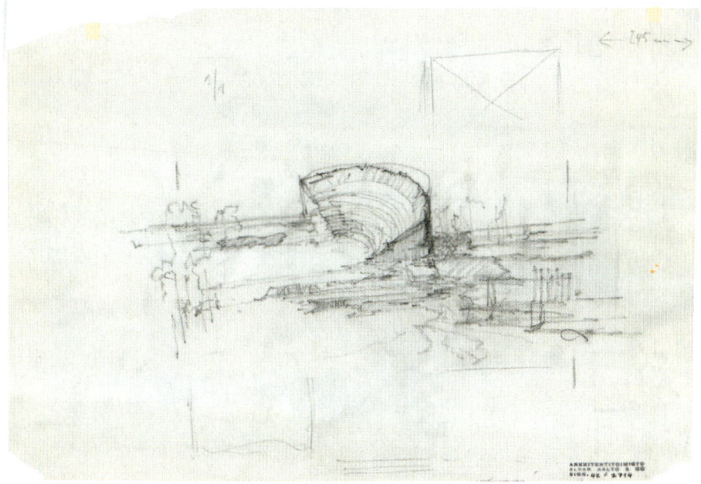

produktion Architektur, wie sie in den Werkzeugen gespeichert ist, und der feldforschende Versuch, dieses Wissen in den jeweiligen Entwurfsmethoden zum Sprechen zu bringen, entfaltet das Machen von Architektur als Praxis voller Widersprüche zwischen Standards und Abweichungen, verinnerlichten Normen und gewollten Überschreitungen.

„Die Baukunst ist durch den Architekten zur graphischen Kunst herabgesunken. Nicht der erhält die meisten Aufträge, der am besten bauen kann, sondern der, dessen Arbeiten sich am Papier am besten ausnehmen. (…) So aber herrscht der flotte Darsteller. Nicht mehr das Handwerkzeug schafft die Formen, sondern der Bleistift. Aus der Profilierung eines Bauwerkes, aus der Art einer Ornamentierung kann der Beschauer entnehmen, ob der Architekt mit Bleistift Nummer 1 oder Bleistift Nummer 5 arbeitet." (LOOS 1995: 79F) Zeitgenössisch mutet der Befund von Adolf Loos an, überwindet unschwer 100 Jahre und trifft auf die Generation Render (© UTE WOLTRON). Bestärkt wird dadurch der Verdacht, dass es der kulturpessimistische Unterton ist, der die Kritik am Werkzeug als auslösendes Moment der Veränderung formuliert, weil sich dieser, der Moment, der Kontrolle entzieht. Genau dieser Kontrollverlust ist es, der den Verdacht auslöst, nicht durch Meisterschaft oder Können erzeugt worden zu sein, sondern durch die zufällige Qualität des Werkzeugs. Wird heute dem Computer diese Potenzierung der alles versprechenden Visualisierung und der alles könnenden Formfindung zwar immer noch zugeschrieben, so ist die Euphorie der 1990er Jahre, in ihm allein das Werkzeug der Zukunft schon in der Gegenwart in der Hand zu haben, einer wieder hybrider werdenden Bandbreite an Instrumentarien gewichen. Ist die Geschwindigkeit der Druck, der als omnipräsenter Faktor Zeit alle Entwurfsprozesse der Welt vorantreibt, werden in eben diesem Gedränge, der Griff nach dem Bleistift, die schnell festgehaltene Variante mit Marker auf Transparentpapier oder das kleine, unterwegs schnell gezückte Skizzenbuch wieder privilegiert.

Grundsätzlich lassen sich zwei große Richtungen ausmachen. Während die eine zuerst auf Immaterielles setzt, auf Sprechen, Nachdenken, Überlegen, um dann den ersten Strich zu setzen, entwickelt die andere das Erdenken von Architektur genau durch diese Striche, durch das Skizzieren, das von Vorstellungskraft, Hand und Auge geleitet, sich auf ein Trägermedium einschreibt.

Durch das Potenzial der Computerprogramme wird die kreative Schere enger, zugleich aber auch der Innovations- und Individualisierungsdruck auf den Einzelnen höher. In der Reflexion dessen, dass man sich nicht auf ein Werkzeug allein verlassen kann, sondern das Zusammenspiel der vielen Werkzeuge intuitiv, improvisierend, spontan, kontrolliert, gezielt,

VENTURI SCOTT BROWN & ASSOCIATES   EDGE DESIGN INSTITUTE   STEVEN HOLL ARCHITECTS   DILLER SCOFIDIO + RENFRO

FOTOS: ELKE KRASNY, GUDRUN HAUSEGGER

„Im ‚Erfinden' der Werkzeuge manifestiert sich
das ‚Finden' der Ideen."

LINKS: GAUDÍS ATELIER IN DER BAUHÜTTE BEI DER SAGRADA FAMÍLIA. RECHTS: NACHBAU DES ARBEITSZIMMERS

unbewusst zulässt, liegt die tägliche Arbeitserfahrung, die sich immer aufs Neue ihre eigenen Methoden zu geben sucht, ihrer Haltung versichern muss.

In den Fragen nach dem Beginnen des Entwerfens, nach den Quellen der Inspiration, nach den einzelnen Schritten im Arbeiten und nicht zuletzt nach der Beurteilung der Rolle des Computers eröffnet sich durch die Antworten der für dieses Buch ausgewählten Positionen eine andere Art von Architekturgeschichten, die eröffnen, welche Ausschließungen herkömmliche Architekturgeschichtsschreibung als kanonisierte Formen- und Stilgeschichte ohne technologische oder kulturelle Perspektive vornimmt. So könnte man eine Geschichte der Architektur in ganz andere Eopchen einteilen, ausgehend von einer wissenschaftshistorischen Logik der Werkzeugtechnologien und der Haltung von Architektinnen und Architekten zu diesen. Aus der Haltung resultiert ein Tun, welches im Akt des Entwerfens das hervorbringt, was das Werkzeug zulassend transzendiert und auf die Macht des Gedankens setzt. Genau dort ist der immer von neuem erzeugte Anfangspunkt einer tastenden Annäherung an eine ‚persönliche Handschrift‘. Diese findet sich wieder in einer versuchten Gewärtigung des eigenen Verhältnisses zu den mitspielenden, vorgefundenen wie ‚erfundenen‘ Aktanten im Entwurf: a) Orchideen, b) ein Gewehr, c) Legosteine, d) Zigarettenasche, e) ein Bett …

LITERATUR

Foucault, Michel (1971) Die Ordnung der Dinge. Eine Archäologie der Humanwissenschaften, Frankfurt am Main: Suhrkamp.

Latour, Bruno and Steve Woolgar (1986) Laboratory Life. The Construction of Scientific Facts, Princeton: Princeton University Press.

Wigley, Mark (2005) Back to Black, in Brayer, Marie-Ange, Frederick Migayrou and Fumio Nanjo (Ed.) ArchiLab's Urban Experiments. Radical Architecture, Art and the City, Ed., London Thames & Hudson.

Loos, Adolf (1910) Wiener Architekturfragen 1910, in Opel, Adolf (Hg.) (1995) Adolf Loos, Über Architektur. Ausgewählte Schriften und Originaltexte, Wien: Georg Prachner Verlag.

de Certeau, Michel (1988) Kunst des Handelns, Berlin: Merve.

Gänshirt, Christian (2007) Werkzeuge für Ideen. Einführung ins architektonische Entwerfen, Basel, Boston and Berlin: Birkhäuser.

Piedmont-Palladino, Susan C. (2007) Tools of the Imagination: Drawing Tools and Technologies from the Eighteenth Century to the Present, New York: Princeton Architectural Press.

ARCHITEKTURFELDFORSCHUNG: ZWANZIG ATELIERBESUCHE

Der Schöpfer hat das Papier für das Zeichnen von Architektur geschaffen

Alvar Aalto 1898–1976

1955–1976 Atelier Tiilimäki 20
Helsinki
Finnland

Recherche im Alvar Aalto Archiv in Jyväskylä sowie
im Aalto Wohnhaus und im Aalto Atelier in Helsinki im Juni 2008
Fotodokumentation, Gespräch mit Vezio Nava, Georg Schwalm-Theiss,
Marjo Holma sowie Marja-Liisa Hänninen & Text: Elke Krasny

„Die Sekretärin gab ihm sechs oder sieben 6B. Der Maestro steckte sie in sein Gilet, wie eine Pistole. Nun war er bewaffnet. Er kam herauf, blieb bei verschiedenen Tischen stehen, nahm einen der Bleistifte zur Hand, machte ein paar Korrekturen und ließ den Bleistift auf dem Tisch liegen. Dann war der nächste an der Reihe und dort ließ er ihn wieder liegen. Später kam die Sekretärin, um alle Bleistifte für die nächste Runde einzusammeln", schildert Vezio Nava, der von 1961 bis 1984 in Alvar Aaltos Studio war, die typische morgendliche Situation. Der berühmte 6B ist ein gelber Fallminenstift der Marke Koh-i-Noor. Im Aalto-Archiv in Jyväskylä sind preziosengleich ein Bleistift sowie zwei Schächtelchen mit Minen aufbewahrt. Zieht man in Aaltos ehemaligem Studio in Helsinki, Tiilimäki 20, im Erdgeschoss, vis-à-vis der Treppe, die in den Zeichenraum hinaufführt, die Laden des niedrigen, hölzernen Büromöbels auf, wird man von einer Überfülle an Werkzeugen überrascht. Bis zu seinem Tod 1976 leitete Aalto das Atelier, das Elissa Aalto, seine zweite Frau, bis 1994 weiterführte. Im Büro, das heute der Alvar Aalto Foundation fast unverändert als Arbeitsort dient, wurde nicht das auratisierte Einzelstück aufbewahrt, sondern der alltägliche Vorrat an Architekturbürowerkzeugen zu einem bestimmten Zeitpunkt eingefroren. Vieles ist noch originalverpackt. Neben einzelnen Stempelbuchstaben zur Planbeschriftung, einer Fülle unterschiedlicher Zirkel, Buntstifte, Filzstifte, Fallminen in allen Härtegraden, Rotring Zeichentusche und Rapidographen, Pelikan Graphos, auf Holz aufgespanntem Schmirgelpapier, harten runden Radiergummis, Plastikkurvenlinealen, Schablonen oder Rasierklingen, finden sich zwei Kistchen mit den gelben 6B Fallminenstiften und schachtelweise dazugehörige Minen.

Das 1954/1955 von Aalto entworfene Studio am Rand von Helsinki, im Stadtteil Munkkiniemi nahe der Laajalahti Bucht, wurde schon zu seinen Lebzeiten von „Architekturaficionados" aus aller Welt, sogar aus Indien oder Japan, besucht. Ähnlich ist es heute, wo sich montags bis freitags Punkt 12.30 Uhr die Ateliertür für internationale Architekturtouristen öffnet. Knapp 500 Meter entfernt hatten Aino, seine erste, 1949 verstorbene Frau, und Alvar Aalto ab 1936 ihr Haus und Atelier, das beim Besuch heute einen Beinahe-Originalzustand suggeriert. Die Zeichentische sind mit Zeichenschienen, Materialien, Skizzen und Plänen bedeckt, an der Wand hängen die großen Lineale. In den 1950er Jahren hatte Aalto ein weiteres Büro im Zentrum von Helsinki, in Ratakatu, im von ihm entworfenen ‚Engineers Building' sowie eines in Rovaniemi im Norden Finnlands. Der Mitarbeiterstab war auf 24 angewachsen. Aalto argumentierte den Bau eines neuen Ateliers auch damit, dass er internationalen Architekten Arbeitsmöglichkeit bieten und eine Akademie der Architektur en

ELISSA AALTO ÜBER ALVAR AALTOS ARBEITSWEISE

„Sieht man sich die frühen Zeichnungen an, dann merkt man, dass er sie benutzte um Lösungen und Formen zu finden. Als er älter wurde, arbeitete er mehr im Kopf."

miniature aufbauen wolle. Der vor seinem „Ateljee", so nannten die Mitarbeiter Aaltos persönlichen Arbeitsraum, gelegene amphitheaterähnliche Hof mit den Steinstufen und der weißen Wand für Dia- und Filmprojektionen war für die nur in Ansätzen verwirklichte Akademie gedacht gewesen. Von der balkonähnlichen Plattform in seinem Arbeitsraum hatte man den souveränen, vogelperspektivischen Überblick und analysierte so riesige Zeichnungen oder Modelle auf dem Arbeitstisch. An diesem Tisch mit Stühlen aus der von Aino und Alvar Aalto 1935 gegründeten Firma Artek wurden auch Auftraggeber empfangen. In den 1960er Jahren war der Bürgermeister von Helsinki oft hier. „Aalto hatte großes Charisma, ein großes Ego, er war ein Showman, ein Schauspieler." Waren Bauherren im Zweifel, hatte Aalto einen absolut unmöglichen Vorschlag in petto, um sie so vom insgeheim favorisierten Lösungsvorschlag zu überzeugen. „Er war ein guter Dirigent, ein guter Regisseur. Er pumpte Selbstvertrauen in seine Mitarbeiter. Wenn ich nicht da bin, dann bist du so wie Alvar Aalto", beschreibt Nava den Führungsstil des Maestros mit seinen Angestellten, die alle in einem Großraumbüro saßen. Hinter jedem Schreibtisch auf den raumtrennenden Wänden waren Holzschienen für Pläne und Zeichnungen. Ursprünglich gab es außer den beiden Architekturbürolampen über jedem Tisch nur das subtil eingesetzte Tageslicht, vor dem man sich im Sommer mit Vorhängen schützte. Erst auf Bitte der Mitarbeiter wurden mehr Leuchten installiert. Architekturbücher oder Fachmagazine wurden nicht als Referenzen herangezogen, seine Bibliothek hatte Aalto zu Hause, im Büro gab es nur Informationen zu technischen oder rechtlichen Belangen. Das leuchtende Weiß der Wände, das Braun der Zeichentische und Planschränke, das Schwarz der Stuhlbespannungen prägt die schlichte, angenehme Ordnung ausstrahlende Atmosphäre.

FOTO: MÄKINEN EINO, ALVAR AALTO SÄÄTIÖ

„Das Büro war nicht sehr streng. Es gab keine strikte Hierarchie. Aalto war stolz darauf, dass nur Architekten und Architekturstudenten in seinem Büro arbeiteten, keine technischen Zeichner. Normalerweise leitete ein Chief Architect eine Gruppe von fünf Architekten, manchmal war die Gruppe sogar noch kleiner. Und es gab zehn Jungs für das Modellbauen. Immer waren zwei Schweizer Architekten im Büro." Die Arbeitsatmosphäre war angenehm, der Rhythmus wechselte zwischen Intensivphasen und „demi force", wie Aalto es ausdrückte. Im Sommer saß man draußen auf den Steinstufen. Wenn Aalto Mitarbeiter in die 1963 angebaute „Taverna" zum Gespräch bat, wurde Kaffee oder Rotwein getrunken, Anekdoten erzählt, jedoch nie über Architektur gesprochen. Aalto entwickelte seine Ideen nie im Dialog, nicht im Austausch mit anderen, er brauchte das Alleinsein, den konzentrierten Rückzug. Der kurze Weg zwischen seinem Wohnhaus und dem Atelier war wesentlich für seinen Kreationsprozess. „Er dachte im Gehen", ist Nava überzeugt, der wie die Mitarbeiterinnen im Archiv in Jyväskylä betont, welch zentrale Inspirationsquelle die Natur und vor allem die über alles geliebten Bäume für Aalto waren. „Die Natur inspirierte ihn, alle Formen in der finnischen Landschaft, die finnischen Seen, die Inseln und die Felsen, der Wald. Er hasste Symmetrie, das war ein großes Tabu, alles musste asymmetrisch sein."

Bei Wettbewerben oder in Zeiten mit vielen, gleichzeitig laufenden Aufträgen wurden weitere Tische in Aaltos persönlichen Arbeitsbereich hineingestellt, was ihn zutiefst irritierte. Oft brachte er Skizzen von zu Hause mit, erinnert sich Georg Schwalm-Theiss aus seiner Zeit als Praktikant bei Aalto. „Er saß im Stadtzentrum in einem Restaurant. Auf den Servietten oder Speisekarten skizzierte er etwas und brachte es dann ins Büro", beschwört Nava die mythische Serviettenskizze, die in den Erinnerungen eine ebenso wichtige Rolle für das Skizzieren unterwegs spielt wie die unbedruckte Packungshinterseite seiner Lieblingszigarettenmarke „Klubi 77 Klubb", wie Marja-Liisa Hänninen anmerkt.

IMMER WIEDER ENTSTANDEN ERSTE SKIZZEN AUF DER HINTERSEITE DER ZIGARETTENPACKUNGEN VON AALTOS LIEBLINGSMARKE KLUBI 77 KLUBB. SKIZZE UNIVERSITY OF TECHNOLOGY, OTANIEMI 1949—1974 ARCHIVES OF THE ALVAR AALTO MUSEUM, JYVÄSKYLÄ

VEZIO NAVA

„Er skizzierte völlig intuitiv."

„Er skizzierte völlig intuitiv", sagt Nava über den „Maestro" oder „Chief", der mit dem Rücken zum Fenster an seinem großen, hellbraunen, mit dünnem, weißem Plastik bedeckten Holztisch saß. Hier hatte die Sekretärin jeden Morgen mehrere Lagen Skizzenpapier, auf 30 cm Länge zugeschnitten, für ihn vorbereitet. „Sein Zeichentisch musste aufgeräumt sein. Alles musste seine Ordnung haben. Er ordnete sogar seine Bleistifte der Größe nach, bevor er zu zeichnen begann", berichtet Michele Merckling in ‚Studio Aalto‘, dem 2005 vom Alvar Aalto-Museum realisierten, knapp halbstündigen Dokumentarfilm.

Wichtigstes Werkzeug neben dem 6B war das finnische Skizzenpapier Tervakoski luonnospaperi, laut Vezio Nava das beste in der Welt, weil es so dünn ist. Unmittelbar neben dem Treppenaufgang im Zeichenraum liegen auf dem Planschrank viele Papierrollen, zum Teil noch originalverpackt. „Aaltos Skizzen waren unglaublich vollständig, sogar wenn sie mit einer zitternden Hand gezeichnet waren. Wenn man anfing nach den Skizzen die Zeichnungen zu machen, dann gab es gar nichts, was man in den Skizzen nicht finden konnte. Oft gehören die Skizzen und die Zeichnungen zusammen, die erste Skizze, die maßstäbliche Zeichnung, die Skizze auf der Maßstabszeichnung, eine weitere Zeichnung und so weiter. Oft verlangte er die Maßstabszeichnungen, um darauf zu arbeiten", erklärt Vezio Nava den Kreationsverlauf. „Man muss Aaltos starke Persönlichkeit kennen. Seine Art war unglaublich ansteckend, sehr beeinflussend, zwei oder drei im Büro fingen sogar an, genau wie er zu skizzieren." Das bestätigt auch Marja-Liisa Hänninen. Im Archiv in Jyväskylä lässt sich heute nicht mehr mit Sicherheit feststellen, welche Skizzen von Aaltos Hand stammen und welche von langjährigen

Elissa Aalto über Alvar Aaltos Arbeitsweise

„Er mochte die Phase der Konstruktionszeichnung nicht besonders. Details waren sehr wichtig, er skizzierte sie selbst."

Mitarbeitern. Auch die Chronologie der Entwicklungsprozesse kann man in den 500 bis 5.000 Skizzen und Plänen pro Projekt kaum im Detail rekonstruieren. Auf manchen finden sich sogar Kinderzeichnungen, Einkaufslisten oder Notizen zu völlig anderen Projekten.

„Wir haben im Büro sehr praktisch gearbeitet, mit unseren Händen; wir haben skizziert und gezeichnet. Wir konnten ihn nie fragen oder dazu bringen, etwas zu tun. Wir warteten immer. Ich entdeckte die Skizzen auf seinem Arbeitstisch, er wäre nicht zu mir gekommen, um es mir zu sagen. Seine Arbeitsweise war sehr elastisch. Wenn er mit einem gesprochen hat, verstand er es, Zweifel zu säen, aber er sagte einem nie, wie man es tun soll." Die Entwicklung erfolgt durch die Überprüfung im Medium Zeichnung. „Hier lernte man, dass man es nie beim ersten Mal richtig machen kann. Man musste es noch einmal und noch einmal zeichnen", erinnert sich Eric Adlercreutz in dem ‚Studio Aalto' Film. 1958 schreibt Aalto im Arkkitehti Magazin: „Der Schöpfer hat Papier für das Zeichnen von Architektur geschaffen. Alles andere ist, zumindest aus meiner Perspektive, ein Missbrauch von Papier."

LITERATUR
Blomstedt, Anssi (2005) Studio Aalto, Film 31 min, The Alvar Aalto Museum, 2005
Fleig, Karl (1995) Die Arbeit im Atelier, in: Alar Aalto: Volume II, 1963–1970, Basel, 9–11
Paaterno, Kristiina (Ed.) (1993) The Line: Original Drawings from the Alvar Aalto Archive, trans. Hildi Hawkins, Helsinki

SKIZZEN UNIVERSITY OF TECHNOLOGY, OTANIEMI 1949–1974
ARCHIVES OF THE ALVAR AALTO MUSEUM, JYVÄSKYLÄ

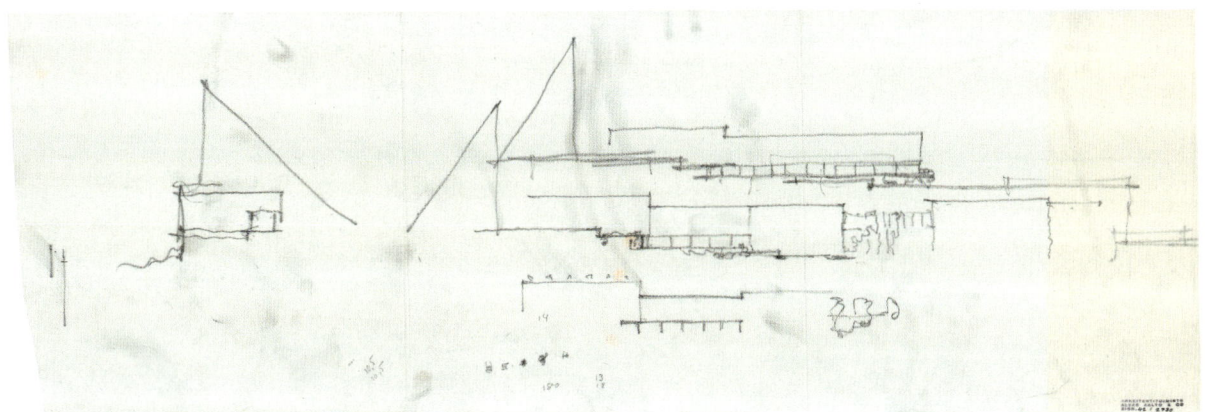

ELISSA AALTO

„Sein Ansatz besteht darin, dass der Architekt seine Meinung auch noch auf der Baustelle ändern konnte."

Ein kleines sozialistisches Experiment

Lina Bo Bardi 1914–1992

Rua Bandeirante Sampaio
Soares, 420, Morumbi
São Paulo
Brasilien

Feldforschung im Instituto Lina Bo e P. M. Bardi im August 2007
Fotodokumentation, Interview mit Marcelo Suzuki
& Text: Elke Krasny

Sah man zwei bis drei Bauarbeiterhelme an der Wand, dann wusste man sofort, das ist das Atelier von Lina Bo Bardi, erzählt Marcelo Suzuki, der von 1981 bis zu ihrem Tod 1992 ihr Mitarbeiter war. Doch an ein konventionelles Architekturbüro mit einer Sekretärin, die das Telefon beantwortet oder die Bankwege erledigt, darf man auf keinen Fall denken, warnt Suzuki.

Von 1977 bis 1986 arbeitete Lina Bo Bardi an dem Um- und Neubau des Fabrikgeländes der Stahlfässerproduktion Mauser & Cia Ltda zu dem heutigen Freizeit- und Kulturgelände SESC Fábrica da Pompéia in São Paulo. Neun Jahre schlug sie ihr Büro direkt auf der Baustelle auf: in einem Baucontainer. „Una casinha", ein kleines Häuschen, so beschreibt Suzuki das Atelier auf der Baustelle. Bo Bardis Architekturpraxis war ebenso nahe am Bauhandwerk wie an der Poesie der Vorstellungskraft. In ihrer Praxis wollte sie ihr anderes Architekturverständnis unter Beweis stellen anknüpfend an die mittelalterlichen Bauhütten oder Antoni Gaudí. Auch ihr letztes Atelier war wieder eine Hütte, eine Blockhütte im eigenen Garten, die sich direkt zur üppig wuchernden, in allen Schattierungen von Grün spielenden Vegetation öffnet.

Eine zentrale Rolle im Entwurfsprozess spielte der offene Kamin des 1951 errichteten „Glass House", das heute das Instituto Lina Bo e P.M. Bardi beherbergt. Hier versammelten sich die drei bis vier Mitarbeiter mit „Dona Lisa", wie sie ebenso liebevoll wie respektvoll genannt wurde, und diskutierten. Auch SESC Pompéia hat in dem offenen Lese- und Aufenthaltsraum einen riesigen Kamin. „Reden, reden, reden", erinnert sich Suzuki. Skizziert wurde mit allem, was gerade zur Hand war, auch mit dem mit Speichel befeuchteten Zeigefinger und Zigarettenasche. Oft wurde mehrere Wochen jeden Abend diskutiert. Es wurde immer nur an einem Projekt gearbeitet, nie an mehreren gleichzeitig. „Mit einem riesigen Mitarbeiterstab oder einem großen Büro kann ich mir Lina gar nicht vorstellen. Sie wollte eine kleine Gruppe um sich versammeln, eine Kooperative bilden. Aber jeder sollte auch seine eigene Arbeit haben, das betonte sie immer."

Aus der Bibliothek brachte Lina Bo Bardi Anschauungsmaterial mit. Das konnte ein Gedicht von Goethe sein oder ein Foto japanischer Kinder, die in einem Park spazieren gehen, spezifische Architekturbücher waren nie dabei. „Sie zeigte uns Dinge als Referenz. Zum Beispiel ein Bild von der Piazza Navona und erklärte uns, warum das so gebaut ist. Oder die handgeflochtenen brasilianischen Körbe, die sie sammelte, um uns zu demonstrieren, dass alle Kulturen etwas Modernes haben, von dem wir etwas lernen können." Brasilien wurde für Lina

MARCELO SUZUKI

„Wir waren kein Büro mit einer Sekretärin, die das Telefon beantwortete oder Bankwege erledigte; wir waren eine andere Art von Büro."

Bo Bardi, die nach dem Zweiten Weltkrieg 1946 mit ihrem Mann Pietro Maria Bardi Italien verließ und 1951 die brasilianische Staatsbürgerschaft annahm, nicht nur zur zweiten Heimat, sondern „zweimal meine Heimat" (BO BARDI: o.J.). Während die Architekturöffentlichkeit von der modernistischen Architektur Brasiliens fasziniert war, bereiste Lina Bo Bardi den unerschlossenen Nordosten, den Sertão, eine trockene, von Armut gekennzeichnete Gegend. „Anthropologische Suche" nannte sie ihre Exploration (BO BARDI: 1976). Sie begann, die materielle Kultur der Region zu sammeln und erforschte häusliches Handwerk und lokale Bautraditionen. Diese Untersuchung der „volkstümlichen Zivilisation" wird zur entscheidenden Inspiration für ihr Arbeiten und den Entwurfsprozess mit den Mitarbeitern. Sie versuchte, eine Wertschätzung für die Popularkultur zu erzeugen, eine Aufmerksamkeit für „die kulturellen Strömungen der Brasilianer" (BO BARDI: 1976). Das Nebeneinander von High Tech und Low Tech war in ihren durch die Emigration für die spezifische Kultur des neuen Heimatlandes geschärften Augen entscheidend. Diese Qualität suchte sie in ihrer Architekturpraxis aufzugreifen. Die Arbeiter, die ohne vorgegebenen Plan die konstruktive Lösung für den Wasserturm von SESC Pompéia in mehreren Prototypen entwickelten, waren innerbrasilianische Arbeitsmigranten aus dem Sertão, dessen handwerkliches Können Lina Bo Bardi auf ihren Reisen so beeindruckt hatte.

So wie Lina Bo Bardi, die sich während des Zweiten Weltkriegs der verbotenen Kommunistischen Partei in Italien angeschlossen hatte, es kategorisch ablehnte, Repräsen-

MARCELO SUZUKI

„Sie skizzierte mit allem, was zur Hand war, mit dem Finger und der Asche aus dem Aschenbecher."

tationsbauten für Banken oder Luxushäuser für reiche Privatkunden zu bauen, verweigerte sie auch technische Pläne als Kommunikationsmittel mit den Handwerkern und Bauarbeitern entschieden. Die planliche Linienführung für ihre farbenfrohen und mit Texten versehenen Zeichnungen wurde von den Mitarbeitern geliefert. Lina Bo Bardis Schreibtisch mit dem gusseisernen Untergestell und der gläsernen Platte, den sie aus Italien importieren hatte lassen, steht heute im Architekturwohnatelier von Marcelo Suzuki, der viele der Basiszeichnungen für sie vorbereitete. In den von ihr gesammelten Körben bewahrte sie ihre vielen Filzstifte, Buntstifte, Aquarellfarben, Terpentin und eine Unzahl an Pinseln auf. Lina Bo Bardis typisch ausdrucksstarken Zeichnungen folgen keineswegs standardisierten Normen von Architekturplänen. In ihren Aquarellskizzen verband sie anschauliche Darstellung, technische Detaillösungen und kurze Beschreibungen. Sie war von der Architekturzeichentradition der Renaissance inspiriert.

„Lina hatte eine ganz eigene Art zu entwerfen, weil sie so ein großes Interesse an volkstümlicher Kultur hatte, am Verhalten in unterschiedlichen Zivilisationen. Sie hatte einen spezifischen Blick auf Afrika, auf Japan, auf Brasilien. In Brasilien haben wir so viele verschiedene Kulturen. Sie versuchte unsere Augen dafür zu öffnen, uns es so sehen zu lassen, wie sie es sah." Ihr Anspruch an Kultur als Erzeugung von Gemeinschaft, nicht als elitäre Hochkultur oder museologisch distanzierte Repräsentation, war hoch. Im von ihr geplanten und von ihrem

LINA BO BARDIS ARBEITSTISCH STEHT HEUTE
IM ATELIER VON MARCELO SUZUKI

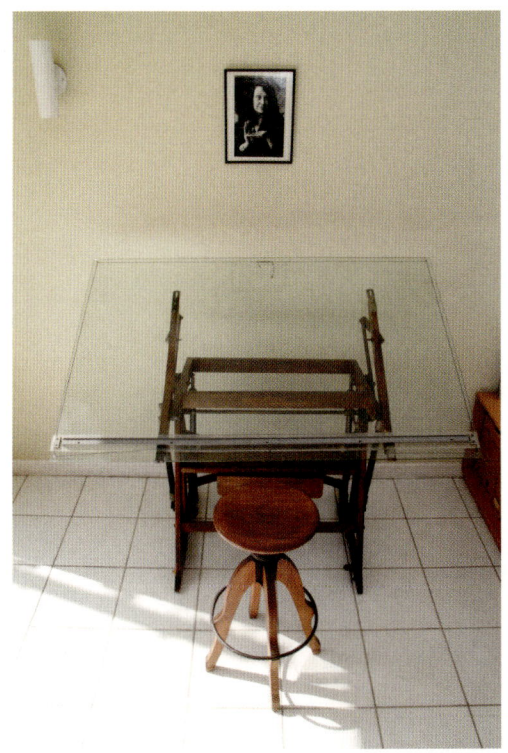

MARCELO SUZUKI

„Linas Schreibtisch wurde aus Italien importiert. Sie schenkte mir den Tisch, weil ich so viele ihrer Basiszeichnungen vorbereitete."

Mann geleiteten MASP, dem Museu de Arte de São Paulo, initiierte sie eine Schule, unterrichtete Designklassen, bereitete Ausstellungen vor. Auch der SESC Pompéia blieb sie nach der Fertigstellung treu und gestaltete Ausstellungen wie „Design no Brasil: historia e realidade" (Design in Brasilien: Geschichte und Wirklichkeit) 1982 oder „Mil brinquedos para a crianca brasileira" (Tausend Spielsachen für das brasilianische Kind) 1983. Diese über die Fertigstellung des Baus weit hinausgehende Verbundenheit mit der eigenen Arbeit deutet Marcelo Suzuki geschlechtsspezifisch. „Nur Frauen können mit ihren Werken so verbunden bleiben wie mit Kindern. Es ist eine Mutter-Kind-Beziehung, die sie mit ihren Arbeiten hatte."

LITERATUR
Bardi, Lina (1976) Planejamento Ambiental (Environmental Planning), in Malasartes no 2.
www.institutobardi.com.br/

Marcelo Suzuki

„Wir saßen um den offenen Kamin und redeten."

Skizzen, Sesc (Social Service for Commerce)
Pompéia, São Paulo, 1977–1986

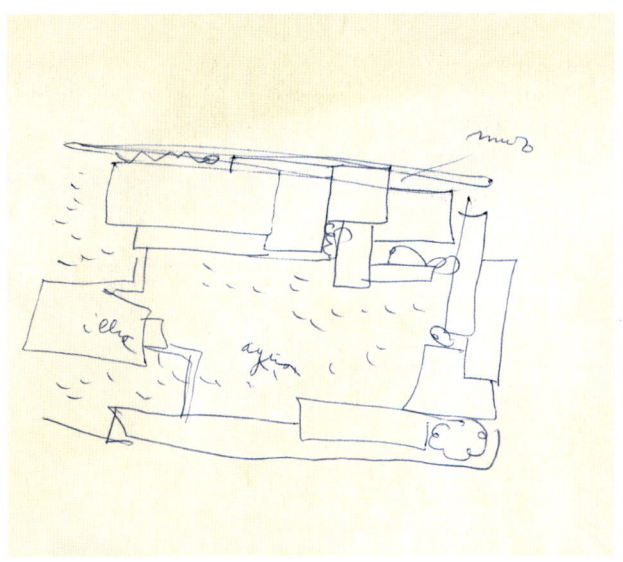

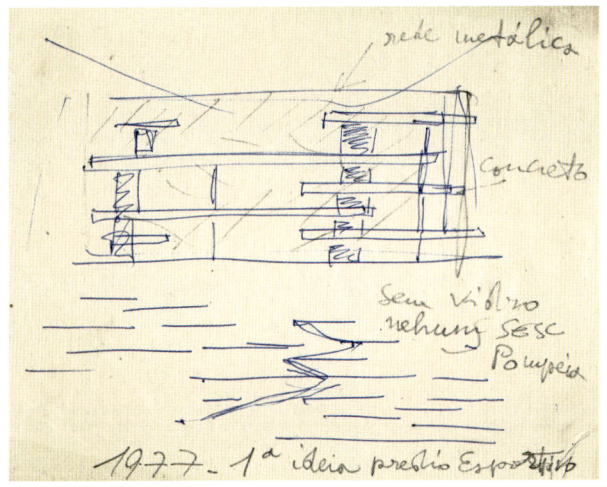

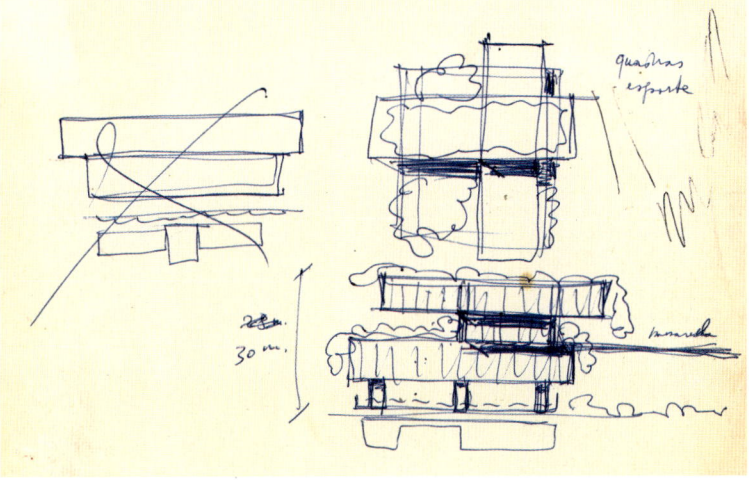

Marcelo Suzuki

„Sie zeigte uns keine Architekturbücher."

Entwurfstext, Sesc Pompéia, São Paulo, 1977–1986

ESBOÇO PRELIMINAR
Manutenção

Plano rigoroso visando a formação de "contínuos" (escolhidos entre pessoas simples mas inteligentes e de boa vontade. Poderão ser também elementos que trabalharam na obra). Os contínuos cuidarão pela manhã da limpeza - manutenção do Conjunto. As finas Limpadoras devem ser excluídas, pela ocasionalidade e a incompetência neste tipo de serviço que não é somente de limpeza: uma enxurrada provocada pelo uso de mangueiras pode destruir uma Exposição ou um conjunto de móveis finas, sobretudo, de Conservação.
De tarde os "contínuos", uniformizados, tomarão conta do Centro: vigilância, atendimentos e informações ao Público etc.
Os contínuos serão controlados por um Chefe escolhido entre os mesmos contínuos por dotes de liderança e seriedade.

Limpeza da "Rua" interna e plantas
Duas pessoas escolhidas com o mesmo critério dos contínuos, assumirão o lugar de "jardineiros" depois dum estágio de 15-20 dias no Centro Campestre (jardineiro profissional ainda não é necessário).
Uma pessoa competente (isto é que saiba -Ver-) cuidará diariamente das condições do centro: qualquer desgaste de pintura, móveis, iluminação etc. será prontamente reparado - Mensalmente um técnico (engenheiro do serviço de Engenharia do Sesc) verificará as condições dos aparelhos e instalações de ar condicionado, cozinha, iluminação bem como o estado dos telhados, serviço Sanitário etc.
Instituição de um Diário de Trabalho (Tipo o Diário de Obras) onde serão relatados Todos os fatos e acontecimentos e programa necessidades. 1 Livro-Diário e Livro de Tombo manutenção (geral). 1 Livro-Diário para planejamento Cultural. O planejamento cultural será feito por 1 ano flexível.
SÃO PAULO 20/5/'82 - L.B.B.

ABBILDUNGEN: INSTITUTO LINA BO E P.M. BARDI

MARCELO SUZUKI

„Sie brachte uns Objekte, zum Beispiel die Körbe aus dem Nordosten Brasiliens."

FOTOS: INSTITUTO LINA BO E P.M. BARDI

DIAGRAMM, SESC POMPÉIA, SÃO PAULO, 1977–1986

ABBILDUNGEN: INSTITUTO LINA BO E P.M. BARDI

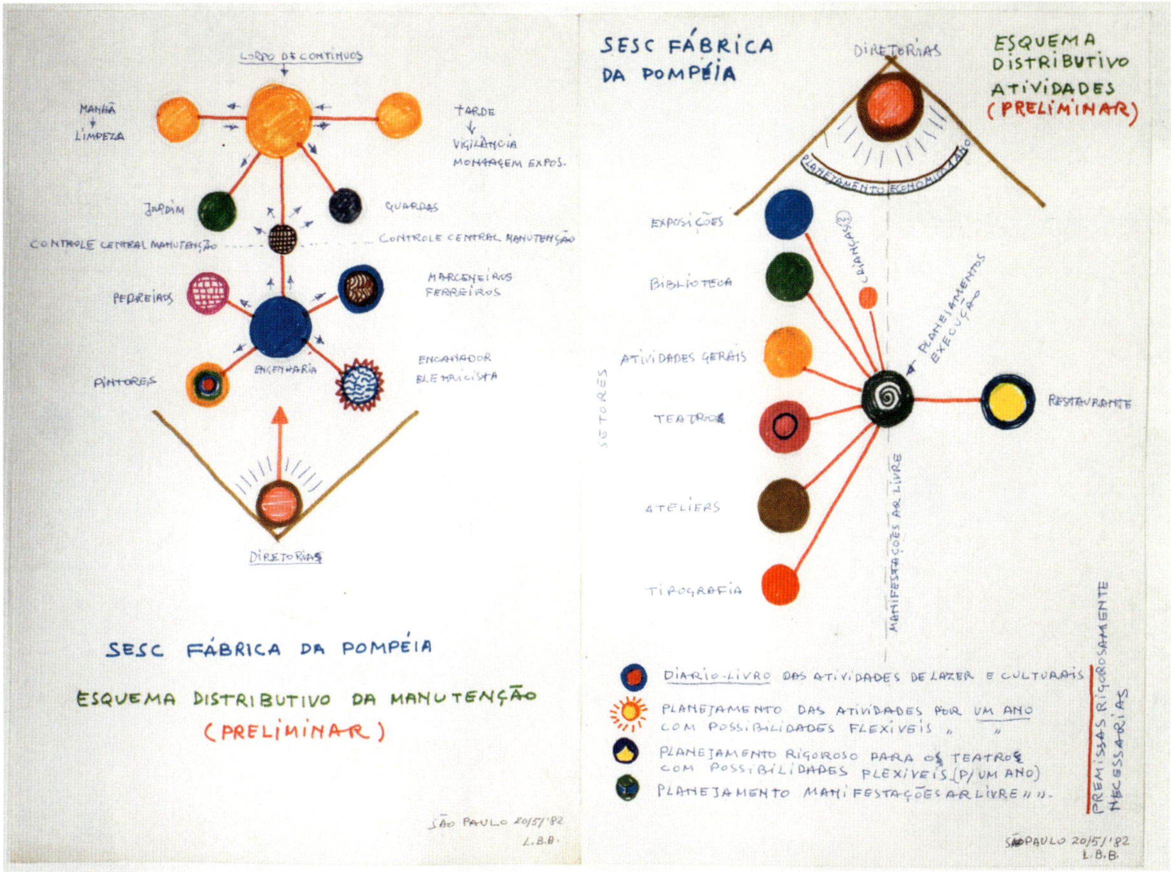

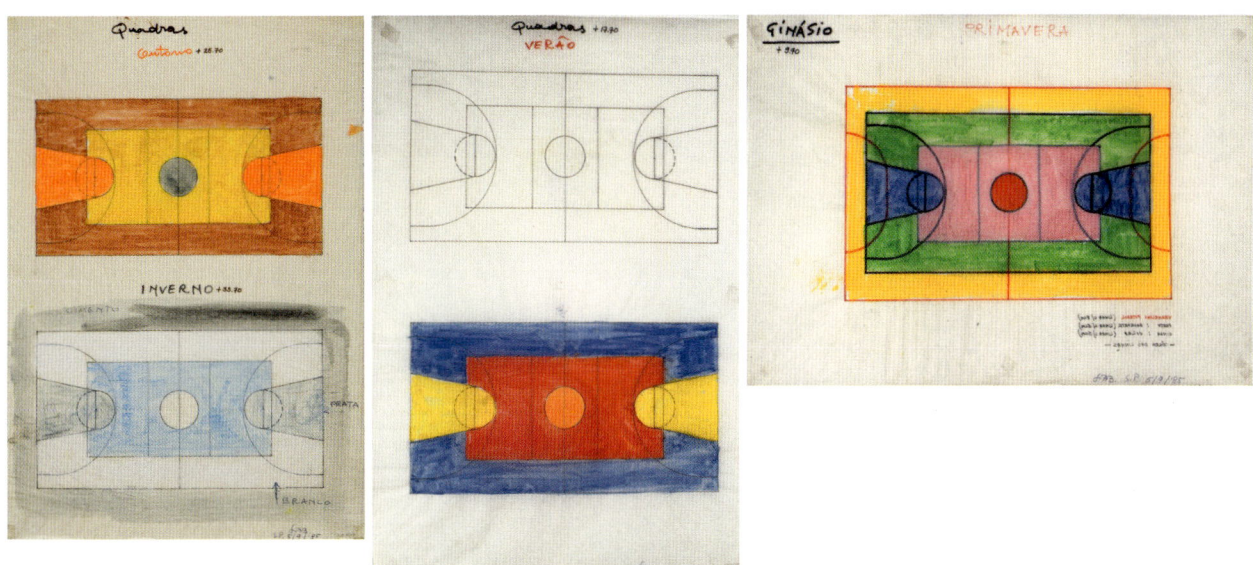

ENTWÜRFE, VIER SPORTHALLEN: FRÜHLING, HERBST, WINTER UND SOMMER, SESC POMPÉIA, SÃO PAULO, 1977–1986

MARCELO SUZUKI

„Sie öffnete uns unsere Augen."

So genau wie möglich

Atelier Bow-Wow

8-79 Suga-cho
Shinjuku-ku
Tokio
Japan

Feldforschung im Atelier im August 2007
Fotodokumentation, Interviews mit Momoyo Kaijima
und Yoshiharu Tsukamoto, Gespräche mit Mitarbeiterinnen
und Praktikantïnnen & Text: Elke Krasny

Äußerste Präzision und ein ausgeklügelter Umgang mit Proportion und Maßstab charakterisieren die Arbeitsweise des Atelier Bow-Wow, das nach einigen Standortwechseln nun zur idealen Verbindung von Arbeit und Wohnen gefunden hat. „Es ist immer gut, ein Gebäude rund um die Uhr zu nutzen", so Yoshiharu Tsukamoto. Auf einem der typischen, durch einen schmalen Zugang erschlossenen Fahnengrundstücke in Tokio ist das von ihnen entworfene Atelier-Wohnhaus auch räumliche Visitenkarte. „Bauherrenbesprechung in zehn Minuten. Bitte den Boden kehren." Kundenbesprechungen finden am großen Besprechungstisch statt. Besucher gewinnen durch die Sichtverbindungen zwischen den Niveaus Einblick in das ganze Atelier: Modellbauarbeitstisch und Computerarbeitsplätze im Souterrain und weitere Arbeitsplätze, auch jene von Momoyo Kaijima und Yoshiharu Tsukamoto, auf dem zum Eingang um ein Splitlevel nach oben versetzten Geschoss. Atelier Bow-Wow ist auf „glocal detached houses" spezialisiert, so der von ihnen kreierte Begriff für ihre auf Tokioer Raumknappheit zugeschnittenen Einfamilienhäuser. Mit dem Modell in der Hand sprechen sie mit den Auftraggebern alle Details durch und tragen Änderungen sofort per Hand in die auf dem Tisch liegenden Pläne ein.

„Die Kunden wollen viele Dinge. So viele Funktionen und so wenig Platz", analysiert Momoyo Kaijima die grundsätzliche Herausforderung, die jedes Mal maßgeschneidert gelöst wird. „Unser Zeitplan ist immer knapp, Diskussionen müssen kurz sein, alle zwei Wochen treffen wir die Auftraggeber. Im Schnitt braucht ein ‚detached house' drei Monate. Wir machen Skizzen, Perspektiven und Ansichten, der Auftraggeber ist kein Experte."

Zeitgleich wird an 20 verschiedenen Projekten gearbeitet. Drei bis fünf Projekte kommen auf jeden der sechs angestellten Mitarbeiter. Sie haben entweder bei Yoshiharu Tsukamoto, der am Tokyo Institute of Technology unterrichtet, oder bei Momoyo Kaijima, die an der Tskuba University lehrt, studiert. Vorwiegend aus Europa kommende Praktikanten arbeiten zwei Wochen bis maximal sechs Monate im Atelier. Die Praktikumsplätze sind heiß begehrt. „Eine Person ist verantwortlich und hat einen Mitarbeiter. Sie müssen immer rasch arbeiten, es gibt sehr viel zu tun. Ich spreche immer mit meinen Mitarbeitern und schlage mögliche Richtungen vor." Jeden Montag gibt es Teambesprechung. Pläne und Modelle werden auf dem großen Tisch ausgebreitet, es wird diskutiert, skizziert, konzentriert gearbeitet, aber auch viel gelacht. „Montags haben wir diese Entwurfskritik." Tsukamoto frage dabei nach ihren Erinnerungen an Räume, nach alltäglichen Erfahrungen, erzählen die Mitarbeiter. Das zweite Arbeitsgebiet des Ateliers, urbane Recherchen, vor allem mit Studierenden, und

MOMOYO KAIJIMA

„Wir machen ein Modell der Topographie, mit dem wir den Entwurfsprozess überprüfen."

„micro public spaces" bei Kunstbiennalen, die mit Maßstabsveränderungen des Alltäglichen spielen, hängt mit der Entwicklung der „detached houses" eng zusammen.

Jeder neue Mitarbeiter bekommt am ersten Arbeitstag eine Tour durch das ganze Haus. Es gibt nur einen Eingang, auf dem weißen Schaffell werden die Schuhe abgestellt. Auf die zwei Arbeitsgeschosse folgt Küchen- und Wohnbereich mit Balkon. Am Treppenabsatz stehen auf einem Tisch Modelle, auch ins Wohnzimmer breiten sich die Modelle bereits aus. Das vierte Geschoss mit Schlafen und Bad ist privat. Auf dem bei Atelierfesten allen zugänglichen Dachgarten werden in kleinen Holztrögen Pflanzen gezüchtet.

„Alltagsleben ist eine gute Inspirationsquelle; die Stadt selbst, das Verhalten von Menschen, das Verhalten von Gebäuden, das Verhalten der Natur. Bäume und Masken sind sehr gute Inspirationsquellen."

„Wir beginnen mit der Vorstellung des Szenarios. Das Szenario wird durch das Sammeln von Informationen erstellt. Für ein kleines Haus sind wir eine Stunde am Bauplatz, für ein größeres Projekt einen halben Tag." Der Bauplatz wird fotografiert, die Fotos als Panorama

YOSHIHARU TSUKAMOTO

„Die sozialen Beziehungen werden durch den Computer verändert. Für mich steht Architektur zu dieser Form des Sozialen in einem Verhältnis. Der Computer ist nicht nur eine innerarchitektonische Frage. Der Einfluss des Computers auf die Gesellschaft könnte die Architektur verändern."

montiert. Diskutierend werden gemeinsam Ideen entwickelt. „Brainstorming ist wichtig. Das Wichtigste ist es, die architektonische Problemstellung herauszufinden. Das Problem zu finden, oder ich sollte besser sagen die Widersprüche herauszuarbeiten, das ist das Wichtigste. Diskutieren ist essenziell, aber dann brauche ich Zeit, um alleine nachzudenken." Ausgehend von groben Skizzen werden Modelle gebaut, Pläne gezeichnet. Jede Veränderung im Entwurf wird an einem neuen Modell überprüft. Zuerst wird das Gesamtvolumen erfasst, dann das Innere des Hauses mit seinen genauen Proportionen entwickelt. Für die exakte Platzierung der Öffnungen wird während des Entwicklungsprozesses der Bauplatz nochmals aufgesucht. „Ich schätze es, verschiedene Zustandstypen in einer physischen Einheit miteinander zu verbinden. Dieser Raum hat ein sehr großes Fenster." Tsukamoto deutet auf sein Wohnzimmerfenster. „Dieser Raum öffnet sich auf verschiedene Generationen von Häusern in der urbanen Landschaft. Wir können uns in der Geschichte eines Ortes platzieren." Wie die Raumwahrnehmung durch Maßstabssprünge verändert wird, ist im Atelier spürbar. „Wir haben der Treppe mehr Platz zugestanden. Oft hat die Treppe nur den vorgeschriebenen Mindestraum. Dimensionen zu verändern ist eine Reaktion auf den Platzmangel." Auf das Verhältnis zwischen Volumen und Proportionen kommt es an. Modelle werden in allen Maßstäben gebaut – 1:100,

T-HOUSE IN MANAZARU, KANAGAWA, FERTIGSTELLUNG HERBST 2008

T-HOUSE, ERSTE SKIZZE, 2008

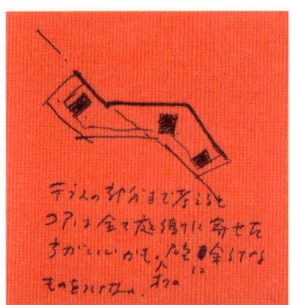

YOSHIHARU TSUKAMOTO

„Alle unsere Modelle sind maßstabsgetreu, wissenschaftlich und präzise."

1:50, 1:30. „In den 1990ern wurde das Modellbauen bei guten Architekten in Japan populär. Alle unsere Modelle sind maßstabsgetreu, wissenschaftlich und präzise. Wir sind so genau wie möglich, wir arbeiten maßstäblich und achten sehr, sehr genau auf die Proportionen. Grundsätzlich bauen wir 50 bis 60 Modelle pro Projekt. Aber jetzt, wo ich eine größere Kompetenz in der Sprache der Architektur entwickelt habe, könnte ich darüber nachdenken, die Anzahl der pro Projekt notwendigen Modelle zu reduzieren." Die Modelle bestehen aus Styrofoam und Karton. Zum Bauen werden japanische Präzisionsmesser und tropffreier amerikanischer Klebstoff verwendet.

„Bleistift und Papier, Modelle aus Styrofoam und Karton und der Computer", so reiht Yoshiharu Tsukamoto seine Architekturwerkzeuge. Fallminenbleistifte, dünne Fineliner und

YOSHIHARU TSUKAMOTO

„Alltagsleben ist eine gute Inspirationsquelle; die Stadt selbst, das Verhalten von Menschen, das Verhalten von Gebäuden, das Verhalten der Natur. Bäume und Masken sind sehr gute Inspirationsquellen."

eine ganze Wand mit verschiedensten Modellbauwerkzeugen inklusive Mundschutz und
Sprays sowie CAD sind gleichberechtigt. Das CAD-Zeichnen ist vorwiegend Mitarbeitersache.
„In unseren Entwürfen gibt es nur sehr wenige Wiederholungen, deshalb hat der Computer für
uns nicht so ein großes Potenzial. In anderen Architekturbüros gibt es ein größeres digitales
Archiv. Ich bin in Wirklichkeit nicht so avanciert, dass ich die Verbindungen zwischen der
Realität meiner Architektur und diesen neuen Computertechnologien finden könnte. Die
sozialen Beziehungen werden durch den Computer verändert. Für mich steht Architektur zu
dieser Form des Sozialen in einem Verhältnis. Der Computer ist nicht nur eine innerarchitektonische Frage. Der Einfluss des Computers auf die Gesellschaft könnte die Architektur verändern, aber ich weiß noch nicht, wie ich das als Kontext für mein Entwerfen nutzen könnte."

T-HOUSE, FERTIGSTELLUNG HERBST 2008

YOSHIHARU TSUKAMOTO

„Wir beginnen
mit der Vor-
stellung des
Szenarios.
Das Szenario
wird durch
das Sammeln
von Infor-
mationen
erstellt.
Für ein
kleines Haus
sind wir eine
Stunde am
Bauplatz, für
ein größeres
Projekt einen
halben Tag."

Primär mit Worten

Hermann Czech

ATELIER
SINGERSTRASSE 26A
WIEN
ÖSTERREICH

FELDFORSCHUNG IM ATELIER 2007 UND JUNI 2008
FOTODOKUMENTATION, GESPRÄCHE MIT HERMANN CZECH
& TEXT: ELKE KRASNY

„Ich stelle mir am Anfang ganz wenig vor. Es ist vielleicht dunkel irgendeine Struktur oder ein Raum, ein Ansatz zu einer Raumüberlegung." Spezifische Beginnrituale hat Hermann Czech nicht. „Mein Vater hat noch die Kassabücher auf der ersten Seite mit ‚Mit Gott' beschrieben. Solche Rituale habe ich nicht." Projekte fangen an, wenn sich jemand mit einer Frage an ihn wendet, die dazu führt, „dass man über etwas nachdenkt und sich das anschaut. Es gibt ja keine uninteressanten Aufgaben, aber es gibt nicht-kostendeckende Aufgaben." Die Analyse des Bauplatzes ist wesentlich. „Im Idealfall, würde man sich über mehrere Jahreszeiten dort aufhalten. Es ist besser, je öfter man hingeht, wobei es nicht auf die Länge der Anwesenheit ankommt, sondern auf die Wiederholung. Wenn ich es mir aussuchen kann, bin ich lieber zweimal zehn Minuten an dem Ort, als einmal zwanzig Minuten." Der Bauplatz wird dokumentiert. „Ich habe immer Fotos gemacht, aber früher war das viel mühsamer." Die digitalen Aufnahmen werden ausgedruckt und hervorgeholt „weil man sich nicht mehr erinnern kann oder nach Informationen sucht." Manchmal wird in diese Fotos hineingezeichnet. „Vor kurzem habe ich jemanden beraten, dann haben wir in die Fotos hineingezeichnet, hineingerenderet, mit den Mitteln des Photoshop. Ich habe mir vorher gerade gedacht, ein Mittel für mich sind die Mitarbeiter, weil ich am Computer ja überhaupt nicht kann, Programme wie Photoshop kann ich ja gar nicht. Ein wesentliches Mittel ist nicht der Computer, sondern der verständnisvolle Mitarbeiter."

Durchschnittlich sind vier bis fünf Mitarbeiter im Büro, von denen mehrere an verschiedenen Projekten gleichzeitig arbeiten und von Anfang an über alles informiert sind, da sonst Erklärungsprozesse zu aufwändig werden. Viele von ihnen arbeiten zehn oder mehr Jahre im Atelier. „Primär mit Worten, aber auch mit Zeichnen" kommuniziert Hermann Czech mit ihnen. „Je mehr die Mitarbeiter sich auf den Prozess einstellen, desto mehr wissen sie, was sie fragen sollen." Von wem eine Idee kommt, ist „wertfrei. Aber ich treffe die Entscheidung." Der Computer kam im Jahr 2000 durch eine Mitarbeiterin, die ihren zum Arbeiten mitbrachte, ins Atelier. „Das Arbeiten hat sich nicht bewusst durch den Computer verändert. Ich mache praktisch keine Zeichnung, die zur Umsetzung dient. Und jetzt mit dem Computer schon gar nicht. Aber das war insofern keine Änderung, als ich vorher auch nichts gezeichnet habe." Genauso wenig wie Hermann Czech zeichnet, baut er Modelle. „Ich selbst bin kein guter Modellbauer, aber im Büro bauen wir schon manchmal welche." Haben die Arbeitsmodelle ihren Zweck erfüllt, werden sie weggeworfen. Auch bei Skizzen ist ihm das Original nicht wichtig, da die grundlegende Wiedergabemöglichkeit heute digital ist.

HERMANN CZECH

„Ich lese nicht leicht."

Während des Gesprächs springt Hermann Czech wiederholt auf, um etwas zu suchen, das seine Arbeitsweise veranschaulicht. Mit einer Raumskizze des nicht mehr existierenden Cafés im Museum für Angewandte Kunst in Wien, dem MAK, kehrt er in den Besprechungsraum zurück. „Das war eine Raumskizze für das MAK. Die ist auf einem A4 Blatt, mit einem dicken Filzstift. Da ist alles schon drinnen, aber das ist ganz schematisch, das versteht jemand nicht, dem man es nicht erklärt." Die Skizze ist nicht Mittel zur Ideenfindung, sondern hält Entscheidungen fest. „Ich bin nicht jemand, der Formen erfindet oder Konzepte im Kopf zusammen verdichtet, sondern jemand, der von den vielen Vorbedingungen lebt." Nicht die Suche nach der Form prägt den Entwurfsprozess, sondern die „Zeitreihe von Entscheidungen. Es ist sogar so, dass man unterscheidet zwischen Dingen, die man gleich entscheiden muss und solchen, die man nicht entscheiden muss. Insbesondere gibt es oft administrative Gründe, warum man etwas nicht entscheiden kann und dann schaut, dass man das abkoppelt und etwas macht, wo das noch offen bleiben kann. Ich halte nicht gerne Entscheidungen offen, aber entweder es gibt Dinge, wo man noch keine Lösung weiß, oder Dinge, wo man die Entscheidungsgrundlage noch nicht hat."

HERMANN CZECH

„Ich mache mich mit historischen Beispielen verständlich."

Omnipräsentes Arbeitswerkzeug ist die ständig wachsende Bibliothek. Bei jedem Besuch betont Czech, dass der Raum bereits an der Grenze der statischen Belastbarkeit sei. In sein Atelier steigt man ein verwinkeltes Stiegenhaus, das zwei Gebäude miteinander verbindet, sechs Stockwerke hinauf. Lift gibt es keinen. Im 19. Jahrhundert war hier die Staatsdruckerei untergebracht. Die Stirnseite wurde mit Fenstern Richtung Stephansdom geöffnet. Wände der Besprechungszimmer werden durch verglaste, versperrbare, von ihm entworfene Bücherschränke gebildet. „Ich lese nur einen Bruchteil von dem, was ich hier zusammensammle. Oft zeichne ich etwas an oder lege etwas hinein, wo ich denke, das muss ich noch lesen. Aber es kommt auch vor, dass ich ein Buch hernehme und denke, das ist ein Thema, das muss ich jetzt einmal anschauen und dann komme ich darauf, das ist alles schon unterstrichen oder angestrichen. Das habe ich alles schon gelesen, habe aber keine Ahnung mehr", sagt er lachend. In die Bücher eingelegte Lesezeichen, oft ein herauskopiertes oder vergrößertes Detail, sind Spuren dieser andauernder Suche. „Ich lese nicht leicht. Ich kann mich schwer konzentrieren."

Auf dem Besprechungstisch ist nur ein kleiner Platz frei, links und rechts davon stapeln sich Bücher, dazwischen liegt eine Rolle Aquafix, am Rand eine Tasse mit Bleistiften. Wichtiges Werkzeug ist „ein Bleistift mit einem Radierer hinten drauf, der funktioniert. Im Bereich HB. Der Radierer ist wichtig, damit man sofort wieder verändern kann". Nicht minder wichtig ist die „Blechhülse vorne. Diese Blechhülsen gibt es jetzt wieder. Die gab es Jahrzehnte lang nicht. Die sind wichtig, weil man den Bleistift sonst nicht einstecken kann." Unterwegs hat er ein kleines Notizbuch dabei, „meistens kariert, kleinkariert".

HERMANN CZECH

„Ich bin nicht jemand, der Formen erfindet oder Konzepte im Kopf zusammen verdichtet, sondern jemand, der von den vielen Vorbedingungen lebt."

„Ich suche Lösungen", sagt Hermann Czech. Die Aussage ist wörtlich wie übertragen zu verstehen. Ausgesprochene Architekturreisen hat er dennoch wenige unternommen. „Ich habe zu wenig gesehen, aber das, was ich gesehen habe, hat einen produktiven Zusammenhang." Seine Suche versetzt ihn in Bewegung, veranlasst ihn, Bücher oder seine umfangreiche Diasammlung auf Referenzen aus der Architekturgeschichte zu befragen. „Sehr oft bringe ich Beispiele, gerade auch im Entwurf, bringe ich ein historisches Beispiel und sage, analog, im übertragenen Sinn, auf so etwas möchte ich hinaus. Ich mache mich mit historischen Beispielen verständlich." Auch Gebautes wird untersucht. „Das ist keine Spezialität von mir. Es gibt aber Leute, die sich nie darum kümmern. Früher habe ich in der Tasche immer auch einen Maßstab mitgehabt, aber jetzt nicht mehr, jetzt habe ich schon das Handy und den Autoschlüssel. Aber er fehlt mir schon, früher habe ich immer Stufen abgemessen. Ich habe eine ganze Sammlung von Stiegen, die abgemessen sind. Eine Stiege ist ein sehr subtiles Mittel." Wiewohl Architekturgeschichte ein Werkzeug ist, geht es gerade nicht um „historische Zusammenhänge", sondern um das Potenzial der Aktivierung eines in der Vergangenheit bereits gelösten Problems für ein als ähnlich erachtetes heutiges. „Eher punktuell, der hat ein ähnliches Problem gehabt oder ein analoges und hat das so gelöst." Im „Wiederholen" oder „Zitieren oder wie immer man das nennen mag" wird die Lösung auf ihre „Brauchbarkeit" überprüft. „Dann kontrolliert man es." Im Umgang mit aufgefundenen, ausgesuchten Lösungsformationen steckt ein hohes Ausmaß an „Witz" und Ironie.

HOTEL MESSE WIEN
Bildauswahl & Text: Hermann Czech

Die städtebauliche Figur des gekurvten und geneigten Baukörpers nützt die Grundstücksgrenzen aus und definiert dadurch die umliegenden Straßenräume im Sinne einer geschlossenen Bebauung.

Die nach dem Wettbewerb auftauchenden und wechselnden Nutzungsüberlegungen von Investor und Betreiber führen zunächst zu einer Verunklärung und Aufblähung der Baugestalt. In dieser Phase ist es sinnlos, diese Entwicklung aufhalten zu wollen; man muss darauf vertrauen, dass eine Entwurfspräzision später wieder in den Griff zu bekommen ist. Immerhin wurde die Bebauungsplan-Widmung auf Grund des größten Volumensstandes betrieben.

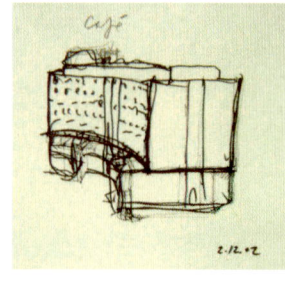

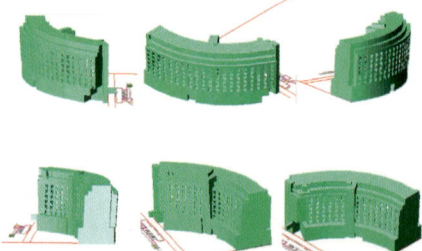

Die Neigung des Baukörpers beträgt ca. 3,6°. Dieses Merkbarkeitselement schräger Wände ist ebenso – wie die Rundung des Baukörpers auch im Inneren – etwa in den Zimmergängen – ansatzweise vorhanden.

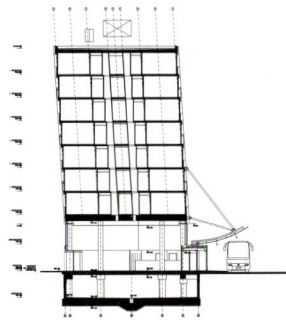
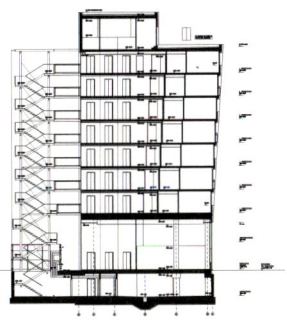
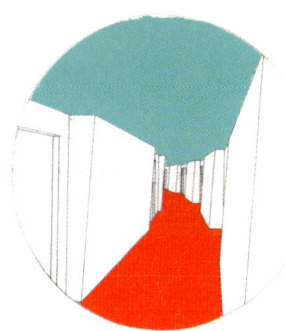

Auf Renderings kann man meist alles sehen; nur nicht, was gemacht wird. Anders als weithin üblich zeigt die Simulation (Wolfgang Beyer, auch die „grüne" des Wettbewerbs) den tatsächlichen aktuellen Entwurfsstand zu gegebener Zeit also das Gebäude täuschend realistisch.

RENDERING: WOLFGANG BEYER

FOTO: VALENTIN SCHEINOST

Zum Messeeingang treten Fronten, hinter denen sich Nebenräume befinden, prominent in Erscheinung. Hier soll der Passant, nach seiner Wahrnehmung des Hotel-Baukörpers, beim Näherkommen nicht mit einer toten Erdgeschosszone frustriert, sondern noch auf kürzerer Distanz unbewusst interessiert werden, bis die Foyerräume ins Blickfeld kommen.

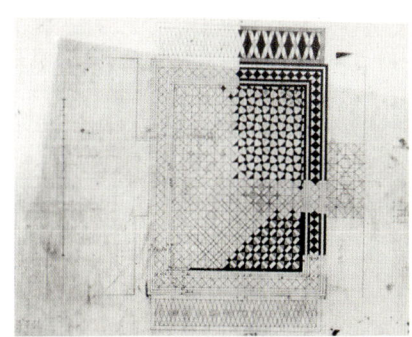

Das hier eingesetzte Weiß/Schwarz-Muster ist ein Entwurf Leo von Klenzes (um 1825 für den Fußboden eines Saals der Münchner Glyptothek). Klenze ist wohl eher zufällig auf diese irritierende Wirkung gekommen; wodurch diese trotz der einfachen Geometrie eigentlich entsteht, ist wahrnehmungspsychologisch schwer erklärbar (deshalb scheint es auch kaum möglich, diese Wirkung zu steigern). Das rätselhafte Muster ist auch etwas, an das man sich beim Wiederkommen erinnert und das eine Vandalisierung durch Graffiti etc. unwahrscheinlicher macht.

Blankes Aluminium wird an dieser Fassade als verwitterungsfähiges Material eingesetzt. Kenner warnen davor, dass diese Oberflächen auch „unansehnlich" verwittern können. Deshalb wechseln die blanken Flächen mit anthrazitfarben beschichteten Flächen ab, sind dadurch unterbrochen und „gefasst". Auch wenn nun einzelne Stellen ästhetisch unbefriedigend verwittern sollten, sind sie durch die bewusste Darstellung der Absicht in ein Gesamtbild eingebunden. Die Breite der horizontalen Streifen ist durch die Breite der Bahnen bestimmt. Diese Maße überlagern sich mit der Geschosshöhe (ca. 5:7).

 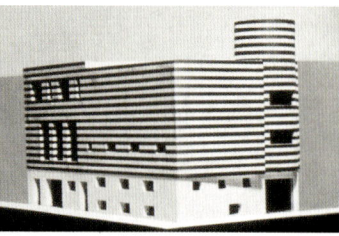

Die tatsächliche oder symbolisierte Mauerwerksschichtung einer Wand findet sich in historischen Beispielen.

Die öffentlich bzw. für Gäste zugänglichen Bereiche sind transparent und erlauben eine Durchsicht durch den Baukörper. Teile dieser Foyerzone weisen die doppelte Raumhöhe auf (in dieser Kategorie normalerweise nicht durchsetzbar). Die auch von außen sichtbaren schrägen Stützen schaffen den Ausgleich zwischen den Rastern von Tiefgarage und Zimmerteilung. Ursprünglich in Y-Form gedacht, markierten sie mit ihren oberen Enden die tatsächliche Lage der konstruktiven Decke. Die Perspektive ist kein Rendering, sondern eine – wenn auch mit Computer hergestellte – Graphik mit Eigencharakter.

Ein Fauteuil des durch Le Corbusier bekannten Typs ist durch einen Griff verfremdet, der sowohl der Hand entgegenkommt wie das Aufstehen erleichtert – Le Corbusiers „Grand confort" mit heutiger Alters- und Behindertengerechtheit konfrontierend (der Entwurf ist derzeit Gegenstand eines von Cassina betriebenen Urheberrechtsstreits).

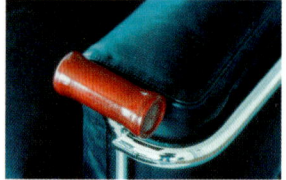

Andere Sesselentwürfe mit die (Zeit-)Distanz reflektierendem Bezug zu zitierten Vorbildern:

  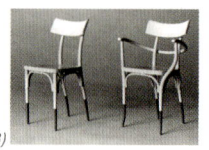

(1) *(2)* *(3)*

(1) 1961 (Restaurant Ballhaus, mit Wolfgang Mistelbauer und Reinald Nohal): Rekonstruktion eines Sessels aus 1930, Bezug mit einem verändert nachgewebten Stoffdessin aus 1907 (im Raum eine nachgedruckte Tapete aus 1913) – alles Entwürfe von Josef Hoffmann, die dieser aber nie kombiniert hätte.

(2) 1984 (Restaurant im Palais Schwarzenberg): Sesselentwurf nach einem Vorbildtypus aus dem frühen 19. Jahrhundert, als unsere Vorstellung eines bequemen Sessels erst entstand.

(3) 1993 (zunächst MAK-Café, jetzt in Serie bei Thonet Vienna): Modifikation des lange Zeit billigsten Thonet-Modells (vermutlich 30er-Jahre), den geänderten Sitzgewohnheiten entsprechend mit etwas breiterer und stärker geneigter Rückenlehne.

FOTO: MARGHERITA SPILUTTINI

FOTOS (1) UND (2): HARALD SCHÖNFELLINGER

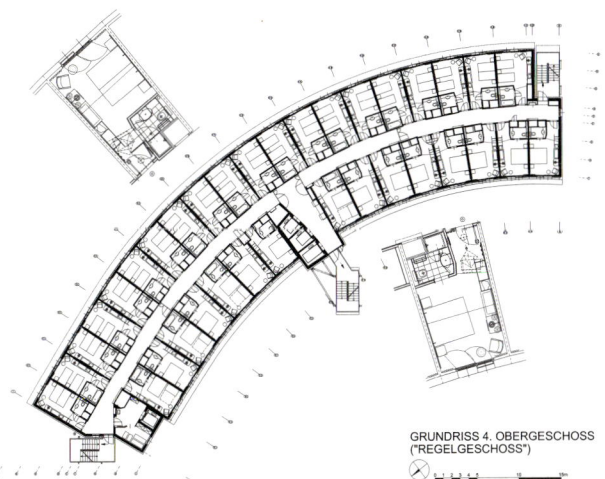

Die radiale Anordnung schafft verschiedene Zimmertypen beiderseits des Ganges. Weitere Unterschiede entstehen durch Auswahlmöglichkeit von Duschen und Wannen (Japanische Gäste z. B. bestehen auf Wannen), fallweise geforderte Zusatzbetten, einzelne Behindertenzimmer, schließlich durch verschiedene und außerdem aufgrund der Neigung je Geschoss um 17 cm wachsende Radien. (Immerhin wurden es nicht 243 Typen für 243 Zimmer). Die konischen Zimmergrundrisse werden schon im Tür- und Spiegelbereich durch weitere raumöffnende Schrägen aufgefangen.

GRUNDRISS 4. OBERGESCHOSS
("REGELGESCHOSS")

Da Hotelzimmerschränke ohnehin meist zu voluminös sind und nur zu einem Bruchteil benützt werden, sind sie hier nur 150cm hoch, was auch zum Hängen von Kleidern genügt, wenn darunter nichts aufbewahrt wird. Auch das verbessert den Einblick in den Raum.

rechts: Kontrolle am eigenen Kleiderkasten.

Der Nachteil des nahen Parkdecks wird entschärft, indem diese Westseite des Hotels einen repräsentativen öffentlichen Charakter bekommt, also eine Plaza mit Hotelvorfahrt bildet. Die Schräglage des Gebäudes unterstützt die Aufwertung der konkaven Plazafront.

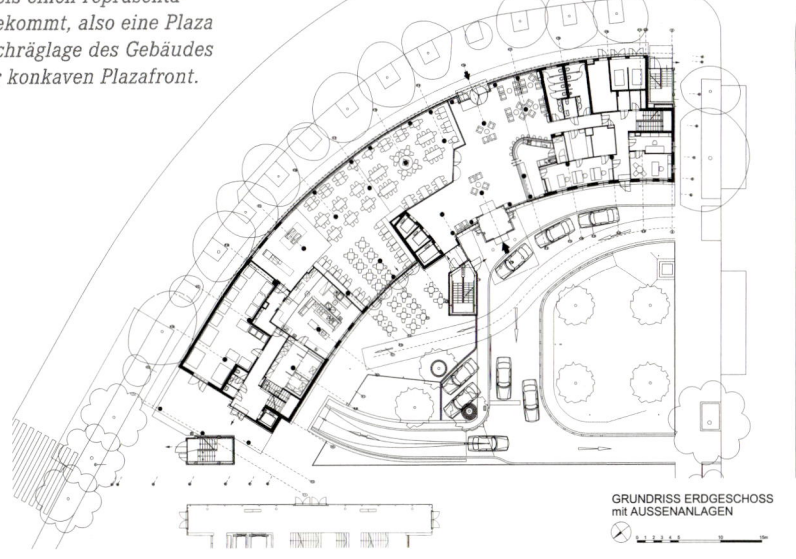

GRUNDRISS ERDGESCHOSS
mit AUSSENANLAGEN

FOTOS: MARGHERITA SPILUTTINI

MITARBEIT ARCHITEKTUR: ANNA-MARIJA DUFILS-MENIGA, ANDREAS MIELING, THOMAS ROTH, VALENTIN SCHEINOST, GEORG ÜBELHÖR; TRAGWERKS-, HKLS- UND ELEKTROPLANUNG, KOSTENERMITTLUNG, GO: ATP ACHAMMER – TRITTHART & PARTNER; INVESTOR: UNIVERSALE INTERNATIONAL; BETREIBER: AUSTRIA TREND HOTELS & RESORTS

Fast alles kann ein Werkzeug werden

Diller Scofidio + Renfro

601 West 26 Street #1815
New York
USA

Feldforschung im Atelier im Januar 2007
Fotodokumentation, Gespräche mit Elizabeth Diller
und Charles Renfro sowie Mitarbeiterinnen
& Text: Gudrun Hausegger

„Es ist schwer, unmissverständlich zu beschreiben, wie unser Entwurfsprozess aussieht, weil unsere Arbeit so vielfältig ist und bereits in der Zeit vor dem Einsatz des Computers begann. Da unsere Projekte so unterschiedlich sind, maßschneidern wir, sicherlich stärker als andere Büros, für jedes Projekt eine eigene Methode. Wir sind stark auf Forschung ausgerichtet. Auch bei einem sehr kundenorientierten Projekt beginnen wir immer mit der Forschung", so Elizabeth Diller, die 1979 mit Ricardo Scofidio in New York Diller + Scofidio gründete. 2004 wurde Charles Renfro – seit 1997 im Büro – Partner; der Büroname wird auf Diller Scofidio + Renfro erweitert.

Seit der Gründung arbeitet das Team disziplinenübergreifend in Architektur, den bildenden und darstellenden Künsten, realisiert Tanzprojekte, multimediale Kunstinstallationen sowie Theaterstücke und beschäftigt sich mit innovativen Medien. Sie kollaborieren mit Künstlern aus den unterschiedlichsten Sparten wie Tanz, Theater und neuen Technologien. In ihrem Büro jedoch arbeiten ausschließlich Architekten, die sich von der interdisziplinären Arbeitsausrichtung angezogen fühlen. Kurzfristig, wenn Bedarf besteht, werden Leute mit einem anderen beruflichen Hintergrund dazu geholt. „Zur Zeit arbeitet ein Näher in der Modellwerkstatt, der uns hilft, die Form einer Tasche zu entwickeln, die wir für die Firma Swarovski entwerfen. Dazu haben wir jemanden gesucht, der sich ausdrücklich mit Schnittmustern und Nähen auskennt. Wir drehen Architektur um. Wir können das deshalb, da wir selbst aus der Architektur kommen und keine Leute aus anderen Disziplinen anstellen. Das ist nicht nötig, weil wir als ungewöhnliche Architekten schon in räumlichen Qualitäten und gemäß den Gesetzen der Schwerkraft denken. Das hat mit unserer verrückten Art zu tun, wie wir Architektur verstehen", so Elizabeth Diller.

Der Entwurfsprozess verläuft ohne Hierarchien: Die drei Partner und das jeweilige Entwurfsteam besprechen Ideen und Möglichkeiten und entwickeln sie gemeinsam weiter. Danach setzt das Team die Arbeit fort, modifiziert diese und wird durch weitere regelmäßige Besprechungen unterstützt. Während der Entwurfsphase sind alle drei Partner gleichwertig in den Prozess eingebunden, es gibt anfänglich keine Aufteilung von Verantwortlichkeiten, erst ab einem bestimmten Zeitpunkt übernimmt einer der Partner die weitere Betreuung.

Ähnlich unhierarchisch verläuft die Forschungsphase. Es gibt keine eigene Forschungsabteilung, jeder aus dem Projektteam beteiligt sich am Research-Prozess, die Kompetenzen werden abgesprochen. Diese Phasen sind höchst zeitaufwendig; ein oder zwei Jahre pro Projekt sind keine Seltenheit, die Inhalte der Recherche bleiben immer unvorhersehbar.

ELIZABETH DILLER

„Die Diskrepanz ist die, dass man nicht nachdenkt, wenn man sofort am Computer anfängt. Ich zeichne nicht nur deshalb gerne, da sich darin ein nostalgisches Verhältnis zur Hand ausdrücken könnte. Nein, es hat mit schnellem Denken zu tun."

„Es gibt immer Erfindungen, die eigens für Projekte gemacht werden. Für experimentelle
Arbeit ist Forschung unumgänglich. Wie beim Blur Building für die Schweizer Landesausstel-
lung 2002: Wir wollten ein Gebäude aus Wasser und Nebel bauen. Aber gibt es so etwas wie
einen Spezialisten für Nebel, einen Nebel-Ingenieur? Und da unsere Arbeit auch sehr viel mit
der Produktion von Effekten zu tun hat, müssen wir oft bestehende Technologien verändern
und Materialien einsetzen, die nie zuvor in einem solchen Zusammenhang verwendet worden
sind", meint Elizabeth Diller. „Und viel an unserer Forschung ist auch reines Handanlegen,
wiederholtes physisches Testen. Wir produzieren oft Modelle oder Teile im 1:1 Maßstab", fügt
Charles Renfro hinzu.

Dieser nicht standardisierte Entwurfsprozess bedingt einen unkonventionellen Einsatz
von Instrumenten. Elizabeth Diller: „Alles kann für uns potentiell ein Werkzeug sein, das uns
denken hilft. Aber die wirkliche Herausforderung liegt immer in den Rahmenbedingungen,
denn oft sind sie es, die die Erfindung eines neuen Werkzeugs notwendig machen. Oder umgekehrt, manchmal erlaubt ein neues Werkzeug in eine Richtung zu denken, an die man zuvor
nie gedacht hätte. Aber wir sind nicht von ihnen besessen. Zum Werkzeug wird, was immer
wir gebrauchen können."

Konsequent verfolgen Diller Scofidio + Renfro in ihrer Arbeit Themen wie Wahrneh-
mungskultur, touristische Entwicklungen, die Choreographie von Räumen und das Verhältnis
von neuen Technologien und neuer Architektur. „Wir sind an Technologie und Architektur in
unterschiedlichsten Formen interessiert, an Formen, die über die Konventionen der intelligenten Architektur hinausgehen. Wir sind am IQ der Architektur in einer komplexen Art und
Weise interessiert", so Elizabeth Diller. Der Weg von der Forschung in die Praxis ist dabei

*„In unserer bisherigen Arbeit haben wir uns darauf konzentriert zu versuchen, die disziplinären
Grenzen niederzubrechen. Wir können beschreiben, was wir tun, aber wir können nicht sagen,
ob Architektur das eine oder das andere ist. Für uns ist Architektur die Definition von Raum im
Verhältnis zu Verbindlichkeiten, Örtlichkeiten und Aktivitäten. Architektur ist die Definition von
Raum, denn der Raum ist bereits vorgegeben, bevor man selbst dort hinkommt."*

niemals ein linearer. Konsequent durchbrechen sie auch Grenzen und Konventionen. „Die Qualität unserer Arbeit begründet sich auf dem Wunsch etwas durchzudenken, das es zuvor nicht gegeben hat. Und ich meine das nicht in dem Sinn, dass Neues nur der Neuigkeit wegen spannend ist."

Trotz ihrer Faszination an neuen Technologien hat für Diller Scofidio + Renfro der Computer keinen übergeordneten Stellenwert und ist kein zwingendes Entwurfswerkzeug: „Ich unterscheide nicht zwischen den Bezeichnungen altmodisch und neu. Es sind alles Werkzeuge. Die Diskrepanz ist die, dass man nicht nachdenkt, wenn man sofort am Computer anfängt. Ich zeichne nicht nur deshalb gerne, da sich darin ein nostalgisches Verhältnis zur Hand ausdrücken könnte. Nein, es hat mit schnellem Denken zu tun. Man kann beim Zeichnen alle Arten von komplexen Verhältnissen sehr, sehr schnell testen. Es ist ein Weg für Architekten und bildenden Künstler zu denken", bezieht Elizabeth Diller klar Stellung.

Über 20 Jahre lang arbeiteten sie in einem zweistöckigen Büro, das auch die Wohnung von Elizabeth Diller und Ricardo Scofidio war. Der Raum wurde zu eng, Platz für Kundengespräche sowie eine Modellbauwerkstatt fehlten. Ende 2006 erfolgte der Umzug in ein Loft im Stadtteil Chelsea, in dem nun 40 Personen internationaler Herkunft arbeiten. Die großräumige Modellbauwerkstatt befindet sich im Keller. Zur Lage ihres neuen Büros in New York erklärt Charles Renfro: „Wo wir hier im Bezug zur Stadt sind, repräsentiert das, wofür wir in der Welt stehen. Wir sind in Manhattan, sind aber am Rand davon. Es besteht eine optische Verbindung, jedoch auch eine kritische Distanz. Wir hatten die Wahl, ob wir in der Stadt eingebettet oder am Rand sein wollen." Und die Entscheidung fiel auf die zentrale Randlage.

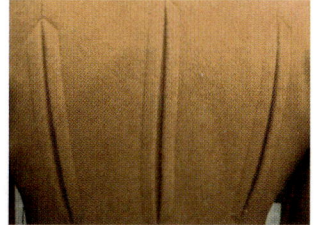

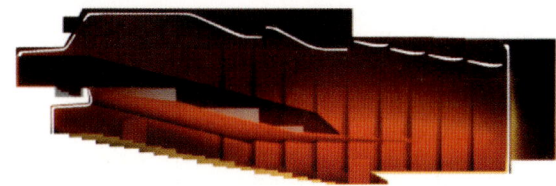

ALICE TULLY HALL, NEW YORK,
STADIEN DES ENTWURFPROZESSES

ELIZABETH DILLER

„Aber die wirkliche Herausforderung liegt immer in den Rahmenbedingungen, denn oft sind sie es, die die Erfindung eines neuen Werkzeugs notwendig machen. Oder umgekehrt, manchmal erlaubt ein neues Werkzeug in eine Richtung zu denken, an die man zuvor nie gedacht hätte. Aber wir sind nicht von ihnen besessen. Zum Werkzeug wird, was immer wir gebrauchen können."

Die vielen Gesichter der Werkzeuge

Edge Design Institute

Suite 1604, Eastern Harbour Centre
28 Hoi Chak Street, Quarry Bay
Hong Kong

Feldforschung im Büro im Sommer 2007
Fotodokumentation, Gespräche mit Gary Chang, Mitarbeitern
und Auftraggebern & Text: Elke Krasny

„Werkzeuge haben ein zweites Leben, eine multiple Persönlichkeit", so Gary Chang, der seit 1994 das von ihm gegründete Edge Design Institute in Hongkong leitet. Mobiles Arbeiten gehört zu seinem Alltag, 120 Nächte pro Jahr verbringt er in Hotels. „Es sollte Mehrzweckwerkzeuge geben", so der Arbeitsnomade Chang, während er seinen schwarzen Lederrucksack nach geeigneten Demonstrationsobjekten durchforstet. „Aber zur Zeit gibt es kein einziges Werkzeug, das sich universal für jede Arbeit eignet. Es klingt gut, wenn man sagt, mein Laptop und ich können überall arbeiten, aber der Computer ist eben nur ein Aspekt. Ich verwende den Computer nicht so viel. Ich möchte Werkzeuge kontrollieren können, nicht von der Technologie beherrscht werden. Ich könnte es nicht auf ein Werkzeug reduzieren, obwohl das im Zusammenhang mit der Mobilität gut klingen mag. Ich habe immer ein Notizbuch dabei, und ich bin süchtig nach kleinen Büchern. Wenn ich reise, kommen sie mit." Seinen iPod verwendet Chang nicht zum Musikhören, sondern zum Abspeichern und Herzeigen von Bildern. Multifunktionalität und Transformierbarkeit sind das zentrale Anliegen. Diese Haltung entfaltet sich konsequent im Umgang mit Werkzeugen, in der Gestaltung des eigenen Büros, in den Kreationsprozessen wie der Architekturproduktion. „Das immer wieder kehrende Thema unseres Büros ist die Transformation."

Genau so wichtig wie die Veränderbarkeit von Raum ist die Beschleunigung von Arbeitsprozessen. „Wir entwickeln eine Methode für das Entwerfen auf der Überholspur." „Instant-Entwerfen" ist in Hongkong und fast noch mehr in Festland-China überlebensnotwendig für Architekturbüros. Dennoch versucht das Edge Design Institute, wie der Name signalisiert, beschleunigte Produktivität mit Recherche zu verbinden. „Bevor wir mit einem neuen Projekt anfangen, gehen wir immer auf den Bauplatz. Das ist absolut notwendig. Meistens machen wir Fotos, manchmal Videos. Aber wir sprechen auch mit den Leuten, nicht nur mit dem Auftraggeber, wir versuchen herauszufinden, wie sich eine Gegend entwickelt. Das geht gar nicht im Überholspurtempo. Wir kennen Hongkong zwar sehr gut, aber trotzdem haben wir noch lange nicht alle Informationen. Der Zustand ist fragil. Hongkong ist eine Stadt, die sich rasant verändert. Wir müssen recherchieren und aktiv Informationen sammeln." Für die rasche Ideenfindung wird zu ungewöhnlichen Mitteln gegriffen. „Was die Geschwindigkeit anbelangt, sind Legosteine ein sehr gutes Werkzeug. Ich kann damit in drei Minuten ein Modell bauen. Wenn man Ideen sammelt, dann muss man nicht so genau auf den Maßstab achten. Legosteine eignen sich besonders gut für Konzeptmodelle." Chang hat als Kind, 1969, seine ersten Legosteine bekommen, nicht die originalen, sondern in Japan nachgebaute. Vor vier Jahren, als das

GARY CHANG

„Wir entwickeln eine Methode für Fast Track Design."

Büro an den neuen Standort übersiedelte, kaufte Chang eine Riesenmenge an Legosteinen, die zum Probieren auf einem langen, schmalen Tisch liegen.

„Ich fühle mich im Büro wie ein Professor. Oft fangen wir mit einer Brainstorming-Runde an. Dafür gehen wir nicht in den Besprechungsraum. Das Büro ist so organisiert, dass man überall gut brainstormen kann. Es ist sehr produktiv und effizient, wie ein informelles, internes Seminar. Vieles wird bereits am ersten Tag entschieden." An 25 bis 30 Projekten wird gleichzeitig gearbeitet. „Wir sind nicht in starre Teams eingeteilt, damit das Büro organisch bleibt. Wenn etwas sehr dringlich ist, dann holen wir alle zusammen und arbeiten an dem Projekt. Und wir haben in unserem Netzwerk Außenmitarbeiter, mit denen wir das Arbeitspensum bewältigen."

Das Miteinander von Traditionsbewusstsein und Höchstgeschwindigkeit, die gleitenden Übergänge zwischen Atmosphäre, Fiktionen und intelligenter Transformierbarkeit kennzeichnet den Büroraum wie auch die Arbeitsweise des Edge Design Institute. „Ich versuche die Arbeitsumgebung im Büro informell zu halten." Wenn Chang ins Büro kommt, geht er zum DJ-Pult hinauf und macht Musik. Dieser Ort intensiver Arbeit ist auch Kino, Bar oder Wohnzimmer mit von Chang eigens designetem Sofa, auf dem bei langen Schichten die Kollegen

ÜBER DER EINGANGSTÜR LÄUFT EINE LED-ANZEIGE MIT DEM EDGE-CREDO:

„The EDGE of certain things depends upon one's own perspective. An EDGE can be a fuzzy shadow or a boundary line containing a definite blue print. An EDGE is not as rigid as implied; alternatively it may be fluid."

übernachten können. Eine Hängematte ist vom Biennale-Beitrag in Venedig 2002 zurückgekehrt, ein großer, roter Ping-Pong-Tisch dient für Brainstormings, Klientenpräsentationen, gemeinsames Essen, aber auch mal eine Runde Ping-Pong. „Ich habe viele persönliche Sachen im Büro", so Chang. „Alle meine Mitarbeiter haben viele persönliche Dinge hier, vielleicht fühlen sie sich auch im Büro zuhause."

Das Edge Design Institute ist in einem ehemaligen Lagerhaus untergebracht, es teilt den fünf Meter hohen Raum in zwei Ebenen, die untere ist in vier Bereiche gegliedert: „Den Eingangsbereich, das Holzhaus, den Garten und die Metallschachtel. Jeder Bereich ist circa vier Meter breit, so wie in den traditionellen Mietshäusern mit 3,6 Metern. Ich bin sehr traditionsbewusst."

Unten haben die Mitarbeiter in der Metallschachtel ihre Arbeitsplätze, mit Blick auf den Hafen. Oben hat Chang seinen Bereich. „Hier sind meine Objekte, mein Spielzeug. Hier ist es privater. Eigentlich ist es auch mein Zuhause. Es ist eine Bibliothek, ein Club, ein Copyshop. Jeder Bereich ist transformierbar. Dieses Lagerhaus ist schon seit langem eines meiner Lieblingsgebäude. Wenn ich am Fenster stehe, dann sehe ich das Ufer auf der anderen Seite nicht, nur Wasser und Kreuzfahrtschiffe. Man fühlt sich so, als wäre man ganz oben auf einem sehr hohen Kreuzfahrtschiff."

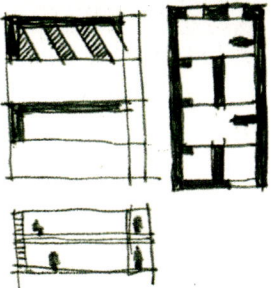

DIESE SKIZZE FÜR DAS NEUE BÜRO SCHICKTE GARY CHANG SEINEN MITARBEITERN VON UNTERWEGS. →

„Eigentlich ist es auch mein Zuhause. Es ist eine Bibliothek, ein Club, ein Copyshop. Jeder Bereich ist transformierbar."

Die eigene Stadt, Hongkong, die sich in permanenter Transformation befindet, ist unerschöpfliche Inspirationsquelle. „Ich habe eine große Sammlung von Hongkong-Stadt-führern. Dicht, hybrid, intensiviert, das ist Hongkong, aber so ist es auch global. Es gibt viele Untersuchungen über Dichte, über Enge. Aber wir leben das hier wirklich. Wir sind immer mitten im Kampf mit der Dichte und wir sind so schnell. Zeit ist hier verdichtet zu Instant-Zeit." Raumökonomie ist in allen Maßstäben eine Quelle der Inspiration. Chang sammelt kleine und kleinste Objekte mit ungewöhnlichen Eigenschaften. „Schatzschachteln, Schächtel-chen oder Schatullen, kleine Objekte liefern einfach wichtige Beispiele."

Auf dem langen Tisch mit den Legosteinen in der an Boden wie Wand mit grünem Teppich ausgekleideten ‚Gartenzone' wird an Kartonmodellen gebaut. Kleine, raffiniert zu schließende oder gefinkelt unterteilte Schächtelchen werden intensiv studiert, immer wieder prüfend zur Hand genommen. Der Umgang mit Inspirationsquellen ist ein gezielter. Während des gemeinsamen freitäglichen Mittagessens wird die Leinwand zum Kino. Film ist für Chang ultimatives Zusammenspiel von kreativer Inspiration und verdichteter Zeit. „Oft wird alles sonnenklar, wenn ich im Kino bin. Filme machen einen high, sie lassen einen die Verbin-dungen zwischen den Problemen, über die man nachdenkt, sehen. Man findet die Verweise und Zusammenhänge viel schneller." Mit einem Stift mit eingebauter kleiner Lampe skizziert oder notiert Chang in der Dunkelheit des Kinos.

Gary Changs Skizzen für Gary's Apartment

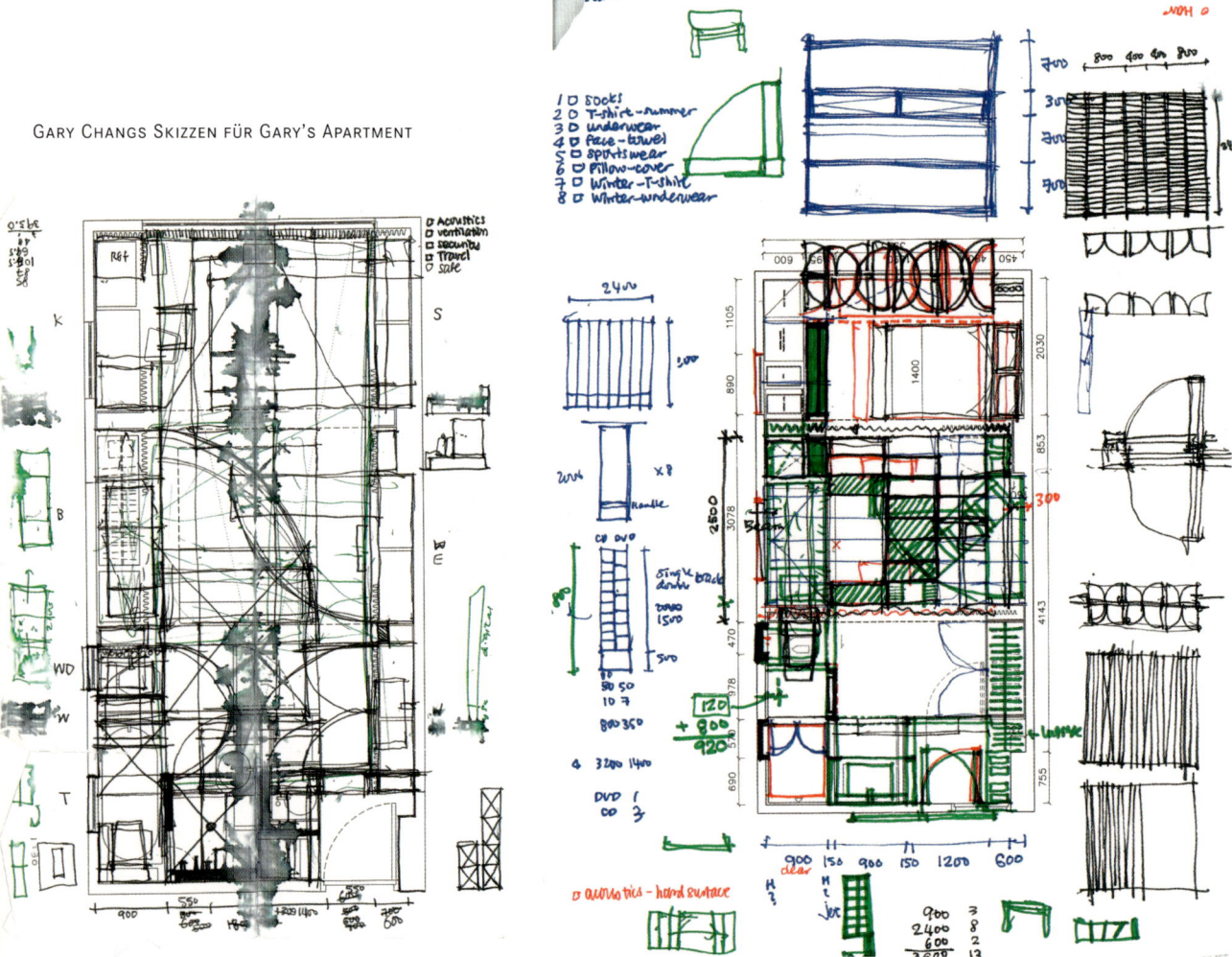

So unterschiedlich die Inspirationsstrategien sind, immer ist der Zeitfaktor eminent. „Die Leute checken dauernd alle ihre Kommunikationsmedien, mehr als das halbe Leben verbringen sie damit. Ich weiß nicht, wie man da produktiv oder kreativ sein kann." Das Nachrichtenchecken vergleicht Chang mit dem Aufräumen. „Meine Hauptherausforderung ist, wie man kreativ aufräumen kann, real genau so wie digital. Wenn man ein gutes Ordnungssystem hat, dann erleichtert das den Entwurfsprozess enorm." Während er über das Aufräumen spricht, schaut er auf seinen mit aufgetürmten Büchern beladenen Arbeitstisch. Bevor die Bücherstapel umfallen, wird geräumt, alles in die Hand genommen.

„Ich sehe die Verbindungen. Ich interessiere mich immer dafür, Ähnlichkeiten zu finden. Manchmal ist das Aufräumen ganz kreativ, aber es braucht eine gute Technik dafür. Es macht den Kopf frei. Denken Sie nicht, dass es wirklich schön ist, wenn das Aufräumen auch ein Entwurfsprozess ist?"

Mit Kreation effizient umzugehen, gehört für Chang zum Thema Nachhaltigkeit, fällt unter „klugen Umgang mit Ressourcen. Wenn man zu arbeiten beginnt, dann verfliegt die Zeit. Wir müssen gut auswählen, was wir tun, da geht es um Nachhaltigkeit im eigenen Leben." In die Beschleunigungsmaschine Arbeit baut Chang Entschleunigungsoasen ein. „Wenn ich nach Europa fliege, dann gehe ich nicht zwei Stunden früher zum Flughafen, sondern fünf bis sechs Stunden. In der Flughafenlounge habe ich meine persönliche Cabana. Das ist ein totales Privileg. Ich genieße es, werde ruhig. Ich spiele im Flughafen verstecken, wie in einem Krimi. Ich schütze meine Privatsphäre, einen ungestörten Bereich, um mich zu konzentrieren."

Gary Chang

„Kino hat die Kraft, einen high zu machen."

Gary Chang

„Eigentlich sieht man keine städtische, sondern eine natürliche Umgebung. Man fühlt sich wie auf einem Boot. Man schaut hinunter und sieht nur Wasser."

Ich bin ein Handwerker

Yona Friedman

ATELIERWOHNUNG
33 BOULEVARD GARIBALDI
PARIS
FRANKREICH

FELDFORSCHUNG IN DER ATELIERWOHNUNG
IM SEPTEMBER 2007 UND IM FEBRUAR 2008
FOTODOKUMENTATION, INTERVIEW UND GESPRÄCHE
MIT YONA FRIEDMAN & TEXT: ELKE KRASNY

„Architektur ist kein Spiel auf dem Papier. Ein Modell zeigt uns nicht die Realität, es ist eine Referenz. Sogar Fotomontagen, wie ich sie gern verwende, entsprechen nicht der Wirklichkeit. Ich habe meine erste Fotomontage 1959 gemacht. Meine Kollegen lachten, aber es ist natürlich kein Scherz. Auch wenn es sich nicht um präzise Information handelt, ist es Information, die Menschen sofort verstehen. Meine Fotomontage von Paris ist entstanden, weil es unmöglich war, es mit Worten zu erklären."

Seit den 1950er Jahren entwickelt der Architekt und Denker Yona Friedman seine ebenso visionären wie den sozialen Gegebenheiten unserer Realität nahen Konzeptionen der ‚beweglichen Architektur‘, der ‚realisierbaren Utopien‘ oder der ‚ville spatiale‘.

Seine Wohnung dient seit der mehr als zehn Jahre zurückliegenden Auflösung seines im selben Gebäude befindlichen Ateliers als Inspirations-, Produktions- und Lebensmittelpunkt. Ob Wände, Böden oder Decken, alles ist von Gesammeltem oder selbst Gemachtem bedeckt. Kein Zentimeter bleibt ungenutzt, in den Ecken türmen sich Verpackungsmaterialien wie Karton oder WC-Papier-Rollen. Diesen „industriellen Abfall" und einfachste Materialien wie Draht und Papier dienen ihm als strukturgebende Ausgangsmaterialien für seine Modelle und Collagen.

Seit dem Jahr 1957, als der in Budapest geborene und in Budapest und Haifa studiert habende Friedman nach Paris zog, ist der Boulevard Garibaldi Nr. 33 der Ort, an dem er Besucher und Forscher zum Gespräch und Gedankenaustausch empfängt. Verkörpert doch seine Wohnung die Konzeption der ‚ville spatiale‘, die auf größtmöglichem Ausdrucksraum und maximaler Freiheit des Individuums in einer gegebenen Struktur beruht.

„Mein Schreibtisch ist wie ein Regal. Ich weiß, wo alles ist. Meine Hand bewegt sich hierhin oder dorthin. Dort sind geschnittene Fotos, hier sind Schlüssel, da sind alle meine Materialien. Auf meinem Tisch weiß ich, wo ich es finde." Für seine ‚Manuals‘, die er in den 1980er Jahren in großer Zahl mit der UNESCO produzierte, entwickelte er eine comicartige Bild-Text-Sprache, die von den Zeichentrickfilmen, die er in den 1960er Jahren realisierte, inspiriert ist. „Ich zeichne sehr schnell. Langsam Zeichnen bereitet mir kein Vergnügen." Beim Skizzieren und Zeichnen sitzt Friedman auf einem Korbstuhl neben dem Schreibtisch mit einem dünnen, schwarzen Fineliner in der Hand und balanciert den karierten oder unlinierten Schreibblock auf den Knien. „Ich bin ein Mann des A4. Wenn man zeichnet, dann ist die Linienführung auf einem großen Papier ganz anders, die Bewegung der Hand auf einem großen Papier ist nicht die gleiche wie auf einem kleinen. Die Qualität der Linie ist entschei-

YONA FRIEDMAN

„Innovation ist immer konservativ."

dend. Es geht um die Verbindung zwischen der Hand und dem Auge, das ist ein kombinierter Vorgang. Man stellt sich etwas vor und während man zeichnet, korrigiert es sich", so Friedman.

Mit der Welt ist Yona Friedman mit einem Faxgerät verbunden. Vom Computer hat er sich vor Jahrzehnten verabschiedet, wiewohl er in dessen Frühzeit sogar ein eigenes Entwurfsprogramm entwickelte. „Das Computer Programm, das ich in den 1970ern entwickelte, war zu ausgereift, zu abstrakt, zu schnell für die Leute. Der Computer liefert einem die beste Entscheidung für den Computer, aber nicht die beste Entscheidung für wirkliche Menschen." Seine Fotomontagen und Modelle begreift er als Rezepte für andere, sein handwerkliches Vorgehen als Kreationspotenzial, da er vorgefertigten einengenden Computerprogrammen zu entgehen sucht.

„Seit 1973 bin ich ohne Computer. Im Computer steckt so viel Diktatur. All die vorgefertigte Software hat Nebenwirkungen, die nicht ausgewiesen sind. Ich kann sie nicht frei verwenden, so wie ich es will. Es wäre viel besser, den Leuten einfach beizubringen, ihre eigene Software zu kreieren. Computer erlauben keine wirklichen Wahlmöglichkeiten. Mit dem Papier ist es anders. Ich kann es zerknüllen, das könnte ich mit dem Computer nicht machen." Auch für das Modellbauen ist das Format A4 meist die Ausgangsbasis.

YONA FRIEDMAN

„Der Computer liefert einem die beste Entscheidung für den Computer, aber nicht die beste Entscheidung für wirkliche Menschen."

„Ich arbeite oft mit Modellen, mit Serien von Modellen, nicht nur im kleinen Maßstab, auch in der tatsächlichen Größe." In den letzten Jahren arbeitet Friedman für die Realisierung der mobilen Architekturen mit Museen, Kultureinrichtungen oder Universitäten zusammen. „Meistens bitte ich die Leute um die Fotografien. Oft sind es Orte, die ich kenne, wie jetzt das Architekturzentrum in Wien." Dann überzeichnet er die Fotografien und schickt sie per Fax oder Brief wieder zurück. „Ich zeichne direkt auf das Foto. Das ist realitätsnah, nein, es gibt eine Idee der Wirklichkeit. Es ist eine Skizze für den Laien."

Zur Zeit baut er Modelle für eine Brücke zwischen Shanghai und Pudong und visioniert ein Graffiti Museum, das dem kollektiven Beschreiben zur Verfügung stehen soll, und ein Street Art Museum, das im öffentlichen Raum von lokalen Kulturinitiativen betrieben werden kann. „Sie schauen sich an, wie ich das Modell mache und dann kann es lokal umgesetzt werden. Das ist sehr wichtig für mich, weil ich nicht mehr so viel reise." In den Workshops werden seine Rezepte nach individuellen Vorstellungen umgesetzt. „Bei der mobilen Architektur gibt es viel Ausprobieren. Auf dem Papier weiß man es nicht, nur im tatsächlichen Maßstab. Sogar Architekten wissen es nicht, nur die Umsetzung zeigt es, deshalb arbeite ich so viel mit dem tatsächlichen Maßstab. Alle Dinge, die ich vorgeschlagen habe, habe ich zumindest

YONA FRIEDMAN

„Mein Schreibtisch ist wie ein Regal."

YONA FRIEDMAN

„Zeichnung und Text zusammen sind eine universelle Sprache."

einmal in 1:1 ausprobiert. Ich weiß, wie sie ausschauen, wie sie sich anfühlen, wie sie wirken. Ich weiß, dass sie machbar sind." „Mainstream Architektur" zeichnet sich für Friedman durch „zu viel Planung" aus. „Für mich ist Architektur ganz, ganz anders als Mainstream. Es geht um mehr als um die Architektur. Meine Vorgangsweise ähnelt der des mittelalterlichen Handwerkers. Da gab es nicht zu viel Planung, sondern es wurden einfach Anweisungen befolgt. Ich möchte die Möglichkeit geben, Architektur von selbst entstehen zu lassen. Alle meine Zeichnungen zeigen nur einen möglichen Zustand in einem langen Prozess. Bauen ist ein langer Prozess." Das Vorgefertigte bedarf ständig der Intervention, so Friedman. Handlungsspielräume entstehen durch Mischung, Transformation und Imagination. „Mischen ist das einfachste, das gängigste Level. Das kann jeder. Transformation ist die nächst höhere Stufe. Aber die Imagination ist das höchste Level. Sich vorzustellen, wie etwas sein wird. Was ich am meisten schätze ist, sich das vorstellen zu können." War Friedman lange an den Möglichkeiten der Industrialisierung zur Steigerung des individuellen Freiheitsgrades interessiert, so fasziniert ihn nun das Verhältnis zwischen Postindustrialisierung und Improvisation. „Das ist der erste Schritt, das der nächste. Überall werden die Dinge verschieden umgesetzt. Mache es wie du willst! Das ist der große Unterschied zu anderen Architekten. Das ist eine öffentliche Improvisation."

„Mache es, wie Du willst!"

22/01 '08 10:22 FAX +43 1 5223117   ARCHITEKTURZENTRUM WIEN   001/001

graffitti museum
in the courtyard of AzW

Natur als Werkzeug

Antoni Gaudí 1852–1926

1898–1914 Atelier auf der Baustelle
der Colònia Güell
Santa Coloma de Cervelló
Barcelona, Spanien

Feldforschung in Barcelona im März 2008
Gespräche mit Juan Bassegoda Nonell, Laia Vinaixa, Jordi Faulí i Oller,
Marta Hernàndez i Roig, Fernando Marzá Pérez, Sílvia Vilarroya
& Text: Robert Temel

Gaudí stammte nicht, wie die meisten seiner zeitgenössischen Kollegen, aus einer Architekten-familie, sein Vater war Kupferschmied. Er zweifelte an den klassischen Methoden und histori-schen Formvorbildern: Seine wichtigste Inspirationsquelle war die Natur mit ihrer Vielfalt an gekrümmten, konstruktiv optimierten Formen, und zwar nicht nur für die Ornamentik wie im Jugendstil, sondern ebenso für Raum- und Konstruktionsformen. Die dort gefundenen Vorbilder versuchte er, ins Baumaterial zu übersetzen. Teil dieses Übersetzungsprozess war eine Abstrahierung. Als Absolvent der jungen Architekturfakultät in Barcelona hatte Gaudí eine polytechnische Ausbildung und konnte Naturphänomene aus ihren physischen, logischen und geometrischen Gesetzmäßigkeiten ableiten. So ist die Krypta der Colònia Güell nahe Barcelona das erste Gebäude in der Architekturgeschichte, in dem hyperbolische Paraboloide konstruiert wurden, eine in der Natur vorkommende Form, für die man relativ einfach Scha-lungen bauen kann. Mit den damals üblichen Entwurfswerkzeugen, vor allem auf der Plan-zeichnung basierend, war so etwas nicht zu entwickeln. Gaudí misstraute dem Zeichnen, obwohl er sein Studium als technischer Zeichner finanziert hatte. Trotz seines grafischen Talents zeichnete er möglichst wenig, sondern versuchte stattdessen in der Zusammenarbeit mit den Handwerkern auf der Baustelle und mit Modellen die Bauformen zu bestimmen. Bei komplexen, großen Projekten wie der Kirche für die Colònia Güell und bei der Sagrada Família reichte die Baustellenarbeit nicht aus, deshalb musste er neue Methoden entwickeln: zunächst das bei der Colònia Güell verwendete Hängemodell, das in seiner Dimension und Komplexität beispiellos ist; und später, bei der Sagrada Família, Gipsmodelle in verschiedenen Größen bis zum Maßstab 1:10, die dann Vorbild für Steinmetze und Maurer waren. Zusätzlich überprüfte Gaudí Bauformen mit zeichnerisch-statischen Verfahren.

Gaudí erhielt den Auftrag für die Colònia Güell von seinem langjährigen Förderer, dem Industriellen Eusebi Güell. Die Colònia ist eine Industrieanlage außerhalb Barcelonas mit dazugehöriger Arbeitersiedlung, die englischen Beispielen des philanthropischen Kapitalismus folgt, errichtet von Architekten des katalanischen Jugendstils. Gaudí sollte dazu eine Kirche beitragen, deren Größe im Laufe der Jahre, die er daran arbeitete, stetig zunahm, sodass die Erben nach Güells Tod Gaudí den Auftrag entzogen – deshalb wurde nur die Krypta realisiert.

Gaudí errichtete neben der Baustelle eine Bauhütte, wie auch bei anderen wichtigen Aufträgen, so der Casa Milà oder über einen Zeitraum von mehr als 40 Jahren bei der Sagrada Família. In diesem Atelier begann man 1898 mit der Konstruktion des Hängemodells, das über zehn Jahre laufend verbessert werden sollte. Gaudí fuhr drei Mal pro Woche von Barcelona,

LINKE SEITE: GAUDÍS BAUHÜTTE IN DER COLÒNIA GÜELL.
AN DER WAND HÄNGEN SEINE FOTOÜBERMALUNGEN, RECHTS UNTEN
SIEHT MAN AUF DIE BAUSTELLE. UNTEN: GAUDÍS ATELIER IN DER
BAUHÜTTE BEI DER SAGRADA FAMÍLIA.

MÄNNLICHES MODELL FÜR DEN
FASSADENSCHMUCK DER SAGRADA
FAMÍLIA. NATURNÄHE UND RELIGIOSITÄT
WAREN KONSTANTEN IN GAUDÍS ARBEIT.

wo er sein Atelier bei der Baustelle der Sagrada Família hatte, zur Colònia Güell, um dort vom Nachmittag bis zum Abend mit seinen drei bis vier Mitarbeitern am Projekt zu arbeiten. Dazu kamen etwa ein Dutzend Arbeiter auf der Baustelle direkt daneben, mit denen Gaudí ebenfalls eng zusammenarbeitete.

Das Hängemodell basierte auf dem Prinzip der Kettenlinie: Wenn man die Form einer hängenden Kette auf den Kopf stellt, sodass der Bogen nach oben zeigt, treten in einem dieser Linie folgenden Steinbogen nur Druck-, aber keine Zugspannungen auf, er ist also statisch optimiert. Das bedeutet auch, dass Bögen nicht auf senkrechte Stützen aufgesetzt werden können, sondern dass, entsprechend der Kettenlinie, die Stützen geneigt sind und kontinuierlich in den Bogen übergehen. Das Prinzip der Kettenlinie entsprach perfekt Gaudís Überzeugung, dass die funktional beste auch die schönste Form ist. Die Privilegierung der Naturformen durch Gaudí korrespondierte mit einem starken Katholizismus, der seine grenzenlose, geradezu mönchische Hingabe an überbordende kirchliche Bauaufgaben bedingte.

Das insgesamt vier Meter hohe und sechs Meter lange Schnurmodell im Maßstab 1:10 hing von der Decke der Bauhütte in der Colònia Güell. Für die Gewichte wurde ein Maßstab von 1:10.000 verwendet, sodass das Modell etwa 400 Kilogramm schwer war. Gaudí verwen-

„Die endlosen drei Linien symbolisieren die Heilige Trinität, die eins ist, unteilbar und unbegrenzt."

Originalfoto von Gaudís Schnurmodell.

dete Schnüre, um Stützen, Bögen, Wände, Gewölbe, Kuppeln und Türme des geplanten Gebäudes geometrisch zu bestimmen, und Bleisäckchen, um die auftretenden Lasten zu simulieren. An jene Schnüre, die Stützen darstellten, waren Holzscheiben geklemmt, die den Stützenquerschnitt zeigten. Im Hängemodell war jeder Teil vom Gesamten abhängig, jede Änderung führte dazu, dass sich Neigung und Ausrichtung anderer Schnüre und damit Bauteile ebenfalls änderten. Durch Veränderung von Schnüren und Gewichten fand das Modell gleichsam von selbst zur statisch optimalen Form — es war gewissermaßen ein Vorläufer heutiger digitaler, parametrischer Entwurfsmethoden. Das räumliche System des Hängemodells erlaubte Formfindungen, die damals auf rechnerischem oder zeichnerischem Weg unmöglich erreichbar waren und erst heute mithilfe digitaler Technologien realisierbar sind.

ORIGINALFOTOS VON GAUDÍS SCHNURMODELL UND SEINE ÜBERMALUNGEN DIESER FOTOS.

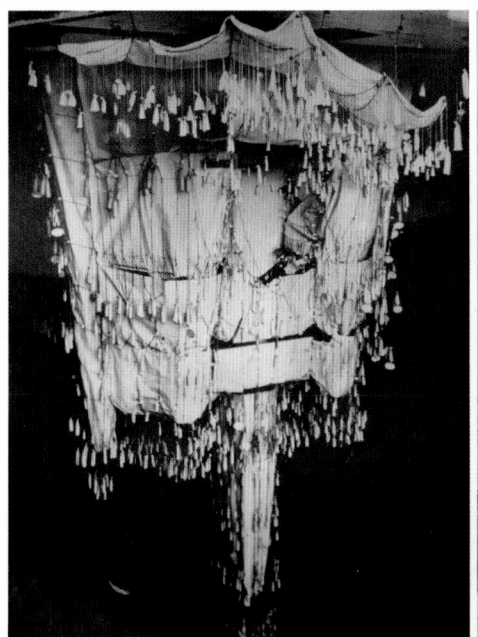

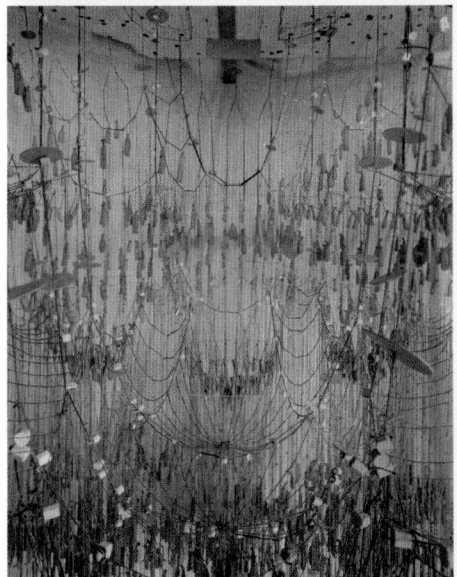

WALTER GROPIUS

„Von all den Architekten der alten Schule interessiert mich Gaudí vom Gesichtspunkt der Konstuktion aus."

Der Bildhauer Vilarrubias fotografierte das Hängemodell. Für die Fotos wurden teils Tücher ins Modell gelegt, um massive Mauerteile zu simulieren. Gaudí benützte diese Fotos, die auf den Kopf gestellt wurden, zum Übermalen, um damit die Gebäudeform im Äußeren und Inneren zu prüfen. Dann konnte anhand der Schnüre Dimension, Position und Ausrichtung jedes Bauelementes ermittelt und auf der daneben befindlichen Baustelle konstruiert werden. Für manche Bauteile wurden auch anhand des Modells Ausführungszeichnungen gemacht. Nach der Fertigstellung des Hängemodells 1908 baute man einige Jahre lang an der Krypta. Gaudís Anwesenheit war laufend notwendig, um das komplizierte Modell in die Baustruktur überzuführen: Als er einige Monate lang erkrankte, musste der Bau für diese Zeit eingestellt werden. 1917 kam schließlich das Aus für das Projekt.

LITERATUR

Burry, Mark (Hg.) (2007) Gaudí Unseen. Die Vollendung der Sagrada Família, Berlin.
Martinell, César (1975) Gaudí. His Life, his Theories, his Work, Barcelona.
Tomlow, Jos (1989) Das Modell. Antoni Gaudis Hängemodell und seine Rekonstruktion: neue Erkenntnisse zum Entwurf für die Kirche der Colonia Güell, Stuttgart.

DIE BAUSTELLE DER KRYPTA FÜR DIE COLÒNIA GÜELL.

ORIGINALPLAN MIT POSITION DER AUFHÄNGEPUNKTE FÜR DAS MODELL.

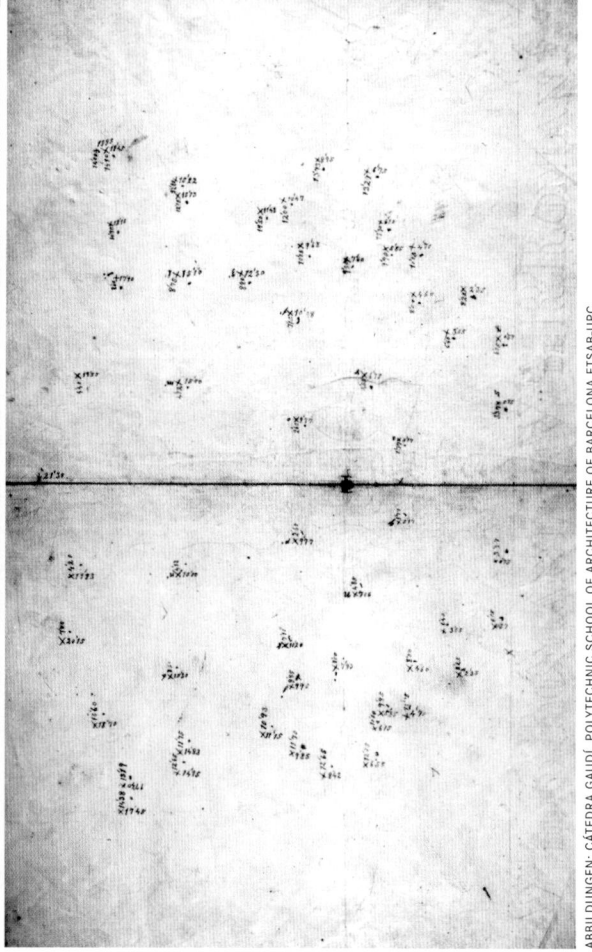

DAS SCHNURMODELL MIT EINGEHÄNGTEN TÜCHERN IN DER BAUHÜTTE.

„Damit ein Objekt schön ist, darf nichts Überflüssiges enthalten sein, nur die materiellen Beschaffenheit, die es nützlich macht."

Entwerfen im Liegen

Lux Guyer 1894–1955

1944–1954 BÜRO IN DER
BAHNHOFSTRASSE 71
ZÜRICH
SCHWEIZ

FELDFORSCHUNG IN SÄFA UND ITSCHNACH/ZÜRICH IM JUNI 2007
RECHERCHE GTA ARCHIV/ETH ZÜRICH IM JUNI 2007
GESPRÄCHE MIT BEATE SCHNITTER UND DOROTHEE HUBER
& TEXT: GUDRUN HAUSEGGER

„Das kleine Dreieck ist ein typisches Luxli-Instrument. Mit dem hat sie auf dem Bett oder auf der Couch, hauptsächlich liegend, entworfen. Das war so eine Angewohnheit in unserer Familie, dieses Hinlegen wie Madame Recamier. Ich sehe sie zeichnend vor mir, seitlich abgestützt, wie sie mit Bleistift oder Füllfeder in einem Buch mit durchsichtigem Papier skizziert. Dann zog sie manchmal dieses kleine Dreieck. Einen Maßstab dazu habe ich nie gesehen", erzählt die Schweizer Architektin Beate Schnitter über ihre Tante Lux Guyer, die 1924 als eine der ersten Architektinnen in der Schweiz ihr eigenes Büro eröffnete.

Als „Architektur der Mitte" bezeichnet die Schweizer Kunsthistorikerin Dorothee Huber Lux Guyers Werk und meint damit eine Haltung, die den Innovationen der Avantgarde ohne Zwang aufgeschlossen war, sich aber auch bürgerlich besonnen zeigte. „In ihrer stilistischen Zuordnung als Architektin in ihrer Zeit bleibt sie singulär, sie ist schwer einer Gruppe zuzuordnen", präzisiert Huber. Trotz, oder vielleicht gerade wegen dieser Positionierung, war Guyer erfolgreich, hatte zahlreiche und unterschiedliche Bauaufträge sowie namhafte Bauherren.

Ein besonderes Anliegen war ihr, den Wohnbedürfnissen der modernen Frau nachzukommen und Wohnqualität zu schaffen wie sie in ihren Wohnbauten für alleinstehende Frauen, Studentinnen oder ältere Menschen bewies. Für die zukünftigen Mieterinnen ihrer Bauten zeichnete sie vereinfachte, farbige Grundrisse, um ihnen ein besseres Verständnis für die räumlichen Zusammenhänge zu ermöglichen.

In ihrer erfolgreichsten Zeit in den 1920er sowie frühen 1930er Jahren führte Guyer in ihrem Büro in der Zürcher Bahnhofsstraße bis zu 25 Mitarbeiterinnen und Mitarbeiter. Vor allem Frauen wählten ihr Büro als Arbeitsort. „Aber Lux Guyer war nicht zur Zusammenarbeit geboren, sie gab keine Kompetenzen ab und akzeptierte keine Entwürfe von anderen. Ihren Angestellten überließ sie allein das Erstellen der Ausführungspläne. Sie war zu innerst ganz sicher", so Beate Schnitter. Eine gleichwertige Zusammenarbeit suchte sie mit Kolleginnen aus dem Kunstgewerbe, die sie wiederholt bei der Ausgestaltung öffentlicher Bauten zuzog.

Lux Guyer hatte nicht den Weg einer traditionellen Architekturausbildung gewählt, sondern sich ihr Wissen auf vielfältige Weise erarbeitet: in Kursen auf der Kunstgewerbeschule und der ETH in Zürich, auf ausgedehnten Reisen oder beim Selbststudium in England. „In London ging sie jeden Tag ins British Museum in den Lesesaal", betont Schnitter.

„Möglicherweise ist diese Art der Ausbildung auch verantwortlich für Lux Guyers sehr einfachen, fast kindlichen Zeichenstil. Sie hatte immer nur kurz und episodenhaft in Büros

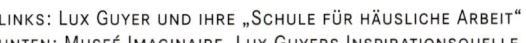

LINKS: LUX GUYER UND IHRE „SCHULE FÜR HÄUSLICHE ARBEIT"
UNTEN: MUSEÉ IMAGINAIRE, LUX GUYERS INSPIRATIONSQUELLE

„Lux Guyer schnitt aus internationalen Zeitschriften Artikel aus, klebte sie auf Archivkarten und verwahrte sie als Inspirationsquellen in einer Holzschachtel."

gearbeitet, zu kurz, um zu einem eigenen Stil zu kommen oder um den Stil eines Meisters anzunehmen", ergänzt Dorothee Huber. Ihre Werkspläne sind auffallend bunt im Vergleich mit den farblich zurückhaltenden 1920er Jahren. Linien und Flächen sind oft mit Rosa oder Hellblau hervorgehoben, die Ränder mit goldenem Papier eingefasst. Durchaus stimmig ist diese Tendenz zur Farbigkeit in der Entwurfsphase im Kontext ihrer Arbeit: Die Auseinandersetzung mit Farben, deren unterschiedliche Tonalitäten und deren Zusammenspiel mit den Lichtqualitäten und Reflexen in einem Gebäude, das war Guyers ureigenstes Metier. „Lux Guyer selbst sprach diesbezüglich von Lichtmischung. Im SAFFA Haus verwendete sie insgesamt 27 Farben. Ihre Buntheit war eine malerische Buntheit, keine graphische. Weiß wurde sie erst ab 1937", erklärt Beate Schnitter.

In einer kleinen Holzlade mit einem alphabetischen Ordnungsregister archivierte Guyer ihre Fundstücke und Inspirationsquellen: Zeitungsausschnitte, Abbildungen von Möbeln, Postkarten und Notizen. Diese private Sammlung ist das sogenannte Museé Imaginaire, das sie während des Entwerfens heranzog. Schnitter erinnert sich: „Sie hat viel gelesen. Vor allem nachts hat sie gelesen — und entworfen."

„Aber vor Beginn aller Bauten, bevor ich zur Ausarbeitung des Projektes schreite, lasse ich nochmals für einen Moment Programm und Finanzierungsplan und allen Zwang versinken. Für einen schönen Augenblick liegt da vor mir nur mehr die Scholle, die ungebrochene, duftige Erde, bevor sie zum geplanten, blühenden Garten wird."

AUS: ETH ZÜRICH, INSTITUT FÜR GESCHICHTE UND THEORIE DER ARCHITEKTUR. DIE ARCHITEKTIN LUX GUYER. 1894–1955.
DAS RISIKO SICH IN DER MITTE ZU BEWEGEN. ZÜRICH, 1983.

DIE SCHÜLERINNEN LUX GUYERS IM GARTEN DER ARCHITEKTIN BEI DER PRAKTISCHEN ARBEIT.

FOTO: GTA ARCHIV / ETH ZÜRICH

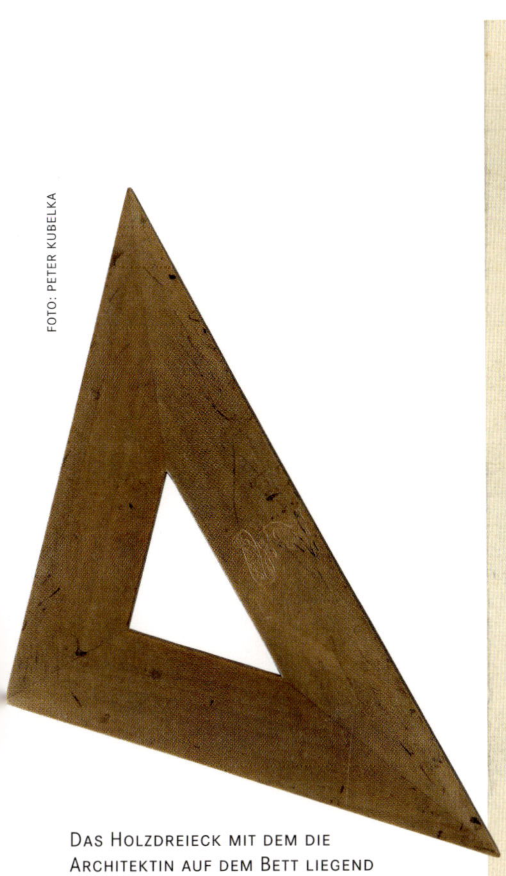

DAS HOLZDREIECK MIT DEM DIE
ARCHITEKTIN AUF DEM BETT LIEGEND
ZEICHNETE.
IM BESITZ VON ARCHITEKTIN BEATE SCHNITTER, ZÜRICH

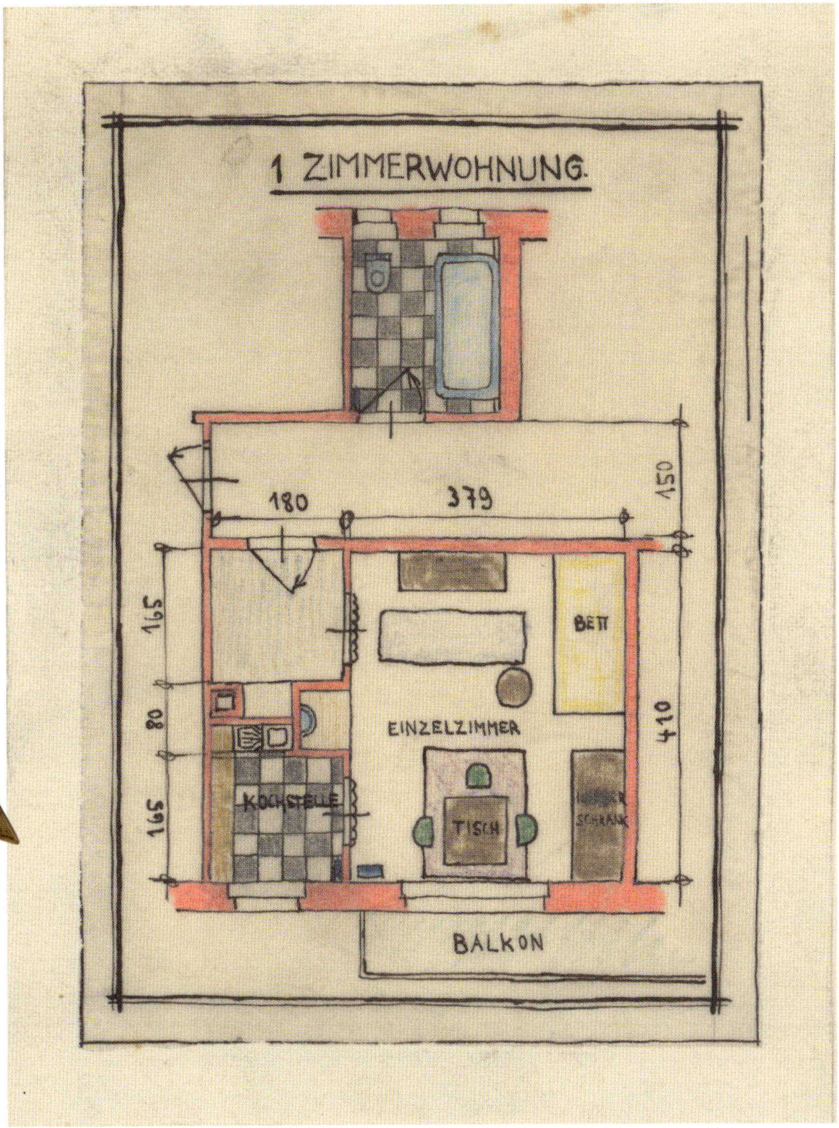

1 ZIMMERWOHNUNG.

180   379   450   165   80   165   410

BETT

EINZELZIMMER

KOCHSTELLE   TISCH   KLEIDER SCHRANK

BALKON

RECHTS OBEN: MUSTERGRUNDRISS FÜR DIE ZUKÜNFTIGEN
BEWOHNERINNEN DER FRAUENWOHNKOLONIE LETTENHOF
UNTEN: SAFFA HAUS, FARBZEICHNUNG DER SÜDFASSADE

Süd Fassade

*„… Die Grundrisse, die ich mit dem Absatz
in den Sand des Hofes zeichnete, waren
keine Wiedergaben in kleinem Massstab,
sie drückten ein bestimmtes absolutes
Verhältnis aus. Tief im Wurzelwerk des
wunderbaren Baumes eingebettet,
blinzelte ich stundenlang hinüber, um alle
Varianten möglicher Aufrisse zu erleben.
Stärker und grösser geworden, führte ich
in krummen Puppenwagen Steine, legte
Grundrisse und lud Kameraden zu Festen
in neugebauten Häusern. Natürlich wurde
alles verschüttet …"*

AUS: ETH ZÜRICH, INSTITUT FÜR GESCHICHTE UND THEORIE DER ARCHITEKTUR.
DIE ARCHITEKTIN LUX GUYER. 1894–1955. DAS RISIKO SICH IN DER MITTE ZU
BEWEGEN. ZÜRICH, 1983.

Auf 5×7 beginnt's

Steven Holl Architects

450 West 31st Street
New York
USA

Feldforschung im Atelier im Januar und August 2007
Gespräche mit Steven Holl, Chris McVoy, Partner und
Rodolfo Dias, associate sowie MitarbeiterInnen
& Text: Gudrun Hausegger

Konzentrierte Aktivität ohne Hektik, ist der erste Eindruck, wenn man das Büro von Steven Holl Architects im 11. Stock in Manhattan Midtown betritt. War einst die Größe einer Fußballmannschaft die ideale Mitarbeiteranzahl für sein Studio, wie Steven Holl erzählt, hat sich diese Vorstellung durch den steigenden Umfang der Aufträge geändert. In dem loftähnlichen Großraumbüro arbeiten 35 Mitarbeiter internationaler Herkunft. Alle Arbeitsschritte, vom Modellbau bis zu den Ausführungsplänen, werden hier ausgeführt. Das Regalsystem, in dem fachspezifische Zeitschriften und Bücher aufbewahrt werden, bestimmt die Anordnung der Arbeitsplätze und ist gleichzeitig die Ablagefläche für die vielen Modelle.

Angeschlossen an den Großraum hat Steven Holl sein eigenes Büro mit Blick direkt auf den Hudson River. Gerne nimmt der Architekt, der an der Westküste der USA in Bremerton im Staat Washington aufgewachsen ist und eine enge Beziehung zum Meer und zu Häfen hat, sein Fernglas zur Hand, um die Namen vorbeifahrender Schiffe zu identifizieren. Die Regale sind voll mit Büchern und grauen Schachteln, in denen er seine chronologisch geordneten Skizzenbücher aufbewahrt. An den Wänden hängen einige seiner Aquarellzeichnungen. Auch hier lagert das eine oder andere Modell.

„Der Prozess beginnt immer mit einer Zeichnung auf 5×7 inches. Manchmal bleibt es eine Zeichnung, sie muss sich nicht unbedingt in Gebautes umsetzen. Sie kann sich später in einem Gebäude realisieren, aber vielleicht auch als Möbel", beschreibt Steven Holl seinen von klaren und sich immer wiederholenden Abläufen bestimmten Entwurfsprozess. Die ersten Ideen zu einem Projekt bringt Holl in 5×7 inch (12,7×17,7 cm) großen Skizzenbüchern mit Aquarellfarben zu Papier. Er zeichnet überall, im Büro, in seinem Wochenendhaus am Hudson River und auf Reisen mit einem kleineren Aquarellfarben-Reiseset. Diese kleinen, oft schon sehr detaillierten Zeichnungen sind Ausgangspunkt für jeden Entwurf und konzeptuelle Basis für den verantwortlichen Projektarchitekten. Die Zeichnung, die den für Holl wesentlichen Entwurfsgedanken zeigt, wird gescannt und danach digital weiterbearbeitet. „Durch den Computer werden meine kleinen Zeichnungen aufgeladen, denn ich kann sie nun scannen und weitersenden. Mit Hilfe des Computers wurde der ganze Prozess viel effizienter", kommentiert Holl diesen standardisierten Entwurfsvorgang. Für jedes Projekt gibt es eine Vielzahl von Aquarellzeichnungen, und je nachdem welche Zeitspanne der Prozess von der Ideenfindung bis zur Ausführung umfasst, sind sie meist auf mehrere Skizzenbücher verteilt. „Für uns sind Stevens Aquarellzeichnungen konzeptuelle Leitbilder, die uns durch die gesamte Entwicklung eines Projekts führen", so Chris McVoy, Partner im New Yorker Büro.

STEVEN HOLL

„Durch den Computer werden meine kleinen Zeichnungen aufgeladen."

Alle weiteren Arbeitsschritte werden anhand zahlreicher Gespräche zwischen Steven Holl und dem Projektarchitekten, manchmal auch mit dem ganzen Projektteam in soge-nannten Pin-ups überprüft. Hin und wieder werden Lösungen bei einem Mittagessen ent-wickelt, an dem das ganze Büro teilnimmt. Oft werden auch Personen von außerhalb, die Steven Holl beruflich nahe stehen, zur kritischen Meinungsäußerung geladen. Die Ergebnisse solcher Besprechungen oder Pin-ups verarbeitet Steven Holl in neuen Aquarellzeichnungen, die danach wiederum in den Produktionsablauf des jeweiligen Projekts einfließen.

Jeder dieser Arbeitsschritte wird mit dem Bau unzähliger Modelle begleitet, die aus den verschiedensten Materialien und in unterschiedlichen Maßstäben angefertigt werden. Nicht selten gibt es pro Projekt bis zu hundert Modelle: Wettbewerbs-, Entwurfs-, Arbeits- und Präsentationsmodelle. Sehr viele Modelle entstehen in konventioneller „Handarbeit", sobald jedoch eine gewisse Präzision der Anschaulichkeit oder hohe Geschwindigkeit in der Produk-tion verlangt ist, werden die Modelle mit neuer Technologie, wie Lasercutter oder 3D-Drucker, hergestellt. Manche der Modelle sind Hybride aus alter und neuer Technologie. „Wie bei Stevens Aquarellzeichnungen, geht es beim Bau der Modelle immer darum, den Raum zu modellieren, den Raum eines Projekts zu organisieren", erzählt Chris McVoy.

Steven Holl arbeitet intensiv mit der brasilianischen Künstlerin Solange Fabiãio, seiner Frau, zusammen. Sie beschreibt, dass ihr Beitrag in der Zusammenarbeit von einer Entwurfs-kritik über konzeptionellen Input bis zur Entwurfsleitung wie bei dem Biarritz-Projekt, das sie gemeinsam gewonnen haben, reichen kann.

„Das ist mein Büro, messy, messy wie ein Künstleratelier. In der Unordnung sehe ich etwas, was Teil meiner Kreativität wird."

„Ich meine, dass für die Architektur im 21. Jahrhundert alles Inspiration sein kann. Im 19. Jahrhundert glaubte man, dass Architektur von Architektur kommen muss, sei es nun hinsichtlich typologischer Vorbilder oder des griechisch-römischen Vokabulars. Das 20. Jahrhundert nahm dann den Funktionalismus sowie expressive Strukturen als Vorbild. Aber seitdem wir im 21. Jahrhundert angelangt sind, gibt es mehr Freiheit und Inspirationsquelle kann ein Musikstück, ein wissenschaftliches Prinzip oder eine bestimmte Morphologie sein, die der Boden eines spezifischen Ortes in sich trägt. So bleibt die Frage nach den Inspirationsquellen offen und unvorhersehbar. Und das ist eine positive Perspektive für die Architektur." Prinzipiell ist für ihn immer der Ort, an dem ein Bauwerk entstehen soll, und die Beziehung, die das Gebäude zum Ort einnehmen wird, maßgebliche Inspiration für den Entwurf. „Anstatt einen persönlichen Stil zu entwickeln, den ich auf den unterschiedlichen Bauplätzen wiederhole, versuche ich an jedem Ort eine neue Architektur", meint Holl.

Trotz Baustellen in den USA, Europa und Asien, verbringt Steven Holl viel Zeit in seinem New Yorker Büro. Vieles an der notwendigen Kommunikation wird über die neuen technischen Möglichkeiten, wie Videokonferenzen, Skype oder Webcams, mit Hilfe derer die Baustellen besichtigt werden, abgewickelt. Trotzdem ersetzen all die neuen Kommunikationskanäle nicht die Notwendigkeit, bestimmte Präsentationen persönlich abzuhalten. Holl fliegt alle fünf Monate nach Beijing, wo er seit Ende 2006 mit der Unterstützung eines Projektarchitekten und 12 Mitarbeitern ein zweites Büro betreibt, um ein multifunktionales Gebäude zu realisieren. Doch die globale Ausweitung von Steven Holl Architects hat den für dieses Büro typischen Entwurfsprozess nicht verändert. „Diesen Prozess habe ich von Anfang an bis zum heutigen Tag verfolgt, die ganze Zeit hindurch."

SKIZZENBUCH UND 3D-STUDIEN SOLANGE FABIÃO: CITÉ DU SURF ET DE L'OCÉAN IN BIARRITZ

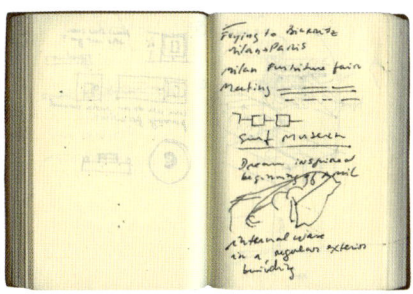

SOLANGE FABIÃO
„Ich bin aus Rio. Surfen gehört zu meinem Leben und zu Stevens, der die Küste von Oregon bis San Diego surfte."

STEVEN HOLL
„Den Entwurf habe ich in Zusammenarbeit mit meiner Frau Solange Fabião entwickelt."

Sechs Millionen Meilen

The Jerde Partnership

913 Ocean Front Walk
Venice
Kalifornien
USA

Feldforschung im August 2007
Fotodokumentation, Interviews mit Stuart Berriman, Partner,
Design Principal und Tom Jaggers, Partner, Chief Technical Officer
und Gespräche mit MitarbeiterInnen & Text: Elke Krasny

„Letztes Jahr ist das Jerde-Büro sechs Millionen Meilen gereist. Es ist entscheidend, das Gefühl, die Atmosphäre des Ortes kennen zu lernen", so Wendy Arrington, eine der 100 Mitarbeiterinnen und Mitarbeiter, die in der Jerde Partnership am Ocean Front Walk in Venice Beach arbeitet. Der Entwurfsprozess für die global agierende Architekturfirma beginnt oft im Flugzeug auf dem Weg zu einer neuen Auftragsdestination. Die bunten Marker werden eingepackt, einige Rollen weißes Skizzenpapier kommen auch mit. Die Spezialität der Jerde Partnership, das „Place Making", beginnt mit der Suche nach dem Typischen, der Analyse des Authentischen als zu transformierendes Ausgangsmaterial. „Der Entwurf ist maßgeschneidert für den Ort", erzählt einer der Head Designer, Stuart Berriman. „Wir arbeiten weltweit. Wir versuchen der DNA eines Ortes, seiner Zusammensetzung so nahe wie möglich zu kommen."

Design Principles und Directors of Design entwickeln mit den lokalen Auftraggebern in Intensiv-Workshops die Grundzüge eines Projekts. „Wir verbringen einen Tag auf dem Bauplatz, aber eine Woche in der Stadt. Während des Entwurfsprozesses haben wir eine Reihe von Workshops, die uns wieder an den Ort führen. Das Zurückkommen ist wichtig, man entwickelt Ideen hier in Los Angeles mit den Kollegen und dann testet man sie, ob sie passen oder nicht."

Recherche-Souvenirs aus aller Welt, wie in kleine Granini-Gläschen gefüllte Sandproben, bezeugen die Strategie, ortsspezifisch aufgefundene Information materiell in den Entwurfsprozess zu integrieren und als Authentizitätszitat zu verwenden. „Wir sammeln vor Ort Dinge, um die Geschichte, auf die wir setzen, zu erzählen. Das ist der Teil, der Spaß macht."

„Wir haben alle Entwerfer hier in Los Angeles wegen unserer kollaborativen Arbeitsweise," so Wendy Arrington. „Nach dem ersten Treffen, nachdem sie zurück sind, wird für diesen kreativen Prozess destilliert. Sie lassen es fermentieren und reifen." Auf vielen Ebenen ist Recherche die Grundlage der Entwurfsentwicklung: Marktrecherche, Standortanalyse durch „lokale Strategen", ortsspezifische Formen, Farben, Materialien, Maßstäblichkeit oder Licht werden im Internet und in Büchern recherchiert, ausgedruckt, kopiert, nebeneinander an die Wand gehängt. „Die große Idee zu finden, ist eine ganz kollektive Aktivität, ein fast ausschließlich kreativer Prozess. Man schaut wie mit Kinderaugen. Wir lassen die Ideen fließen, so viele und so weit wie möglich. Ideen können von einem Junior Designer kommen oder von Jon selbst." „Zeichne eine Bewegung, zeichne eine Linie, ganz am Anfang", so beschreibt Wendy Arrington den Arbeitsprozess „ihres Visionärs" Jon Jerde und betont, welch ausgefallene Werkzeuge, sogar Lippenstift oder Broteinwickelpapier, für diese erste Linie verwendet werden. „Jon Jerde beteiligt sich, viele meiner Kollegen arbeiten mit. Wir arbeiten

STUART BERRIMAN

„Ganz zu Beginn treffen wir uns alle in Jons Zimmer."

sehr gut mit den Auftraggebern zusammen. Sie haben immer das Gefühl, es ist genau so ihr Entwurf wie unserer." In der Gruppenarbeitssituation spielt das Skizzieren eine zentrale Rolle. „Wir skizzieren. Der Prozess des Skizzierens geht im Computerzeitalter oft verloren, aber er ist so entscheidend, wenn man in einer Gruppe entwirft. Wenn man das Zutrauen hat, Dinge vor dem Auftraggeber aufzuzeichnen, dann werden sie sich sofort beteiligen."

Im oberen Geschoss haben die Mitarbeiter ihre Zeichenplätze. Im Erdgeschoss sind der Empfang, Besprechungsräume, ein hauseigener Copy Shop sowie die Modellbauwerkstatt. Auch in Jon Jerdes dunklem, nicht Richtung Ozean gelegenen Raum mit dem riesigen Casino-Spieltisch wird oft im Team gearbeitet. In den für die Jetons vorgesehenen Ausnehmungen liegen griffbereit die Bleistifte. Auf dem Flatscreen können über das interne Netz jederzeit besprechungsrelevante Pläne eingespielt werden. Während aller Besprechungen wird eifrig skizziert. „Ganz zu Beginn treffen wir uns alle in Jons Zimmer und präsentieren den Wasser-, Grafik-, Landschaft- und Lichtkonsulenten unseren Wissensstand des Projekts. So wie wir unsere Arbeit und ihre Arbeit verschmelzen, gibt es keinen Streit, ob das jetzt ein Lichtelement ist oder ein Landschaftselement oder ein Wasserelement." Auch in Besprechungen mit technischen Konsulenten und Statikern ist das Skizzenpapier immer dabei. „Bis zum Ende des Prozesses wird skizziert. Wenn 30 Leute gemeinsam ein Problem lösen, dann ist es unsere

Stuart Berriman

„Die DNA eines Platzes ..."

Aufgabe als Architekten zu vermitteln. Du holst schnell ein Stück Papier, klebst es auf den Tisch und beginnst zu zeichnen. So kann man es in die eigene Richtung vorantreiben und nicht in ihre. Das ist wahrscheinlich das stärkste Werkzeug, das wir als Designer haben, den Prozess zu steuern, indem man ihm mit der Zeichnung die richtige Richtung gibt." Im ozeanseitigen Gruppenarbeitsraum bewegt sich unermüdlich der Ventilator. Es ist zu windig, die Fenster zu öffnen, es würde die Skizzenpapiere und Kopien davon wehen. Auf Pinwänden werden die Ergebnisse der Recherche, der Stadtplan und die aktuellen Ausdrucke des Projektstands mit Stecknadeln montiert.

„Experiential design" sucht die Atmosphären, die Spezifika eines Ortes zu fassen. Das, was ein Ort erzählt, sind die Erfahrungen, die er zulässt. Für das „Place Making" ist die Planung zeitlicher Abläufe als Erfahrungsdramaturgie essenziell. Straßen oder Wege werden als Erlebnispotenzial, als Zeitstruktur diskutiert. „Der Prozess ist nicht themed." Die „zugrundeliegenden Strukturen, wie die Straßen funktionieren, wie die Menschen mit dem Raum umgehen" wird durch Bilder evoziert. Nebeneinander, manchmal sogar übereinander hängen die farbigen Ausdrucke, die lokale Charakteristika zeigen, um Problemlösungen über visuelle Themencluster zu entwickeln. Die Gruppierungen werden beschlagwortet, die Ordnungswörter mit schwarzem Fineliner zwischen die Bilder geschrieben. Immer wird der

JON JERDES SKIZZEN FÜR NAMBA PARK IN OSAKA 1996

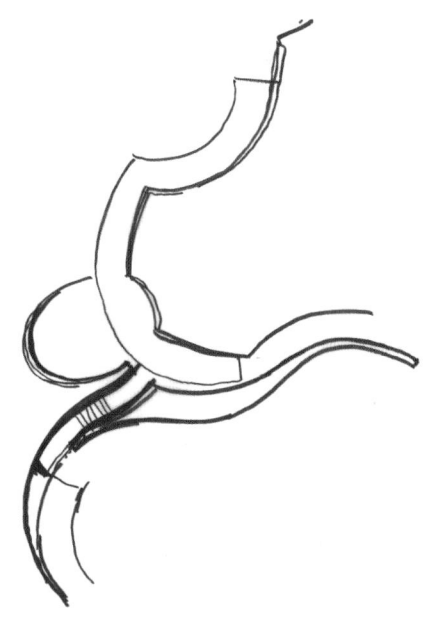

JON JERDE

„Zeichne eine Bewegung, zeichne eine Linie, ganz am Anfang."

jeweilige Stadtplan an die Wand gehängt. „Es geht darum, lokale Materialien zu verwenden, aber in einer zeitgemäßen Weise." Inspirationen und mögliche Nutzungsaktivitäten werden ebenso visualisiert wie städtebauliche Überlegungen und architektonische Features. „Skizzieren und recherchieren gleichzeig", so beschreiben sie den Prozess. Die Kommunikation mit den Kunden erfolgt nicht nur via Plan oder Modell, sondern über Bilder und Texte. „Standortentwickler denken immer darüber nach, ihr Rezept mit dem von anderen Projekten auf der Welt zu vergleichen. Was die Auftraggeber von uns wissen wollen, ist, ob es funktionieren wird, und wir müssen uns fragen, für wen es gedacht ist."

Das hohe Maß an Diskussion und Kollaboration ist gewöhnungsbedürftig. „Es ist ein ziemlicher Lernprozess" für Neuankömmlinge in der Firma. „Das kann sechs bis achtzehn Monate dauern." Schlüssel zur Kollaborativität als Entwurfsmethode und zum „integrated design" als Prozess ist das Management der personellen Ressourcen. Es gibt eine eigene Personalabteilung. Janis Jerde, die Frau von Jon Jerde, leitet das jeden Montag stattfindende „Staffing Meeting". Während der Lunch Hour, der Zeit, die nicht an Auftraggeber in Rechnung gestellt werden kann, besprechen alle verantwortlichen Projektleiter die Arbeitsverteilung in den einzelnen Projekten. „Senior Designers bleiben bei ihrem Entwurf. Alle Projektverantwortlichen wissen sehr viel über alle laufenden Projekte", so Wendy Arrington.

„Die Mitarbeiter können ihre Arbeitsplätze individuell gestalten und auch eigenes Werkzeug mitbringen. Präsentationen werden oft von Hand koloriert, da Renderings in ihrer Endgültigkeit die Kunden abschrecken."

In den Jahren 1988 und 1989 erfolgte die Umstellung auf Computer. „Es wäre unmöglich gewesen, die Gebäude, die wir in den letzten 15 Jahren gemacht haben, ohne Computer zu realisieren. Computer bestimmen den Entwurfsprozess. Natürlich haben Computer den Zeitplan von Projekten stark verändert. Der ganze elektronische Transfer ist sehr schnell; das Building Information Modeling, das wir jetzt zu verwenden beginnen, komprimiert Zeitpläne." Der wiederholt betonte kollaborative Prozess wird auch auf der Ebene der Technologien angesiedelt. „Der Computer ist ein Werkzeug, das das verstärkt, was wir ohnehin tun. Die Kollaboration zwischen 3D, 2D, dem Modellbauen und Skizzieren passiert innerhalb eines Entwurfsteams", so Stuart Berriman. Ungefähr ein Monat braucht die erste Konzeptentwicklung, dann folgt eine Phase der Überprüfung und Überarbeitung. „Die schematische Phase dauert drei oder vier Monate", der gesamte Prozess inklusive der Detaillierung durchschnittlich neun Monate. „Die Geschwindigkeit hilft in Wirklichkeit dabei, den Prozess zu erzeugen. Wir verstehen es, intelligente Leute zusammenzubringen und man kommt in einem schnellen Prozess viel weiter als in einer langsamen methodischen Annäherung."

JON JERDES SKIZZEN FÜR NAMBA PARK IN OSAKA 1996

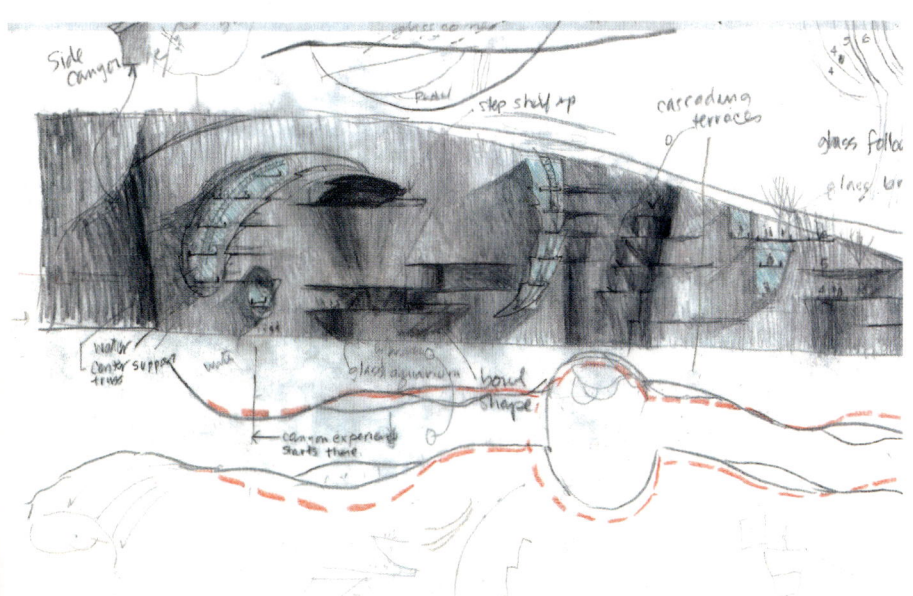

STUART BERRIMAN

„Das ist wahrscheinlich das stärkste Werkzeug, das wir als Designer haben, den Prozess zu steuern, indem man ihm mit der Zeichnung die richtige Richtung gibt."

Misstrauen den Werkzeugen gegenüber

Lacaton & Vassal

ATELIER
206, RUE LA FAYETTE
PARIS
FRANKREICH

FELDFORSCHUNG IM ATELIER IM APRIL 2007 UND FEBRUAR 2008
FOTODOKUMENTATION, GESPRÄCHE MIT ANNE LACATON, JEAN-PHILIPPE
VASSAL, MITARBEITERINNEN UND MITARBEITERN & TEXT: ELKE KRASNY

„Es ist nicht die Linie, die die Idee zum Ausdruck bringt; nicht die Linie, die deine Hand zieht, die einem die Idee gibt. Es ist genau umgekehrt. Wenn man es genau weiß, dann kann man es zeichnen", erklärt Anne Lacaton. Die Vielzahl aller möglichen Linien, die skizziert werden könnten, würde den Blick auf die richtige, die essenzielle Linie verstellen. „Man zieht eine Linie und ist sich ihrer nicht sicher. Unter den Hunderten von Linien ist wahrscheinlich keine einzige dabei, die die richtige ist", so Jean-Philippe Vassal. Im Entwurfsprozess geht es um das höchst mögliche Ausmaß an Imaginationsfreiheit. Durch Skizzieren, durch jede Form des Materiellwerdens würde die Vorstellung eingeschränkt, das Offenhalten von Entscheidungen im Durchdenken vorschnell verkürzt. „Die Dinge, die man denkt, sind nicht gleichzusetzen mit dem Schreiben, dem Zeichnen, den Modellen. Solange man sie nur im Kopf hat, sind sie frei, sind sie ganz leicht veränderbar." Auf einen Arbeitsort oder eine Methode ist ihre Arbeitsweise nicht beschränkt. „Der Prozess hört nie auf. Sogar wenn man nicht im Büro ist, und man hat gemeinsam die Lösung noch nicht gefunden, denkt man weiter nach. Man schreibt etwas auf oder ruft die anderen an. Aber man hat das Projekt immer im Kopf, auch wenn es nur im Hinterkopf weiter arbeitet", so Anne Lacaton.

„Nichts ist wirklich fixiert", so Vassal. „Ein Projekt entwickelt sich großteils in Diskussionen und auch durch Pläne im Computer." Festgelegte Routinen werden abgelehnt. „Für das Beginnen gibt es keinen bestimmten Platz, manchmal hier, manchmal auf dem Bauplatz, manchmal wo anders." Dennoch gibt es spezifische Momente, die ihre Arbeitsweise auszeichnen. Viel wird mit Worten, im Gespräch mit anderen, erarbeitet. Die Anzahl der bunten Plastiksessel im Atelier übersteigt die Zahl der Mitarbeiterinnen und Mitarbeiter bei weitem. Immer kann man sich einen Sessel heranziehen, zu jemandem an den Schreibtisch setzen, etwas im Computer anschauen und besprechen. Zu Mittag wird gemeinsam gegessen, von einem nahegelegenen Chinesen Essen geholt, Obst aufgeschnitten. Die Kaffeemaschine ist ständig an. „Das ist sehr wichtig, mehr Zeit im Büro zu verbringen, mit Menschen, mit denen man gerne zusammen ist", beschreibt Vassal die Arbeitsatmosphäre, die ruhig konzentriert, aber im Innersten ohne Druck, ohne Anspannung erscheint. „Wir haben hier einen guten Ort zum Sprechen und Denken, eine gute Stimmung." So wichtig das miteinander Sprechen ist, der eingestandenen Uneindeutigkeit des Sprechens stehen sie ambivalent und kritisch gegenüber. „Im Moment ziehe ich das Schreiben dem Besprechen vor. Wenn man spricht, dann gibt es viele Missverständnisse", stellt Vassal die Sprache als Entwurfswerkzeug in Frage. „Vieles geht am Ende verloren", so Lacaton. Das Problem ist die Übersetzung. „Für mich, in meiner

ANNE LACATON

„Wir wollen keine Spuren hinterlassen."

„Man sammelt Entscheidungen. Am Ende schaut man, dass alle Entscheidungen zusammenpassen."

Vorstellung sind die Dinge sehr, sehr klar, aber, wenn ich sie jemandem erkläre, dann sind sie nicht mehr so klar", sagt Vassal.

Das Erdenken von Architektur wird als Freiheit in den Vorstellungen beschrieben. Das Potenzial der Möglichkeit schärft sich in der durch Reduktion erlangten Präzision. Wie die einzelnen Teile schließlich konsequent in eins fallen, beschreibt Jean-Philippe Vassal in Analogien. „Wenn ich Kreuzworträtsel löse, dann denke ich nur an den leeren Raster und wenn ich in alle Richtungen ganz sicher bin, dann schreibe ich alles auf einmal hinein, denn wenn man eines hineinschreibt und es ist falsch, dann geht es sich nie aus. Ich Iasse Dinge gerne in meiner Vorstellung." Es sind die Teile, die sich letztlich zusammenfügen, aber nicht die vorgefasste Idee eines Ganzen, das diese Teile erzeugt. „Ein Projekt entsteht in der Abfolge von Entscheidungen. Man sammelt Entscheidungen. Am Ende schaut man, dass alle Entscheidungen zusammenpassen und das macht das Projekt aus", so Anne Lacaton. Jean-Philippe Vassal erinnert sich an den Architekten Jacques Hondelatte, bei dem Anne Lacaton und er nach dem Studium in Bordeaux arbeiteten. Für Hondelatte gab es zwei Idealzustände der Architektur. „Ein Projekt ist am allerbesten, wenn man davon träumt oder wenn es fertig ist, fertig gebaut." Der Prozess dazwischen ist verschwunden. Auch im Büro von Anne Lacaton und Jean-Philippe Vassal sammelt sich wenig an, was auf Spuren der Arbeitsprozesse verweist. „Wir wollen keine Spuren hinterlassen", so Anne Lacaton. „Wir schauen uns möglichst viele Dinge an", erläutert Jean-Philippe Vassal. „Ein Projekt beginnt nie mit nichts, es beginnt immer mit einer spezifischen Situation", so Lacaton. Wichtig für den Beginn ist das,

ECOLE D'ARCHITECTURE DE NANTES, PROJEKTBESCHREIBUNG

1. INTRODUCTION

PROCESSUS DE PROJET

L'origine du projet se fonde sur le sentiment qu'habiter un bâtiment, éloigné de sa raison première, produit une situation magique, étonnante, différente.
Les bâtiments se réduisent souvent à vouloir coller au plus près d'un programme.
Le projet que nous proposons se situe en amont du calage du programme.

1. Création d'un site

Nous proposons une **construction primaire** qui constitue une prise de position et un seuil dans le processus de projet.

Elle s'implante sur l'îlot principal au maximum du gabarit autorisé et comprend :
- une structure en béton armé : poteaux, poutres, planchers
- 3 planchers d'une portance de 1000 kg/m2 et superposés à 9, 16 et 22 mètres (toiture) et d'une surface totale de 10 450 m2
- une surface au sol de 4 510 m2
- une rampe extérieure accessible aux véhicules
- 2 noyaux de circulation verticale

La construction primaire est basée sur des grandes portées dans un principe économique, permettant aussi une grande liberté de l'aménagement intérieur et d'évolutivité.

La capacité portante des 3 planchers permet l'installation de structures secondaires et d'éléments préfabriqués portant par répartition sur ces planchers.

Sa compacité et ses hauteurs divisibles en planchers intermédiaires crée une capacité importante de surface appropriable, permise par l'économie et la configuration du projet.

2. Installation dans le site

La construction primaire est le site de départ pour l'installation du programme de l'école d'architecture.

Nous proposons à ce moment du processus de projet, d'engager un travail avec l'utilisateur de l'école d'architecture pour définir l'installation dans la construction primaire.

Un catalogue d'outils, de matériaux, de systèmes permettant d'occuper la structure et de s'y installer est élaboré. Ils mettent en œuvre les conditions techniques, climatiques et de confort nécessaires pour rendre habitable la structure primaire.

Les outils sont de technicités et de coûts parfaitement adaptés aux caractéristiques particulières des différents types d'espaces. Ils répondent aux normes de construction, de résistance au feu et d'acoustique. Ils permettent de construire les espaces traditionnels du programme dans les parties d'espace brut de la structure, de façon confortable, légère et remaniable.

Le catalogue comprend :
- les planchers intermédiaires
- les structures secondaires
- les façades

Les planchers intermédiaires divisent les volumes entre planchers principaux en hauteurs compatibles avec les activités du programme.
Les structures secondaires (ossature métallique ou bois) délimitent les enveloppes des entités programmatiques.

Les façades créent deux types de climat dans la construction primaire. Le bardage polycarbonate crée un climat protégé, bio-climatique, abrité du vent et légèrement chauffé. Les baies vitrées coulissantes, ouvrent sur des coursives, crée un climat chauffé (normes programme).

L' économie du projet se définit en fonction de deux type d'espaces.
- les espaces résultants de la construction primaire, extérieurs, intérieurs protégés
- les espaces aménagés correspondant au programme

La volonté affirmée de réaliser l'opération strictement dans le budget à conduit à mener parallèlement les choix de projet et la vérification économique simultanée. Cette démarche intègre la notion d'économie dans la phase de conception pour maîtriser les choix et leur faisabilité dans leurs pleines cohérences.

La méthode classique de coût au m2 quelque soit la surface, ne nous semble pas satisfaisante dans le cas de ce projet, car elle ne permet pas de tenir compte de la hiérarchie et des caractéristiques des différents espaces.

3. Proposition d'installation du programme

Dans ce processus, le projet remis dans la phase concours constitue une proposition de réalisation du programme de l'école d'architecture dans la construction primaire et une exploration des capacités de cette structure.

Elle ouvre la réflexion, qui peut être reprise en amont, au seuil de la structure primaire, dans un dialogue concerté avec l'utilisateur.

Le plan d'urbanisme et les espaces publics qu'il crée, nous amène à choisir la densité pour l'implantation de l'école d'architecture. En plus de la construction sur l'îlot principal, le projet propose de construire aussi sur l'îlot côté Loire au maximum du gabarit autorisé : bâtiment structure métallique, façades vitrées.

Dans le bâtiment principal, le parking est réalisé en superstructure dans le volume du niveau 0 (0b et 0c). Cette option représente une économie importante. Le parking est conçu comme de la surface utile potentielle au cœur du bâtiment, construite au coût du parking et convertible à tout moment.

Le niveau 3 est une esplanade extérieure sur le toit. Elle peut recevoir des activités de l'école (construction), des évènements extérieurs temporaires, concerts, cirque, des terrains de sport.

Au total le projet propose une surface hors œuvre brute de 26 500m2.

was schon ist, das bereits Existierende. Um die Entwicklungsmöglichkeiten eines Projekts möglichst lang in Schwebe zu belassen und vorschnelle Entscheidungen zu vermeiden, wird die Darstellung hinausgeschoben. „Eigentlich geht es um die Frage der Zweifel, die Möglichkeit, Veränderungen offen zu halten." Es geht um die präzise Reduktion von potenziell Möglichem, um das Herausschälen des Wesentlichen. „Ich habe nie Gedichte geschrieben. Aber ich denke, es ist so, dass man ungefähr die selbe Anzahl von Dingen wegnimmt wie die, die man schreibt", so Jean-Philippe Vassal. „Wir versuchen, ohne a priori zu denken und wir versuchen auch, möglichst genau und sensibel und respektvoll zu zuhören."

Will der Bauherr etwas sehen, erst dann muss gezeichnet werden. „Es wird notwendig zu zeichnen, weil der Auftraggeber Zeichnungen möchte. Und dann können wir es sofort zeichnen, in zwei, drei Stunden. Und wir sind von dieser Tatsache total überrascht. Wir glauben, das Zeichnen wird zwei Wochen dauern, aber in Wirklichkeit ist alles in zwei Stunden fertig und diese Linie, die frühe Linie des Projekts, wird sich auch als endgültige herausstellen." Die Arbeitsprozesse sind weder streng formalisiert noch strikt hierarchisiert. Der Umgang im Büro miteinander ist rücksichtsvoll und amikal. „Es sind nicht nur wir beide miteinander, es ist nicht sehr gut organisiert. Oft ist es sehr informell. Manchmal könnte es effizienter sein, ganz streng organisiert zu sein, aber so arbeiten wir nicht."

In einer vormaligen Schneiderei in einem Gewerbebau haben sie ihr Atelier. „Wir hatten wirklich Glück, es zu finden. Davor waren wir im Palais de Tokyo. Hier ist es genauso wie wir es gerne zum Arbeiten mögen. Es ist ruhig. Es ist hell", erzählt Anne Lacaton. Die Großzügig-

ECOLE D'ARCHITECTURE DE NANTES, FERTIGSTELLUNG 2008

ZITAT AUS DER PROJEKTBESCHREIBUNG ZUR ECOLE D'ARCHITECTURE DE NANTES, ABSCHNITT: I. EINFÜHRUNG

„PROJEKTVERLAUF

Der Ursprung dieses Projektes beruht auf der Idee, dass das Bewohnen eines Gebäudes — weg von der Erstbestimmung — etwas Magisches, Erstaunliches und Andersartiges hervorruft.
Oft beschränkt man sich bei der Gebäudeplanung darauf, ein Programm punktgenau zu befolgen. Das Projekt, das wir vorschlagen, situiert sich im Vorfeld der Programmeinstellung.

1. Schaffung eines Standortes

Wir schlagen eine Primärkonstruktion vor; sie stellt eine Stellungnahme und einen Grenzwert im Projektverlauf dar. (...)"

keit des Raums ist bemerkenswert. „Es gibt viel Platz. Man kann Abwechslung haben, abwechselnd hier arbeiten oder hier oder dort." Lacaton und Vassal sitzen gemeinsam mit ihren Mitarbeitern, zehn Architekten und Architektinnen, einem Grafiker, wechselnden Praktikanten und einer Sekretärin im Großraumatelier. Spuren der früheren Benutzung und die konstruktive Tragstruktur sind genauso sichtbar wie die technische Infrastruktur; die Kabel hängen von der Decke, ergeben ihre eigene Choreografie des Nützlichen über den Arbeitstischen. An einem der Pfeiler hängt ein afrikanischer Stoff, der ein großes Schinkenbein umhüllt. Für den gemeinsamen Apero oder nach einer intensiven Arbeitsrunde schneidet Anne Lacaton für alle Schinken auf.

Ausgesprochene Kargheit mit poetischen Momenten prägt den lichtdurchfluteten Raum. Vor zu viel Sonne schützt Stoff, wie er sonst in Glashäusern verwendet wird. Oft gehen Mitarbeiter den breiten Gang entlang, manchmal mit dem Handy am Ohr, um sich in den geschützteren, durch eine Glasscheibe abgetrennten, hinteren Bereich zurückzuziehen.

Hier hat Jean-Philippe Vassal auch seine Orchideenzucht. „Seit fünf Jahren habe ich Orchideen. Sie sind mysteriös. Sie sind keine Hybride, sie kommen aus Chile, aus Ecuador, aus Kolumbien und aus ganz bestimmten Regionen in diesen Ländern. Wir sind in Paris. Und ich habe einen Globus bei der Hand und schaue mir an, woher sie kommen." Die Orchideen brauchen Aufmerksamkeit, Pflege und sind starke Inspiration. „Eine kleine Welt", sagt Anne Lacaton. „Es ist auch interessant von Orten zu träumen", so Jean-Philippe Vassal.

„Es ist kein Werkzeug und alle Werkzeuge", sagt Vassal. Seit 1985 ist das Büro mit Computern ausgestattet. „Wir nehmen die, die effizient sind. Aber wir wollen uns nicht zum Gefangenen eines Werkzeugs machen." Werkzeuge, die sie doch mögen, sollen einfach sein. „Wie der Bic-Kugelschreiber. Ich mag ihn, weil er ein schönes Objekt ist." „Billig und einfach", ergänzt Anne Lacaton. „Es ist sehr erstaunlich, wie die Kugelschreiber sich durchs Büro bewegen. Ich bin mir sicher, ich verwende jeden Tag einen anderen." Die Problematik des Computers liegt für Anne Lacaton in der zu schnellen Präzision, in zu raschen Entscheidungen.

JEAN-PHILIPPE VASSAL

„Mit den materiellen Werkzeugen kann man nicht Architektur machen."

„Mit dem Computer kommt man sehr schnell zu einer genauen Lösung, zu einem präzisen Rendering, das einem sehr früh eine Idee gibt. Eines der nicht gerade gefährlichen, aber problematischen Dinge, das dieses Werkzeug mit sich bringt, ist, dass man zu schnell in seinen Entscheidungen wird." Das einzige Potenzial, das Jean-Philippe Vassal im Computer sieht, ist das des vergleichenden Archivs. Diese Methode verwenden sie zwar nicht im Atelier, aber in der Lehre sehr wohl. „Das machen wir zwar nicht im Büro, aber mit Studierenden. Alles existiert bereits. Stimmungen, Atmosphären, Kontexte. Wahrscheinlich könnte man Architektur aus Fragmenten, die man von verschiedenen Orten nimmt, rekombinieren, und neu organisieren, indem man sie transformiert und redefiniert. Das heißt, Architektur kann wirkliche Bilder sein, wirkliche Stimmungen, die man effektiv neu kombiniert und an lokale Situationen anpasst. Als Werkzeug ist es sehr interessant, wirklich viele Fotografien zu machen, denke ich, und damit zu arbeiten. Wir fotografieren nicht so viel. Wir versuchen, uns Dinge zu merken. Aber was am Computer interessant ist, ist dass man eine große Anzahl an Fotografien haben und sie reorganisieren, klassifzieren kann, Assemblagen mit ihnen machen kann." Mehr Realität, nicht mehr Virtualität, ein höheres Ausmaß gesammelter und rekombinierbarer Empirie via Computer, das ist der Anspruch. „Es geht absolut nicht um virtuelle Formen und Volumen, aber um mehr reale Evidenz, die man neu rekombinieren kann." Um Formgenerierung, das Finden der einen, alles entscheidenden Form geht es nie. „Es geht nie um die Form. Es ist immer eine Sammlung von Fragmenten", so Anne Lacaton und spricht von „Mikrostimmungen. Nicht um die Situation mit einem Bild zu definieren, sondern um zehn oder fünf oder 20 Mikrostimmungen, um eine neue Stimmung zu erzeugen."

Müsste sich Jean-Philippe Vassal für ein einziges Werkzeug entscheiden, dann würde er auf alle verzichten. Architekten können mit ihren Werkzeugen nie im Maßstab der Wirklichkeit bleiben. Hier sehen sie einen großen Unterschied zu Filmemachern oder auch Benutzern von Architektur, die sich im wirklichen Maßstab bewegen. „Ich denke, ein Filmemacher arbeitet nicht so, er ist immer innerhalb. Wie kann man ein Gebäude machen wie ein Hemd, das man anzieht. Oder wie kann man zugleich Architekt und Bewohner sein. Das ist wirklich schwierig", so Vassal. „Werkzeuge können ein bisschen gefährlich sein. Ich stehe Werkzeugen misstrauisch gegenüber", so Jean-Philippe Vassal. In der Reduktion der Werkzeuge liegt die Freiheit, sich nicht abhängig zu machen, von deren physischen Bedinglichkeiten. „Das wichtigste Werkzeug eines Architekten ist sein Kopf. Die anderen Werkzeuge sind natürlich wichtig, aber sie können sich verändern. Mit den materiellen Werkzeugen kann man nicht Architektur machen."

JEAN-PHILIPPE VASSAL

„Seit fünf Jahren habe ich Orchideen. Sie sind mysteriös."

„Das wichtigste Werkzeug eines Architekten ist sein Kopf."

Auf den Millimeter genau skizzieren

Rudolf Olgiati 1910—1995

1938–1940 Büro in Zürich
1944–1995 Büro in der
kantonsstrasse in Flims-Dorf
Schweiz

Feldforschung in Flims-Waldhaus und Flims-Dorf im Juni 2007
Recherche GTA Archiv/ETH Zürich im Juni 2007
Gespräche mit Alfred Candrian, Marianne Fischbacher,
Peter Märkli und Ursula Riederer & Text: Gudrun Hausegger

„Rudolf Olgiati setzte die Erkenntnisse aus der klassischen Moderne mit aller Leidenschaft in etwas vollkommen Neues um. In Kombination mit einem weiteren prägenden Erlebnis, das er in den Engadiner Häusern hatte, führte dies schrittweise zum eigenständigen Ausdruck seiner Gebäude", erzählt der Schweizer Architekt Peter Märkli über seinen Kollegen. Mitten in der Schweizer Bergwelt Graubündens entstand so eine Architektur, die das tiefe Verständnis für lokale Bautraditionen in sich trägt und diese mit dem eingehenden Studium Le Corbusiers und der griechischen Bauweise verbindet. „Er war überzeugt von diesen kubischen Überlegungen der griechischen Architektur, die er über die intensive Auseinandersetzung mit Le Corbusier kennen lernte. Das hat er in der Bündner Architektur wiedergefunden. Aber auch in den alten Möbeln aus der Romanik und Gotik. Bis in die Mitte des 16. Jahrhunderts sind diese Möbel vom kubischen Denken geprägt. Die Beschäftigung damit entfachte bei ihm das Interesse zum Detail. Als in den 1960er Jahren der Sinn für alte Bautraditionen verloren ging, konnte Olgiati das nicht verstehen. Er begann all diese Gegenstände zu sammeln", erläutert Architekt Alfred Candrian, der langjährige Mitarbeiter von Olgiati.

Die so entstandene Sammlung ist umfassend und reicht von massiven Holztüren über geschnitzte Truhen bis zu kleineren und kleinsten Gegenständen wie Tongefäßen, Besteck und Scherben. Jeder einzelne Gegenstand wurde systematisch archiviert, mit Nummer und unter Angabe seiner Geschichte sowie des Fundorts in einem Inventar erfasst. Olgiati sammelte mit der Vorstellung, die Fundstücke teilweise wieder an ihren ursprünglichen Ort rückzuführen. „Viele der Gegenstände fügte er in seinen eigenen Bauten fragmentartig als ästhetische Sensation, als Kontrast und Verbindung zur alten Bautradition wieder ein", so Candrian. Vor allem die alten Doppeltüren verwendete er wieder, die unbehandelt bleiben mussten, damit das Holz „knochenhart", wie Olgiati meinte, werden könne.

Aus diesen Sammelstücken bezog er wesentliche bauliche Anregungen. Viele konstruktive Elemente las er daran ab, wie zum Beispiel die Art und Weise, wie alleine durch die perfekten tektonischen Verstrebungen Truhen oder Tischbeine stabilisiert waren. Solch konstruktive Pragmatik fand auch in seinem Entwurfsprozess ihren Niederschlag. Ein konstitutives Element war ihm wie in der klassischen griechischen Architektur die Säule, die man nur richtig einsetzen muss. „Olgiati nützt die Masse einer Säule, um einen Ort zu definieren. Gibt ihr oben anstelle eines Kapitells aber einen ‚Schatten', da sie nicht statischer Natur ist," erklärt Peter Märkli Olgiatis Einsatz seiner hohlen Säulen mit den Aussparungen an der Oberkante.

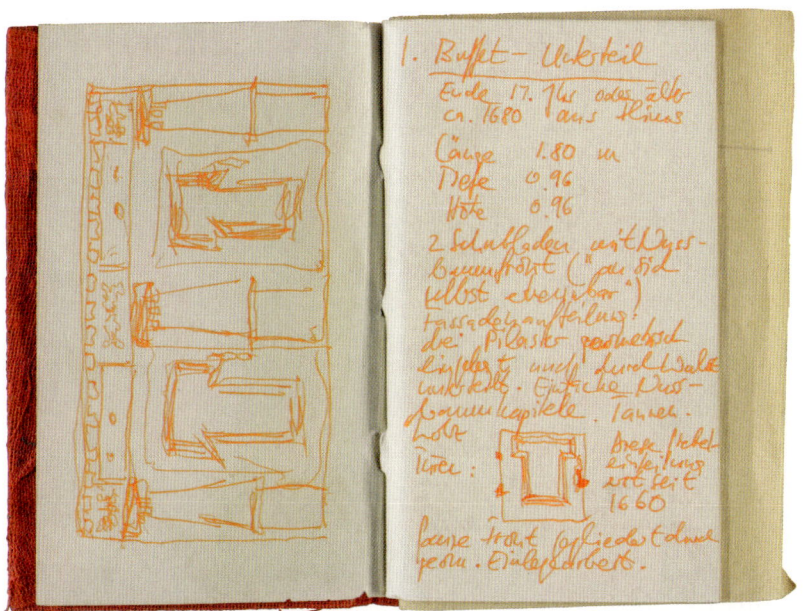

LINKE SEITE: RUDOLF OLGIATI AN SEINEM ARBEITSTISCH IN SEINEM ATELIER, DER EHEMALIGEN STUBE
DIESE SEITE: SKIZZENBUCH RUDOLF OLGIATIS MIT NOTIZEN ZU EINEM SEINER SAMMLUNGSSTÜCKE

ALFRED CANDRIAN

„Das Wesentliche, das Rudolf Olgiati immer bei sich trug, war der Bleistift mit Miene B6."

Die gesammelten Gegenstände bewahrte er in einer Scheune neben seinem Haus im Dorf Flims auf. Das Bündner Bauernhaus hatte er umgebaut, die Wohnung in ein Büro verwandelt: Die ehemalige Wohnstube wurde zum Hauptraum des Büros, die Nebenstube zu einem zweiten kleineren Arbeitszimmer, in der die Heliokopiermaschine und die Bibliothek untergebracht waren. Drei Themen an Sachbüchern veranschaulichen Olgiatis Interessen: Bücher von und über Le Corbusier, über lokale Bautraditionen und Kochbücher. Meist arbeitete er mit drei bis vier Personen, großteils mit Studenten. „Es war ein familiäres Arbeiten. Es gab auch nie jemanden, der ausschließlich für nur eine Arbeit eingesetzt wurde", erinnert sich Alfred Candrian.

Ausgangspunkt eines jeden Projekts war für Rudolf Olgiati stets die Situation des Bauplatzes. Die ersten Ideen, meist schon sehr konkrete Vorstellungen, die er von dort mitnahm, wurden im Büro in intensiven Gesprächen mit seinen Mitarbeitern weiterverfolgt. „Das geschah sehr unkonventionell in der Küche mit Kaffee und kleinen Patisserien, die er immer selber vom Bäcker holte. Oder wir überlegten am Kaminfeuer", meint Candrian. So entstanden die ersten losen Skizzen auf dem Block mit dünnem Transparentpapier, der griffbereit am Tisch neben dem Kamin lag. Immer wieder hätte sich Olgiati zurückgezogen, seine Ideen konkretisiert, um dann erneut gemeinsam zu diskutieren und weitere Zeichnungen

Rudolf Olgiati

„Man muss nicht alles bereisen, um es zu verstehen."

Auf Transparentpapier angefertigte Entwurfsskizzen zum Apartmenthaus Las Caglias 1959–1960

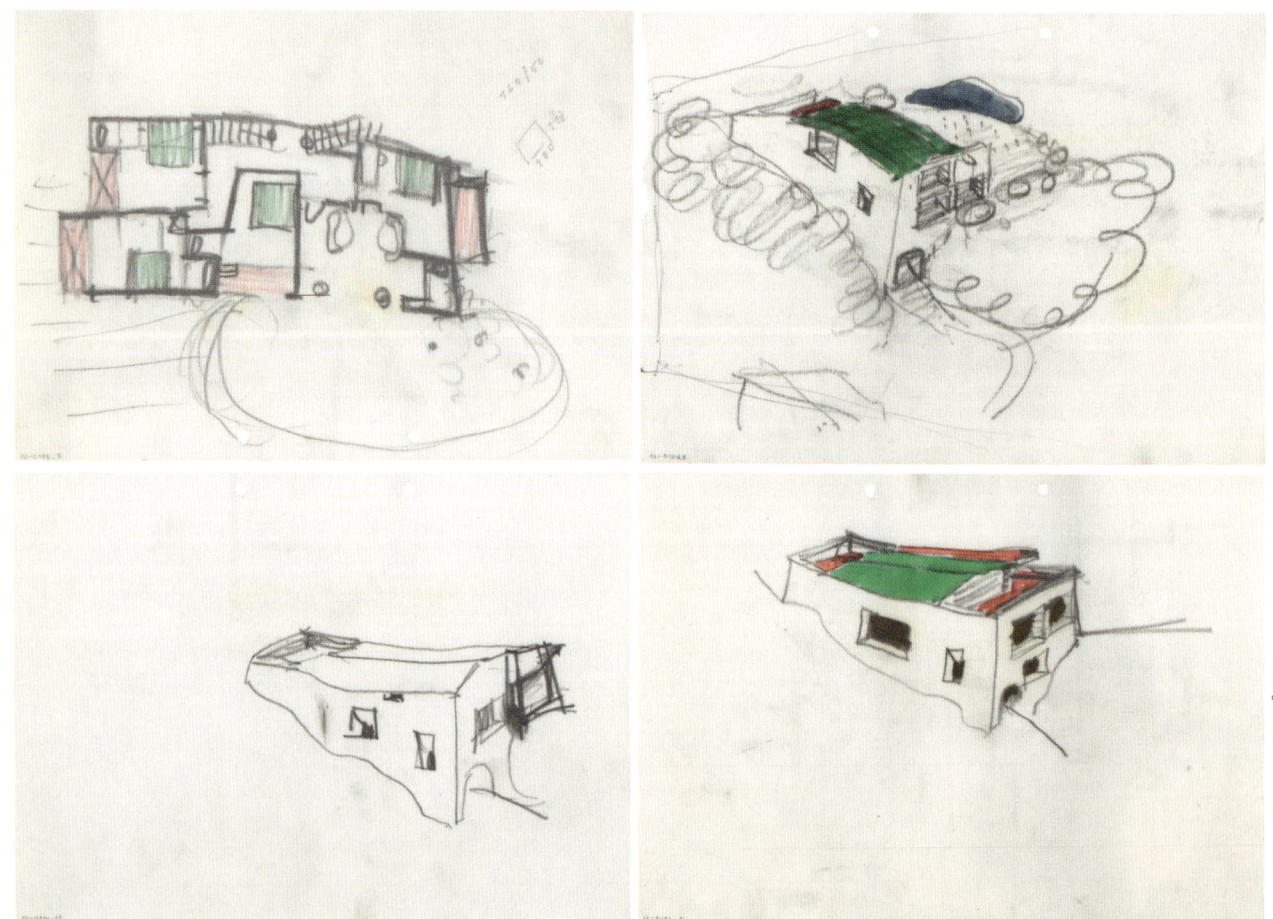

anzufertigen. „Das waren Skizzen, in die alles hineinfloss, von den fundamentalsten Überlegungen zur griechischen Architektur, zur Bündner Architektur bis hin zu Farben und Stoffen", so Candrian. Oft legte man ein zweites Blatt Transparentpapier über das erste, aber meist konzentrierte sich alles auf einem Blatt. „Das, was zum Schluss Gültigkeit hatte, wurde dann mit dem weichen Bleistift B6 mit starken Strichen überarbeitet. Oder er nahm dazu Farben, wie Indigo, Zinnober und Grün. Das Unwesentliche fiel so zurück", erinnert sich Candrian. Olgiati war sparsam, nicht nur beim Bauen, er zeichnete auf einer Papierhälfte und drehte die untere Hälfte dann darüber. Deshalb gibt es zahlreiche Blätter, wo Skizziertes spiegelverkehrt zu sehen ist. Der Bleistift B6 war Olgiatis wichtigstes Entwurfswerkzeug, das er immer bei sich trug.

Seine Skizzen waren detailliert und äußerst stimmig in Bezug auf Proportionen und Vermaßungen. „Diese Skizzen konnte man fast auf den Millimeter herausmessen. Diese Sicherheit, die er in Bezug auf die maßlichen Proportionen im Skizzenstadium hatte, war erstaunlich", so Candrian. Teilweise dienten diese Entwürfe bereits als technische Zeichnungen, teilweise wurden sie von seinen Mitarbeitern mit den zeitüblichen Werkzeugen wie der Reißschiene und dem Winkelmaß in solche übertragen. Die Pläne für die Baueingabe wurden in Tinte auf Transparentpapier gezeichnet und mit der Heliokopiermaschine vervielfältigt. Für Olgiati war der Prozess auch während des Bauens nicht beendet, er kam immer wieder mit neu Skizziertem auf die Baustelle und griff korrigierend ein. „Manchmal zeichnete er Teile, die ihm besonders wichtig waren, im Maßstab 1:1 auf Packpapier und ging damit auf die Baustelle. Der Bogen, der an keiner Stelle gerade sein durfte, war so ein Element. Wenn ihm bereits gebaute Teile nicht passten, ließ er sie wieder abreißen", erzählt Ursula Riederer, die im Zuge eines Buch- sowie Filmprojekts über den Architekten tiefen Einblick in Olgiatis Arbeit gewinnen konnte. Modelle baute er nur selten. Er selbst hatte ein gutes plastisches Vorstellungsvermögen. Seine Bauherren überzeugt er mit Skizzen und Erklärungen. Die Möglichkeiten, die das neue Arbeitsinstrument Computer boten, faszinierten ihn. Er war jedoch nicht mehr bereit, diese Innovation in sein Büro zu integrieren. Für ihn blieb die Skizze sein wichtigstes Medium.

ENTWURFSSKIZZE ZUM APARTMENTHAUS LAS CAGLIAS AUF PAPIER

AUS RUDOLF OLGIATIS SAMMLUNG ANTHROPOLOGISCHER FUNDSTÜCKE IN DER SCHWEIZ, OLGIATI STIFTUNG, FLIMS

PETER MÄRKLI

„Wenn ich jemanden Architektur in der Nachfolge von Le Corbusier zeigen würde, dann wäre es der Aufenthaltsraum in Las Caglias."

Begeisterung für die Leere

Charlotte Perriand 1903–1999

1956–1999 Atelier
15 rue Las Cases
Paris
Frankreich

Feldforschung im ehemaligen Atelier von Charlotte Perriand
im April 2007 und im Februar 2008
Fotodokumentation, Interview mit Pernette Perriand Barsac
& Text: Elke Krasny

„Es kam einfach so bei ihr." An spezifische Rituale des Beginnens erinnert sich Charlotte Perriands Tochter, Pernette Perriand Barsac, die 25 Jahre lang eine ihrer Mitarbeiterinnen gewesen ist, nicht. Hinter einem holzgeflochtenen Paravent hatte sich Charlotte Perriand in ihrem Atelier einen abgeschirmten und konzentrierten Rückzugsort geschaffen. Doch nicht nur an ihrem Arbeitsort, einer vormaligen, von ihr umgebauten Garage, hat Perriand skizziert, sondern auch unterwegs bei Besprechungen oder im Restaurant. Sie hat sehr schnell gezeichnet mit unterschiedlichen Instrumenten: mit Tusche, mit harten Ölkreiden, manchmal auch sehr groß auf Einpackpapier oder Karton, mit Vorliebe mit harten Bleistiften des Härtegrads H7.

„Ich kreiere nicht an meinem Zeichenbrett (...). Die Zeichnung dient dem Fixieren, dem Kontrollieren der Idee. Ich kreiere in der Fabrik, beim Handwerker, vor der Maschine, mit dem Material und nachdem ich den Ingenieur oder den Handwerker genau über die Materialeigenschaften oder die Fabrikationsmethoden befragt habe." (PERRIAND 1942) Zehn Jahre lang, von 1927 bis 1937, arbeitete Charlotte Perriand als Entwerferin im Atelier von Le Corbusier in in der Rue de Sèvres im Gang eines ehemaligen Jesuitenklosters. Als Corbusier-Liege mit dem ikonischen Foto, das Charlotte Perriand ins Bild setzt, berühmt geworden, steckt jedoch hinter allen klassisch gewordenen Stahlrohrmöbeln, den Stühlen, Liegen, Betten, Kästen, die Zusammenarbeit von drei Personen: Le Corbusier, Pierre Jeanneret und Charlotte Perriand. In einem 140 Seiten umfassenden Skizzenbuch, dem „Livre de Bord", das Perriand während dieser Zeit führte, lässt sich dem Entwicklungsprozess durch alle faksimilierten Dokumente in dem von Arthur Rüegg herausgegebenen gleichnamigen Band näher kommen.

Perriands Zeichnungen sind Belege für die analytische, nahe am menschlichen Körper orientierte Recherche und die enge Zusammenarbeit mit Handwerkern und Herstellern: „what she always draws (...) are the equivalent of the fullsize shop drawings done by her artisans with all the holes, bolts, screws, and rods that make her furnishing functions smoothly. The large scale drawings are exectued with elegance and grace and provide much more information than the usual bare minimum." (SCHREIBER AUJUME 1998: 244) Doch nicht nur das Zeichnen war wichtiges Entwurfs- und Reflexionsmittel, Modelle, Fotografie spielten genauso wie das Aufsuchen des Bauplatzes eine bedeutende Rolle für sie. Fotomontagen verwendete Perriand auch, um ihre sozialen Anliegen und politischen Überzeugungen auszudrücken, wie die Wandarbeit „La Grande Misère de Paris", die sie 1936 auf dem Salon des arts ménagers vorstellte. In der Ästhetik als Mittel des Klassenkampfs verbindet Perriand ihre gleichzeitige

CHARLOTTE PERRIAND

„Ich kreiere in der Fabrik, beim Handwerker, vor der Maschine, mit dem Material."

Nähe zur Natur und zur Technologie sowie ihre Leidenschaft für die Avantgarde wie auch für lokale handwerkliche Traditionen, sei es in den französischen Alpen, wo sie in Méribel-les-Allues 1961 ihr eigenes Chalet mit regionaler Steinschichtmauer realisierte und ab 1969 ‚Arc 1600‘ mit Guy Rey Millet und in Folge ‚Arc 1800‘ mit Gaston Regairaz als Megaresort, als Stadt in den Bergen für den demokratisierten Massenwintertourismus plante, oder in Japan.

Noch heute zeugt das Atelier der im Jahr 1999 verstorbenen Perriand von ihrer ebenso liebevollen wie präzisen Detailgenauigkeit, ihrer zu äußerster Konsequenz gesteigerten Auseinandersetzung mit Raumökonomie, rationeller Organisation, praktischen, nutzungs-nahen Überlegungen und genau überlegtem Materialeinsatz. Alle Dinge haben, so scheint es, einen Platz, der für sie vorgesehen war, und den sie dann einnehmen konnten. Die Herstellung von Ordnung, die Vermeidung von Überflüssigem und Angesammeltem, die Konzentration auf Notwendiges und Greifbares, der Versuch, auch auf kleinstem Raum ein Gefühl von Leere, von Unangeräumtheit zu ermöglichen, korrespondieren mit Perriands exakter Untersuchung alltäglicher Tätigkeiten und Abläufe als Voraussetzung für den Entwurf. Das, was sie zu ihrer Arbeit benötigte, ihre Sammlung von Mustern und Materialproben, ihre Bleistifte, die Tusche, die Ölkreiden, die Farben verschwindet hinter Schiebeelementen, in Kästen, in Laden. 1940 ging Perriand nach Japan, dann, nach Kriegseintritt weiter nach Vietnam, wo sie Kenntnisse über das Weben, Holz, Rattan und andere Naturprodukte erwarb und vertiefte, und kehrte erst 1946 wieder nach Europa zurück. Ihre Japanleidenschaft, ab Sommer 1953 verbrachte sie wieder ein Jahr dort, findet atmosphärische Präsenz im Atelier, in der Raumgestaltung ebenso wie in den Werkzeugen: Bambusleiter, Pflanzenarrangement mit Steinen oder japanische Ölkreiden. Bei ihren Rerchechen in Japan verließ sich Perriand nicht allein auf ihre Beobach-tungsgabe, sondern suchte, die Gesetzmäßigkeiten und Strukturen in Materialität und Raum-organisation durch Maßnehmen zu erfassen. (VGL. ZENNO 2003: 91)

Autochthone traditionelle Techne konnte sie ebenso in Begeisterung versetzen wie neueste technologische Möglichkeiten und Materialentwicklungen. So faszinierten sie Surfbretter, wie ihre Tochter Pernette Perriand Barsac erzählt, und wäre sie 20 Jahre jünger gewesen, hätte ihre Mutter, die auch eine passionierte Skifahrerin war, sicher noch mit dem Surfen begonnen. Die Berge und das Meer, das waren die Orte, an denen sich Charlotte Perriand ihre Arbeitsenergie holte. Pernette Perriand-Barsac erinnert sich, dass ihre Mutter meinte: „Ich muss mich leeren, um aufzutanken."

LITERATUR

Barsac, Jacques (2005) Charlotte Perriand Un art d'habiter 1903–1959. Paris: Éditions Norma.

CharlottePerriand (2005) Éditions du Centre Pompidou, Paris.

Modelling Charlotte Perriand (2006) *A Project by Sadie Murdoch,* Henry Moore Institute Leeds

Perriand, Charlotte (1942) Contribution à l'équipment intérieur de l'habitation au Japon. Tokyo: Editions Kugio Koyama, zit. nach: *Barsac, Jacques* (2005) Charlotte Perriand. Un art d'habiter. Paris: Éditions Norma.

Rüegg, Arthur (Hg.) (2004) Charlotte Perriand, Livre de Bord 1928–1933, Basel: Birkhäuser.

Schreiber Aujame, Edith (1998) Working with Charlotte. Pp. 244–245 in McLeod, Mary (Ed) (2003) Charlotte Perriand. An Art of Living. New York: Harry N. Abrams.

Zenno, Yasushi (2003) Fortuitious Encounters. Charlotte Perriand in Japan, 1940–41. Pp. 90–113 in *McLeod, Mary* (ed) (2003) Charlotte Perriand. An Art of Living. New York: Harry N. Abrams.

RECHERCHE FÜR ENTWICKLUNGSPROZESS DES MAISON DE THÉ, UNESCO PARIS, 1993

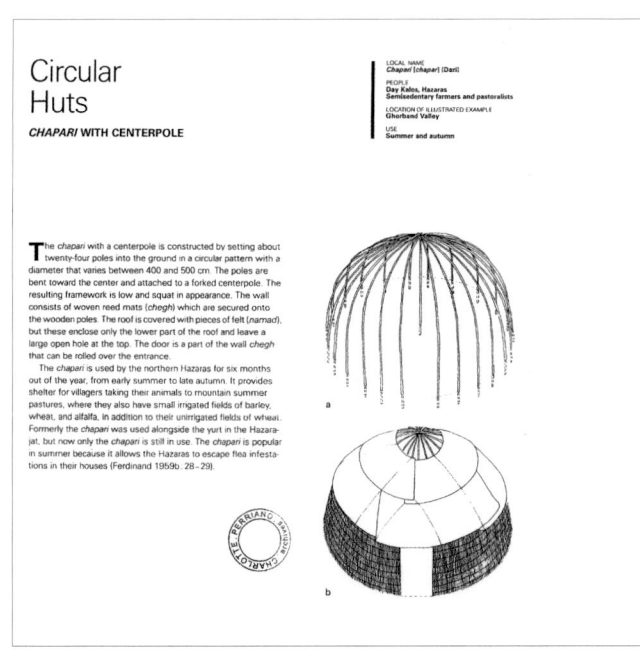

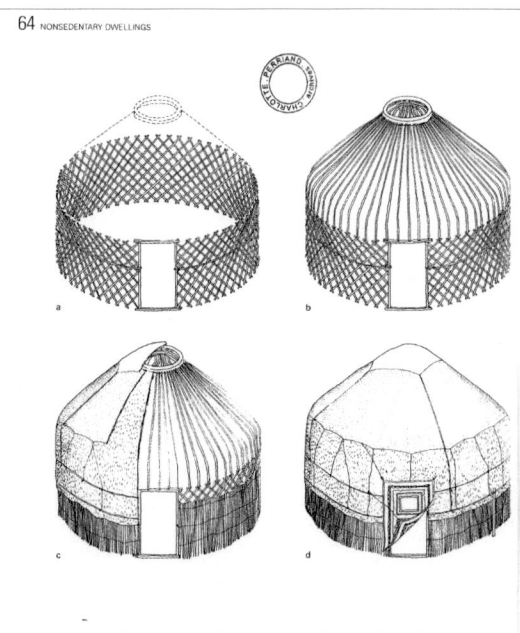

ABBILDUNG: ARCHIVES CHARLOTTE PERRIAND

CHARLOTTE PERRIAND

„Ich muss mich leeren, um aufzutanken."

SKIZZEN, MAISON DE THÉ, UNESCO PARIS, 1993

PLAN, MAISON DE THÉ, UNESCO PARIS, 1993

ABBILDUNGEN: ARCHIVES CHARLOTTE PERRIAND

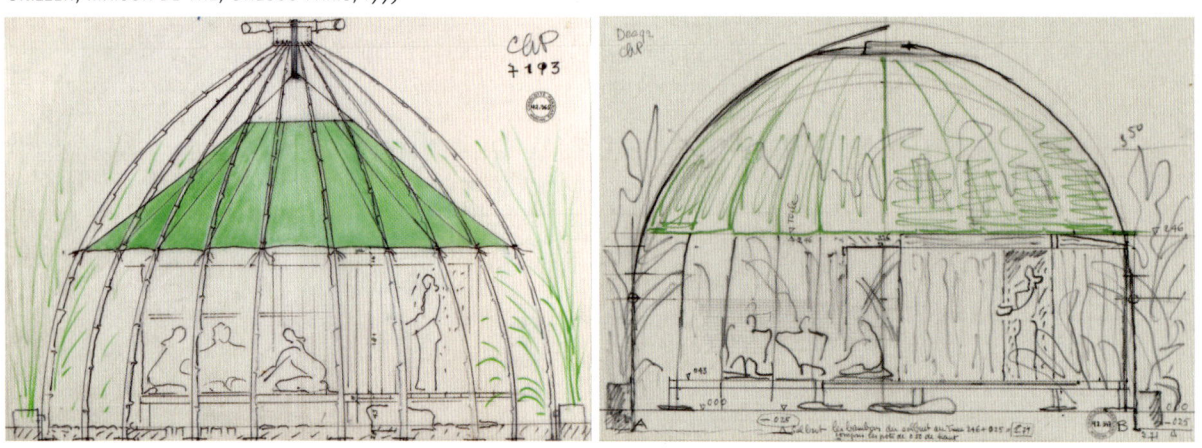

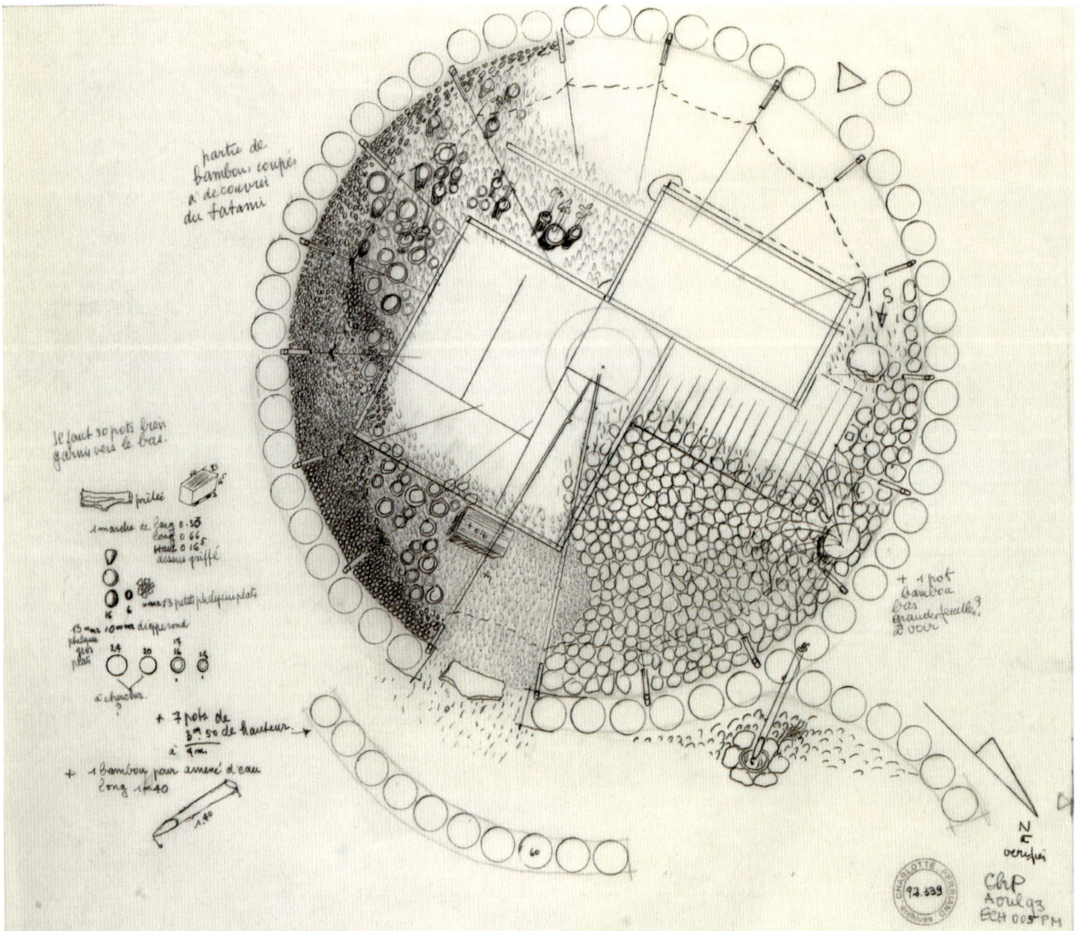

KONSTRUKTIVES DETAIL, MAISON DE THÉ, UNESCO PARIS, 1993

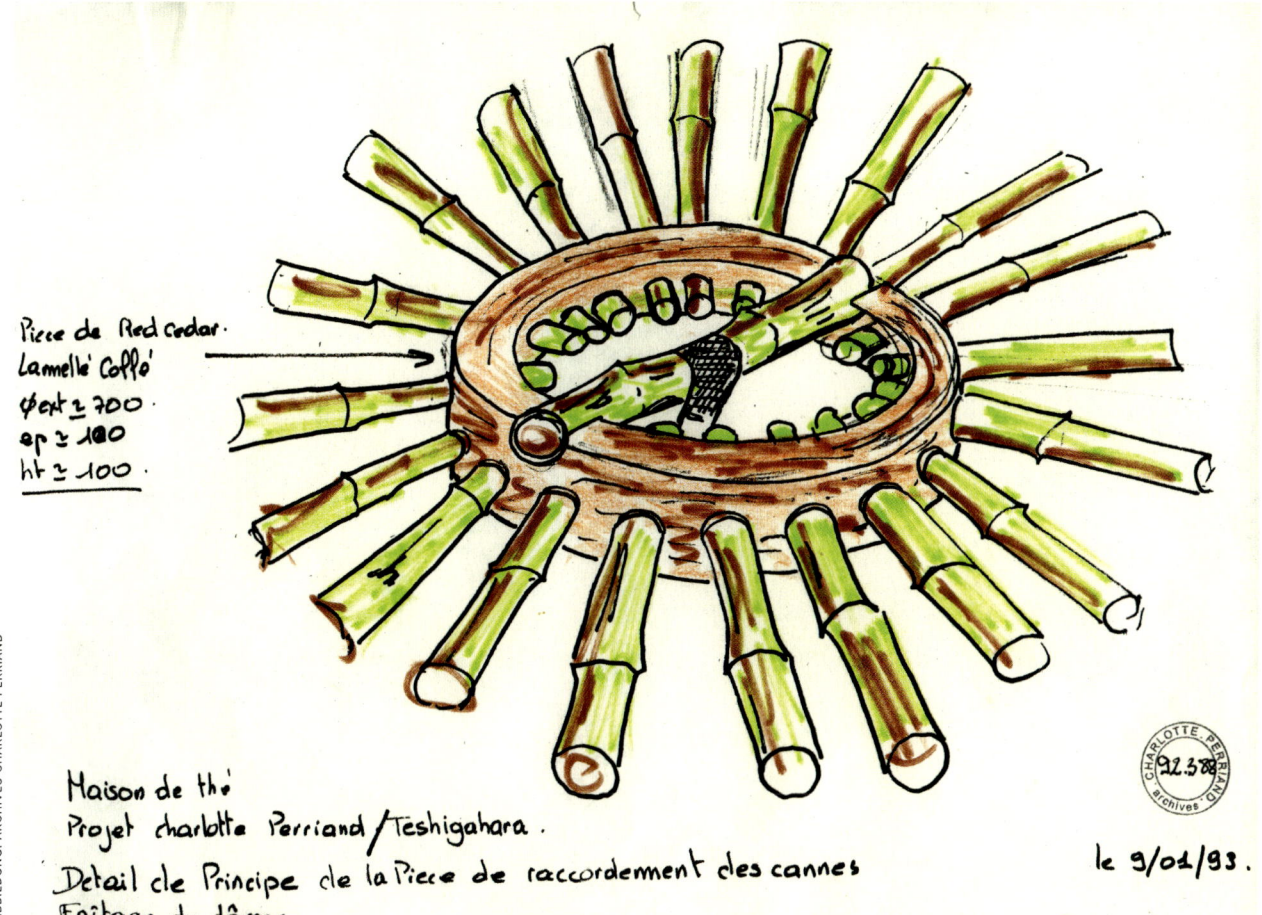

Piece de Red cedar.
Lamellé Collé
φext ≃ 700.
ep ≃ 100
ht ≃ 100.

Maison de thé
Projet charlotte Perriand / Teshigahara.
Detail de Principe de la Piece de raccordement des cannes
Faitage du dôme.

le 9/01/93.

PERNETTE PERRIAND BARSAC

„Sie hat sehr schnell gezeichnet."

Deleuze über Masochismus, das ist ein
Werkzeug für Architekten

R&Sie(n)

24 Rue des Maronites
Paris
Frankreich

Feldforschung im Atelier im Februar 2008
Kameramann Giuseppe De Vecchi,
Interview mit François Roche & Text: Elke Krasny

„Ich bin ein wahrer Schizophrener im Deleuzeschen Sinn", sagt François Roche, kaum dass sich die Tür hinter der Eintretenden geschlossen hat. Wiewohl sich das Atelier nach außen mit einer großen straßenseitigen Auslagenscheibe öffnet, gibt es sich in keiner Weise als Architekturerzeugungsort zu erkennen. Ambiguität zum Verfahren erhoben, kennzeichnet die Arbeitsweise von R&Sie(n). Bubblewrap, das transparente und dennoch undurchsichtige Plastikmaterial, das beim Kunsttransport für das schützende Kistenauskleiden verwendet wird, bedeckt vorhangartig die meisten Atelierwände. Recht auf Einsicht gibt es keines. R&Sie steht mit Neonbuchstaben auf der Schaufensterscheibe, die Roche mit Duchamps „Großem Glas" vergleicht. Seit über zwei Jahren hat das Atelier im zwanzigsten Arrondissement von Paris, einem Stadtteil in Transformation mit einem hohen Anteil von Migranten und Künstlern, seinen Standort in einem Lokal, das davor von Chinesen als Schneiderei genutzt worden war. Roche erscheint die nähere Atelierumgebung „hart" wie „Berlin".

„Es ist natürlich eine völlig schizophrene Sensation, dass etwas neu ist. Aber tatsächlich vermeidet man zu erkennen, wie tief man dieser Sensation des Neuen versklavt ist. Wir versuchen unser Bestes zu tun, diese Sensation des Einzigartigen zu entwickeln und ein Szenario zu schreiben, ein Protokoll, das die Möglichkeit der Einzigartigkeit hervorbringen könnte, aber auch die Erkenntnis der Illusion dieses Prozesses." Immer geht dem Tun das Wissen um etwas bereits Bestehendes, um den könnenden Umgang mit dem nicht enden wollenden Vorrat von Referenzen voraus. Das Beginnen ist eines, das sich aus einer langen Geschichte des Davor speist, und dieses Vorwissen als Reflexionsverfahren im Zitieren von Kafka über Leibniz, von Schwarzenegger über Deleuze, Bachtin oder Foucault bis Artaud einsetzt. „Es ist ein Einfahrt-Verboten-Interview", so deklariert es Roche, während er sich auf einem der grauen Fatboys im vorderen Teil des Ateliers hinter der Glasscheibe niederlässt und auf das gleichnamige Verkehrszeichen auf der gegenüberliegenden Straßenseite schaut. „Es ist also ein Spiel, in dem ich zu vermeiden suche, irgendeinen Teil meiner Arbeit oder meines Prozesses zu zeigen, keine Einfahrt, ein verbotenes Gebiet. Geht man hinein, gibt es etwas Giftiges. Das ist ein Risiko. Was den Entwurf trägt, ist eine Geschichte, Teil dieser ist die Gefahr. Es ist interessant, mit einem verbotenen Gebiet zu beginnen."

Jedes Beginnen ist ein anderes im bewussten Einsetzen der Illusion der Einmaligkeit. „Es ist eine postmoderne Produktionsweise, immer verbunden mit einem mimetischen Akt, einem Akt des Kopierens, man schreibt ein Konzept um, weil man vorher etwas konsumiert hat. Man bringt etwas aus seinem Bildungshintergrund hinein." Wie ein neues Projekt

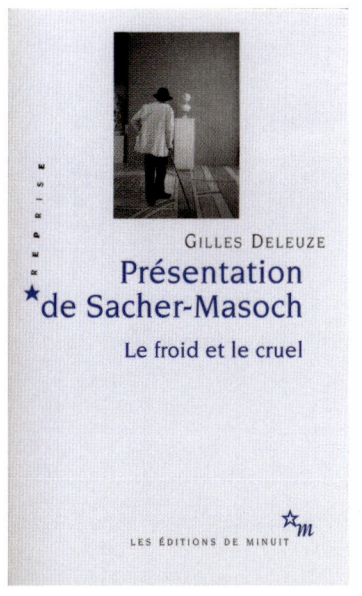

FRANÇOIS ROCHE

„Es ist ein Werkzeug für Architekten. Nach diesem Regelwerk könnte das Abhängigkeitsverhältnis umgedreht werden, das Opfer könnte der dominierende Teil werden."

beginnt, folgt daher keinerlei festgelegtem Ritual, keinem durch Wiederholung zur Sicherheit gewordenen Rezept. „Es würde aussehen wie ein Labyrinth, wenn man eine Entwicklungslinie eines Projekts darstellen würde. Der Beginn für jedes Projekt ist die Vorstellung des Situationsimus, aus dem wir aus einer Situation die Ambiguität ihrer eigenen Transformation extrahieren können." Aus dem Gegebenen, aus dem, was schon da ist, wird das Mögliche des Da-Sein-Könnens, das Potenzial des Werdens durch die Strategie einer interpretierenden Re-Lektüre geformt. Die entscheidenden Bestandteile für die mögliche Transformation gilt es zu denken, „die Zutaten, die eine Transformation tragen können und zugleich die Entwicklung der Situation vorantreiben und zugleich gegen ihre eigenen Entwicklung Widerstand leisten." Die Leibnizsche Monade erscheint als Modell, nicht in ihrer Universalität, sondern als Konzentrat, als komprimierter Extrakt des Spezifischen. In diesem Sinne geht es um „die Hier-und-Jetzt-Position, um die Erkenntnis, wo wir sind." Im Bedenken des Hier und des Jetzt kaufte das Büro für den Beginn eines ihrer jüngsten Projekte in Korea ein Gewehr. Der ‚Kalte Krieg' und die demilitarisierte und von der Natur rückeroberte, zur artenreichen, menschenungestörten Wildnis gewordene Zone zwischen Nord- und Südkorea findet sich im Entwurfsakt wieder als mimemtische Produktion mittels Gewehr und Tonquader. Zwischen „Mephisto-Effekt" und „Faust-Effekt" ist es das Gewehr, das mit der „Vorstellung der Gefahr" spielt. „Wir haben die maximale Gewehrgröße gekauft, die man in Frankreich kaufen kann, das ist die minimale Größe, die man in den USA kaufen kann, das Maximum, das man hier kaufen kann. Ich bin lieber hier, wo die Waffenleidenschaft beschränkt ist. Wir kauften diese Waffe, um die Ballistik durch einen Tonquader zu verstehen, die das Material zerstört, deformiert und verdreht und eine Form erzeugt." Das Schießen „erzeugte erstens eine Geometrie und zweitens

François Roche

„Die Werkzeuge re-produzieren die Einstellung der Einzigartigkeit."

R&Sie(n) Projekt „He Shot Me Down" 2006–07, Heyri/Korea. Situation: South Korea just in front of the North part, touching the DMZ and JSA (Demilitarized Zone and Joint Security Area Zone). Robotic Design with Stephan Henrich. Creative team: François Roche, Stephanie Lavaux, Jean Navarro. With Marion Gauguet, Leopold Lambert, Andrea Koning, Igor Lacroix, Daniel Fernandez Flores.

gleichzeitig die Porosität des Volumens." Das durchlöcherte Modell, der Tonquader, dem mit Gewalt begegnet wurde, wird für das Verstehen der Geometrien der Einschüsse komplett zerstört. Um es im Innersten zu begreifen, besteht der nächste Schritt im Entwurfsprozess darin, dass der Tonquader in einzelne Teile zerschnitten, gescannt, analysiert und mittels Computer interpretiert wird. „Wir zerschneiden das Modell und zerstören es für das Scannen, um ein Re-Reading der Geometrie durchzuführen, die durch den Einfluss der Gewalt erzeugt wurde. Die interessanteste Wirkung dieser ballistischen Produktion ist die Morphologie, die Produktion der Topologie, ist der gewaltige Lärm. Wir konnten ein Re-Reading und eine Reinterpretation der Morphologie machen, indem wir es scannten. Wir versuchten zu verstehen, wie 3D mit parametrischem Design kombiniert werden kann, das 3D verstehen, die Geometrie analysieren und reinterpretieren, durch einen Prozess der Konstruktion und Analyse, der Realisierung, ohne das System des Zufälligen zu verlieren. Wir überschreiten die Logik der standardisierten Produktion. Wir überschreiten die Brücke zwischen unregelmäßiger Produktion der Natur zu einer vernünftigen Formgebung durch die Logik des Zusammenfügens, wo wir sofort diese zufällige Unregelmäßigkeit der Topologie verlieren, aber wir versuchen, dieses Unregelmäßige, dieses Nichtperfekte im Prozess zu behalten." Die Geschichte steckt immer schon tief in der Geschichte, die sich durch ihre Lücken und Brüche für die Vorstellungskraft der Benutzer und Benutzerinnen freispielt. „Die Geschichte ist wie eine Apparatur, um Verhältnisse zu artikulieren. Die Geschichte ist nicht nur eine Geschichte als Selbstzweck, sie ist ein Verweis, ein Schlüssel, um Verhältnisse zum Ausdruck zu bringen. Wenn man Märchen wieder liest, ist es unglaublich, welch unscharfe Teile sie haben. Da gibt es immer dieses Missverständnis oder diese Fehlinterpretation in einem komplett linearen Prozess des Schreibens, eine Unterbrechung der Erzählung, wo die eigene Vorstellung, die eigene Subjektivität sofort die Erzählung zu infiltrieren beginnt, die Erzählung mit den eigenen Geschichten gespeist

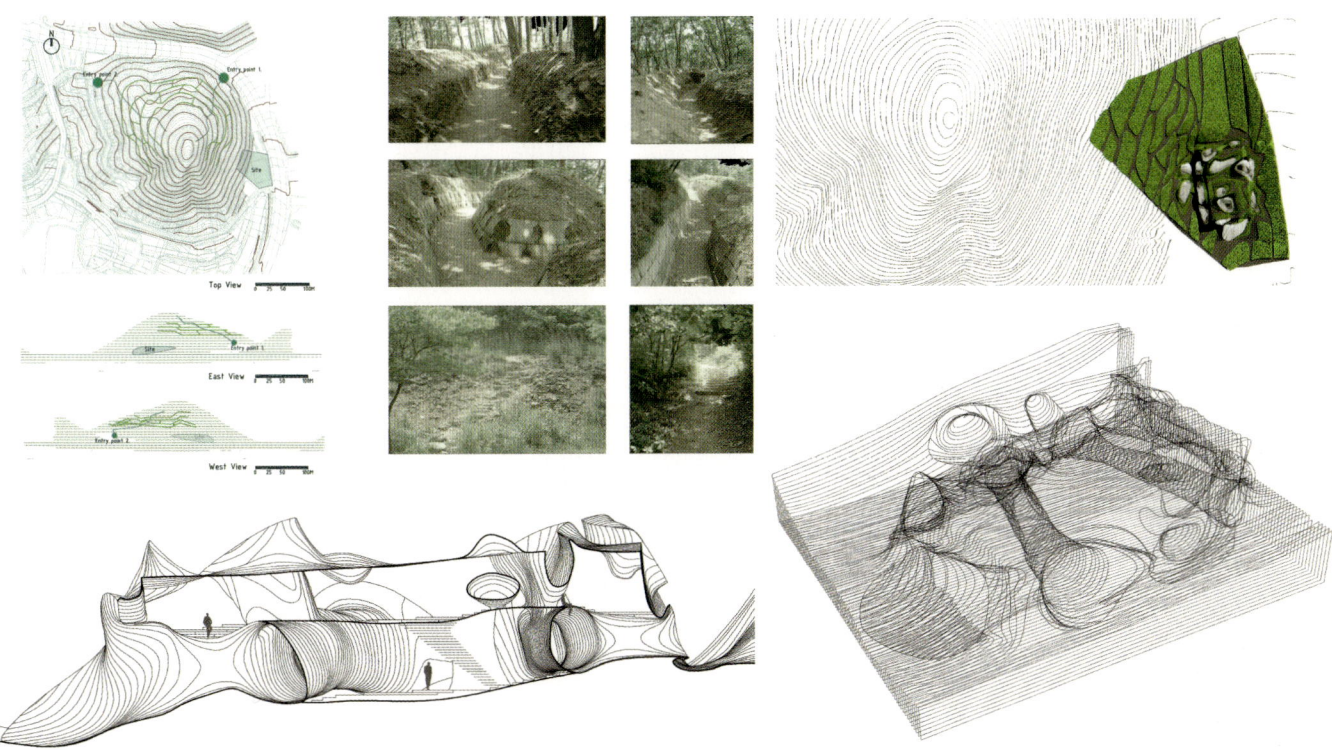

FRANÇOIS ROCHE

„Wir machen niemals zweimal das Gleiche."

wird, wegen dieser Lücke in der Erzählung. Für uns sind Geschichten nicht das Geschichten-erzählen im Sinne des Romans als reine Beschreibung von etwas. Es ist vage, ein Vektor, der uns hilft, das Unscharfe, das Missverständnis zu inkludieren." Die Unterbrechung in der Linearität der Geschichte kann viele Formen annehmen, weitere Formen generieren. Die massenkulturellen Assoziationen dringen durch die Ritzen und Falten der Geschichten. Wo die Kugel aus dem Tonquader austritt, das erinnert Roche an eine Blume, die Blume erinnert ihn an die Stelle im Film ‚Terminator 2', wo der flüssige Terminator sich in eine solche verwandelte. Die Referenzen werden miterzeugt, im Besprechen mitgeliefert. „Das steht für die schlechte massenmediale Kultur, der Verweis auf die Subkultur, aber es ist natürlich Teil unserer Welt und wir müssen diese Subkulturen als Fragment unserer Realität akzeptieren." In den computertechnologischen Möglichkeiten sieht Roche das Potenzial, das Verhältnis zwischen Objekt und Aura innerhalb der Logik der Massenproduktion umzudrehen. „Wenn wir Walter Benjamins Idee der verlorenen Aura umdrehen, dann entdecken wir sie wieder durch den Computer, durch Computerprozesse, durch das Computerprotokoll, durch das digitale Design, durch das parametrische Design. Wir entdecken die Fähigkeit wieder, Einzig-artigkeit zu produzieren. Wir sind in der Lage, durch die Massenproduktion, durch die Werk-zeuge der Massenproduktion die Einzigartigkeit der architektonischen Antwort auf einen spezifischen Bauplatz zu produzieren." Die Werkzeuge spielen ihre entscheidende Rolle im Spiel der Architekturerzeugung. Das fertiggestellte Projekt hingegen ist nur ein „Fragment der Geschichte". Um den Beweis des Bauens, des Bauenkönnens geht es nicht, vielmehr steht im Vordergrund was über das Bauen hinausweist, das Netz der Geschichten, die Narrationen, die sich durch das jeweilige Projekt spinnen und weiterspinnen lassen. „Jetzt haben wir die Werk-zeuge, aber die Geschichte haben wir nicht mehr. Vorher war es umgekehrt, die Geschichte war noch intakt, aber wir hatten die Werkzeuge nicht, an der Geschichte zu partizipieren. Heute sind Architekten mit der Situation konfrontiert, durch die Werkzeuge, die sie verwen-den, etwas Einzigartiges zur Erscheinung bringen zu können, aber wir wissen nicht warum."

Das wichtigste Werkzeug für Architekten sei der Essay, den Gilles Deleuze über Leopold Sacher-Masochs „Venus im Pelz" geschrieben hat. „Nach diesem Regelwerk könnte das Abhän-gigkeitsverhältnis umgedreht werden, das Opfer könnte der dominierende Teil werden. Das ist

François Roche

„Wie eine alte Roboter-Hexe, die aus dem Wald kommt."

ein sehr interessantes Werkzeug für heute, wie die Monstrosität reguliert werden kann, durch diesen Vertrag, das könnte modifiziert werden, das ist ein Werkzeug für Architekten."

Im Büro wird extrem konzentriert gearbeitet, es ist sehr leise, trotzdem wird viel gesprochen, oft Musik gehört. Stephanie Lavaux fungiert meist als DJ. Gehört wird „Wortmusik, nicht Weltmusik". „Foucault, Deleuze, die aufgezeichnete Stimme von Bachelard." Für den Entwurfsprozess des Projekts in Korea hörten alle Antonin Artauds 1947 entstandene Radiosendung „Schluss mit dem Gottesgericht", die in Frankreich für viele Jahre verboten war. Und Artaud steckt auch in der Antwort auf die Frage nach dem Handskizzieren im Büro. „Artaud sagt, wir scheißen, wir schreiben. Es ist nur eine Erweiterung, das Werkzeug ist unglaublich offen, sogar das archaische Werkzeug klarerweise." Roche betont, dass sie nie zweimal das Gleiche tun, doch auch hier wird die Selbstreflexivität des Behaupteten als Spiel zur Spirale der gleichzeitigen Infragestellung des eben Behaupteten hinaufgeschraubt. „Dieser Anspruch, niemals etwas zweimal zu tun, ist eine enorme Anmaßung." Im Einsatz der Werkzeuge geht es um das kalkulierte Spiel mit dem Unkalkulierbaren, mit der Öffnung für das Unvorhersehbare als Element des Entwerfens, um die Rettung der Produktivität von Zufall und Unvorherdeterminiertem. So gewinnt Bernard Rudofskys „Architektur ohne Architekten" eine andere Dimensionalität der Infragestellung des Architekten in der Position der allwissenden Autorenschaft. „Wir träumen wirklich von einer Architektur ohne Architekten, wo der Architekt nicht seine Überlegenheit beansprucht, seine Autorenschaft, um sich als Genie zu rechtfertigen, indem alle Bestandteile integriert werden. Wir verlieren gerne die Kontrolle. Wir lieben es, die Möglichkeit des Kontrollverlustes zu integrieren. Wir scheitern daran, alles in einem Rahmen einzufangen oder unsere Autorität zu behaupten. Wir versuchen, unseren Gegenstand nie zu dominieren. Das ist natürlich viel Arbeit. Wir versuchen, von unserem Gegenstand dominiert zu werden. Wir sind schwach, ein Sklave, der der Geschichte selbst dient."

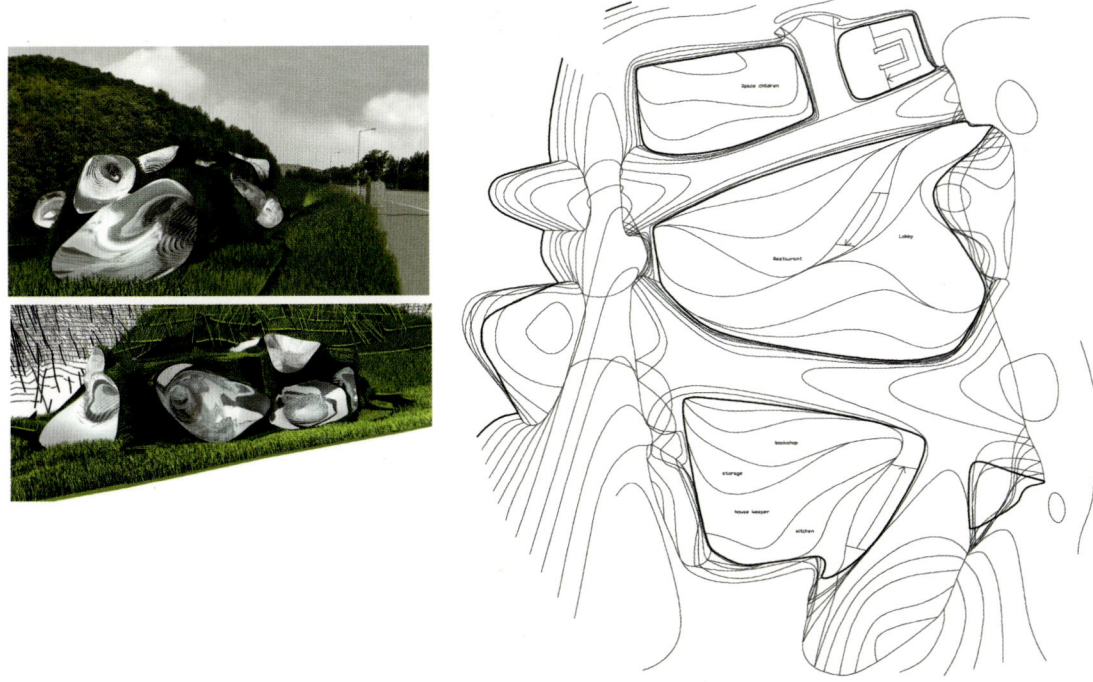

FRANÇOIS ROCHE

„Wir sind ein Non-Macho Büro."

Die Maschin: Es passiert hoffentlich im Kopf

Theiss & Jaksch / Schwalm-Theiss & Bresich

SCHWALM-THEISS & BRESICH
ALTGASSE 21
WIEN
ÖSTERREICH

FELDFORSCHUNG IM ARCHITEKTURBÜRO IM SEPTEMBER 2007
UND IM JUNI 2008, FOTODOKUMENTATION,
GESPRÄCHE MIT GEORG SCHWALM-THEISS & TEXT: ELKE KRASNY

„Die Skizze ist ein Mittel zum Weiterkommen, um die Lösung wirklich zu Papier zu bringen, aber ich skizziere nicht viel", so Georg Schwalm-Theiss. Bleistifte sind gut zum Skizzieren, doch an einem spezifischen Härtegrad oder einer bestimmten Marke hängt er nicht. Kleine, schon vielmals gespitzte Werbegeschenkbleistifte — „der von Bene ist wirklich gut" —, weiße A4 Blätter, aber auch Aquafix werden zum Skizzieren verwendet. Zelebriert wird die Skizze in keiner Weise. „Man hebt es nicht auf", sagt Schwalm-Theiss.

Bereits 1984, als Computerarbeitsplätze noch extrem kostenaufwändig waren, sah Georg Schwalm-Theiss die Zukunft des Architekturmachens im Computer und investierte in „die Maschin", wie er dieses Werkzeug immer wieder nennt. „Mit dem Computer kann man nicht schmieren", sagt er. Da er nicht selbst „mit der Maschin" arbeitet, braucht er zum Entwickeln und Weiterdenken Ausdrucke. „Ich brauche das Simultane, das Sequentielle auf dem Schirm ist schwierig. Ich muss es liegen haben", so Schwalm-Theiss. „Ich zeichne was auf, ich schmier' was hinein", aber noch mehr als das Skizzieren auf Papier oder das Zeichnen auf Computerausdrucken ist es das Besprechen mit den Mitarbeitern, das die Entwicklung im Entwurfsprozess vorantreibt. Physische Modelle werden kaum gebaut. Die 3D-Simulationen sind „absolut eine Alternative zum Modell". Begonnen wird der Entwurfsprozess immer mit einer intensiven Auseinandersetzung mit dem Bauplatz. „Natürlich ist es der Ort. Der sagt ja etwas." Nicht nur einmal, wiederholt wird der Bauplatz aufgesucht, studiert, analysiert. Die Inspirationen, die aus dem Anschauen und Begreifen der Topografie entwickelt werden, sind für den Entwurfsprozess entscheidend. „Sehr oft ist es das, was der Platz hergibt, das Gelände, aus einem Grundstück heraus. Das macht Freude. Die Steppe ist viel schwerer." Bei den Begehungen macht Schwalm-Theiss Schnappschüsse. Es geht „eher um den Akt des Fotografierens. Das erinnert wiederum". Es ist das Tun, das für das Bemerken und Merken wichtig ist. Es geht viel mehr um den Akt des Dokumentierens als um das Dokumentierte selbst. Nicht, was auf den Fotografien zu sehen ist, ist entscheidend, sondern, dass sie gemacht wurden. Das Festhalten im Fotografieren erzeugt die Erinnerung mehr als die dabei entstandenen Schnappschüsse, die im Arbeitsprozess oft gar nicht mehr zur Hand genommen werden. „Wenn einem nicht sofort etwas einfällt, dann mache ich etwas Anderes. Das arbeitet ja weiter. Es passiert hoffentlich im Kopf. Wenn man nichts zu tun hat, dann beschäftigt man sich viel mit einer Arbeit. Wenn man nichts zu tun hat, denkt man ein bisschen nach. Das sind Ketten, die sich da abspielen, dann spinnt das weiter. Auf Zettelchen mache ich Notizen. Wenn ich laufen gehe, habe ich Zeit. Wahrscheinlich müsste man immer einen Zettel mithaben, aber es kommt wieder.

GEORG SCHWALM-THEISS

„Natürlich ist es der Ort. Der sagt ja etwas."

Was man gedacht hat, das kommt wieder. Es ist gut, dass man nicht so gedrängt wird, dass man es noch umdrehen kann, diese schnellen Geschichten sind nicht gut."

Schwalm-Theiss, der Enkel von Siegfried Theiss, ist einer der Partner im ältesten Architekturbüro von Wien. 1907 von Siegfried Theiss und Hans Jaksch gegründet, war der Bürostandort in den ersten fünf Jahren in der Tigergasse 35 im achten Wiener Gemeindebezirk. Der Wunsch nach mehr Grün und weniger Stadtlärm, die ersten Kinder waren in den Familien Theiss und Jaksch auf die Welt gekommen, bewog zur Verlegung des Bürostandorts an den exklusiven Rand der Stadt. In der Altgasse 21, unweit des Schlosses Schönbrunn, das zur Zeit der Bürogründung noch kaiserliche Sommerresidenz war, hat das Architekturbüro in einem Gebäude, das damals errichtet wurde, seit 1912 durchgängig seinen Standort. Der Sohn von Hans Jaksch, Walter Jaksch, trat 1954 als Partner in die Firma ein und arbeitete nahezu bis zu seinem Tod im 91. Lebensjahr. 1972 begannen Horst Gressenbauer, der bis zum Jahr 2008 in der Firma verblieb, sowie Theophil Melichar ihre Tätigkeit. Georg Schwalm-Theiss, der Enkel von Siegfried Theiss, trat 1976 in das Büro ein. Im Jahr 2007 wurde Alfons Bresich Partner.

GEORG SCHWALM-THEISS

„Ich brauche das Simultane, das Sequentielle auf dem Schirm ist schwierig. Ich muss es liegen haben."

SCHWALM-THEISS & STUDIEN SCHULERWEITERUNG STADT HAAG, PLANUNG 2000—2001

Wiewohl die Firma nun seit 101 Jahren durchgängig besteht, hat sich keine einzige historische Aufnahme der Büroräumlichkeiten erhalten. „Es ist nicht so viel fotografiert worden. Es gibt aber Fotos von Baustellen, auf denen sie zu sehen sind. Es gibt ein Portraitfoto von beiden", betont Georg Schwalm-Theiss, der für seine Dissertation, die unter dem Titel „Theiss und Jaksch Architekten 1907—1961" erschienen ist, das Plan- und Fotoarchiv des Büros aufgearbeitet hat. „Es ist viel weggeschmissen worden", so Schwalm-Theiss. Obwohl es chronologisch geführte Planbücher gibt und alle Pläne fortlaufend nummeriert wurden, lassen sich die Entwicklungsprozesse nicht im Detail entschlüsseln. So hat es für das Hochhaus in der Herrengasse, dessen Planung im Mai 1930 begann, vielleicht Skizzen gegeben, erhalten ist jedoch keine einzige. „Man ist gleich ins Planzeichnen gegangen", vermutet Schwalm-Theiss. Im Planbuch sind ab dem 26. Mai 1930 schon die ersten Pläne für das Hochhaus verzeichnet, die sich bereits im frühesten Entwicklungsstadium durch einen hohen Grad an Definiertheit, an finalisierter Durchdachtheit auszeichnen. Trotz der minutiösen Eintragungen im Planbuch, lässt sich nicht eruieren, wer welche Pläne gezeichnet hat. Schwalm-Theiss schreibt einige der Blätter, die sich durch eine distinkt andere Planhandschrift auszeichnen, Bernard Rudofsky zu, der zwischen 1930 und 1932 Mitarbeiter im Büro Theiss-Jaksch war.

Schwalm-Theiss erinnert sich noch an die Holzrahmen, in die man Lichtpauspapier und darüber das transparente Original einspannte. Die Pausen wurden direkt mit der Sonne entwickelt, indem man sie auf das weit vorspringende Außenfensterbrett legte. Der typische Ammoniakgeruch ist ebenso unvergesslich. Er ist sich auch sicher, dass es noch lange einen dieser großen hölzernen Zirkel im Büro gab, den Architekten typischerweise auf die Baustelle

DIE LICHTPAUSEN WURDEN DIREKT MIT DER SONNE ENTWICKELT.

GEORG SCHWALM-THEISS

„Mit dem Computer kann man nicht schmieren."

mitgenommen haben, doch auch dieser ist, wie alle anderen in Erinnerung gebliebenen für den Architekturberuf früher unerlässlichlichen Werkzeuge, heute nicht mehr erhalten. Dr. Alfred Lechner, der langjährige Leiter des Archivs der Technischen Universität Wien, weiß noch vom weißen Arbeitsmantel, den er als Mitarbeiter im Büro Theiss & Jaksch getragen hat. Einen solchen architekturprofessionsspezifischen Arbeitsmantel besitzt er auch heute noch.

Immer wieder fällt im Gespräch mit Georg Schwalm-Theiss das Wort „angenehm". Schwalm-Theiss, der in den 1960er Jahren im Atelier von Alvar Aalto als Praktikant gearbeitet hat — ein von ihm über das Atelier und in Helsinki gedrehter 16mm-Film wurde auch auf die weiße Hofwand, für die Aalto die Möglichkeit einer Akademie mit Filmen und Diavorträge visionierte, projiziert — erinnert die Arbeitsatmosphäre als „angenehm". So sollen es auch seine Mitarbeiter im eigenen Büro haben. Das Angenehme ist aber auch eine der wichtigsten Inspirationsquellen für den Entwurfsprozess. Das ist der Zustand, der für die Nutzerinnen und Nutzer, vor allem, wenn er an den Wohnbau denkt, erreicht werden soll. „Dass die das angenehm haben", sagt Schwalm-Theiss. „Inspiration, das ist alles. Die Bäume, das Wasser, die Sonne. Die letzten 40 Jahre an Leben."

GEORG SCHWALM-THEISS

„Die Bäume, das Wasser, die Sonne ..."

THEISS & JAKSCH, HOCHHAUS HERRENGASSE
NOTTREPPENSYSTEM, ISOMETRIE UND AXOMETRIE 1931

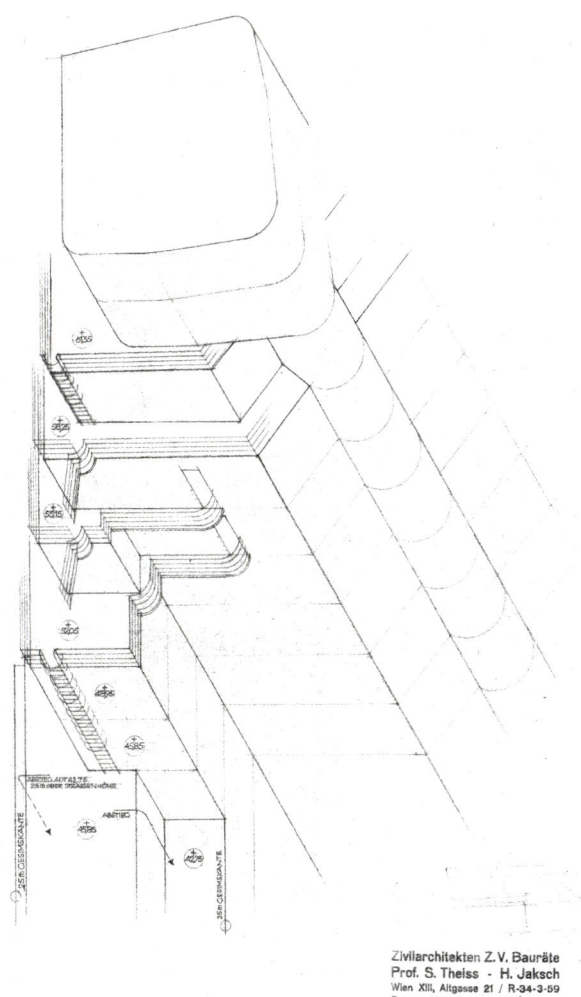

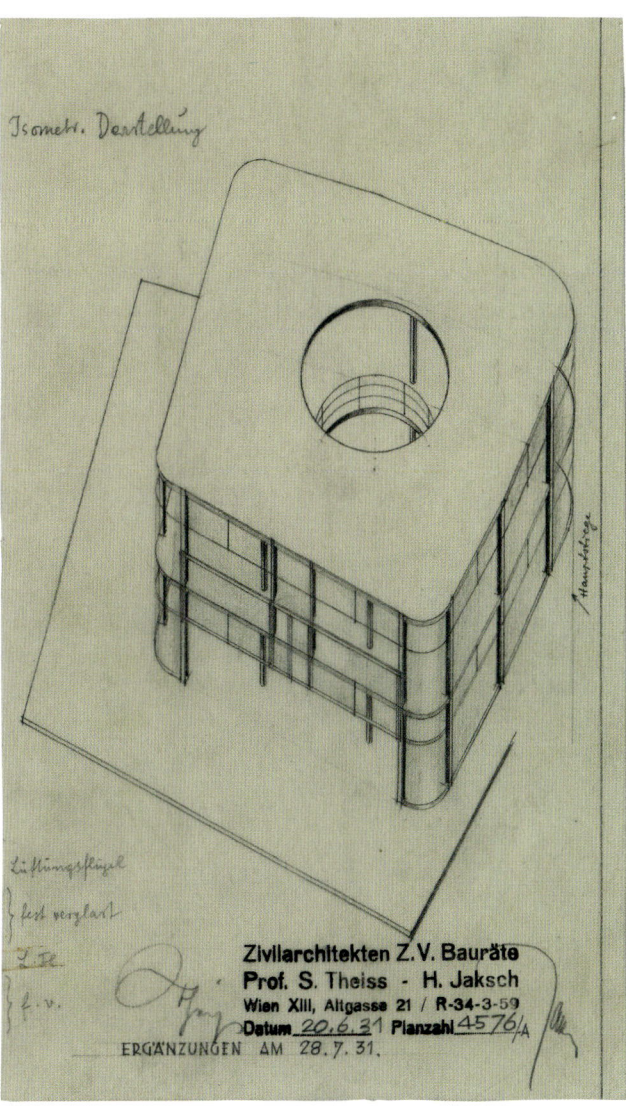

HOCHHAUS HERRENGASSE, BAUPLATZ

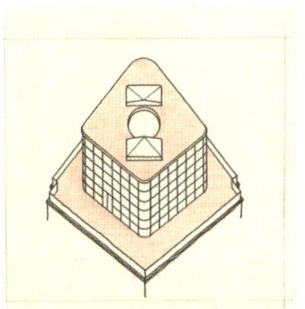

„Man ist gleich ins Planzeichnen gegangen."

Goldene Papierkörbe

Karl Schwanzer 1918—1975

ATELIER SCHWANZER 1947—1975
SEILERSTÄTTE 16, SEILERGASSE 16
WIEN
ÖSTERREICH

FELDFORSCHUNG IM ARCHIV KARL SCHWANZER IM AUGUST 2008
GESPRÄCH MIT MARTIN SCHWANZER
& TEXT: ELKE KRASNY

Der aus Einsamkeit geborene, geniale Wurf war Karl Schwanzers Sache nicht. Vielmehr wurde der Akt des Entwerfens von ihm und seinen Mitarbeitern mit Beharrlichkeit und Leidenschaft zur intensiven Forschung gesteigert.

Martin Schwanzer, sein Sohn, vergleicht das Entwerfen im Atelier Schwanzer, das sich in der Seilergasse 16 befand, mit der naturwissenschaftlichen Forschungstätigkeit in einem Labor, in dem zur Lösung einer Frage immer neue Versuchsreihen konzipiert werden. „Mühsam, suchend, strebend", so beschreibt er den Entwurfsvorgang als kreativen Prozess mit einem „wissenschaftlichen Ansatz", der die unzähligen, verschiedenen „Versuchsreihen" mittels Skizzen oder Modellen darstellte, um dann in Folge aus deren Analyse, im intuitiven Erkennen, im vergleichenden Nebeneinander die richtige, die passende Lösung auszuwählen. „Aber jeder Versuch, in Unbekanntes vorzustoßen, erfordert den Mut zum Unvollkommenen, genauso wie den Willen zum Besseren. Das „Vollendete" ist eine Arroganz, es würde einen Abschluss bedeuten, und wo gibt es nicht noch eine Verbesserung in menschlichen Dingen." (SCHWANZER 1973: 4) Ständiger Ansporn des Weiterdenkens und Ausprobierens war diese Vorstellung einer immer noch möglichen Verbesserung, die ein zeitökonomisches Abkürzen des Prozesses unmöglich machte und zur leidenschaftlichen, obsessiv gesteigerten „iterativen Suche" führte, um dann eine Entscheidung fällen zu können. Nicht die Idee von etwas Bestimmtem, das überzeugte Verfolgen eines feststehenden Konzepts ging diesem Prozess der „Varietäten" (VGL. FEUERSTEIN IN SCHWANZER 1973: 19) voraus, sondern die Entscheidung resultiert als ein möglicher Schlussstrich aus einem von vielen weiteren Möglichkeiten gekennzeichneten Arbeitsprozess. Verschiedenste Ideen wurden ausprobiert, Skizzen ebenso unermüdlich gemacht wie weggeschmissen. In der obsessiven Durcharbeitung der Problemstellung, in der Wiederholung als Modus der Veränderung liegt eine immens verschwenderische Haltung im kreativen Prozesses. Martin Schwanzer spricht von „goldenen Papierkörben". Günther Feuerstein, der von 1958 bis 1962 als Mitarbeiter im Atelier Schwanzer tätig war, erinnert sich, dass man „viele Varianten auf viel Aquafix aufzeichnete. Schwanzer kam, sah – und füllte den Papierkorb."

Schwanzer selbst hat wenig gezeichnet. Wenn, dann verwendete er häufig dicke Filzstifte, die eigentlich schlecht zum Halten waren und die sein Sohn Martin mit kleinen Tipexfläschchen vergleicht. Mehr wie ein Griffel als ein Pinsel lagen diese dicken Filzstifte in der Hand. „Im Vergleich zu anderen hat Schwanzer frech gezeichnet." Doch sein ureigenstes Medium war nicht die Zeichnung, sondern die Fähigkeit zu dirigieren und Regie zu führen.

MARTIN SCHWANZER

„Architektur war das Spielzeug meines Vaters, darin hat er sich ausgetobt, es war nicht Arbeit im Sinn von Fron, sondern Zerstreuung."

Im „Inszenieren" ist er „sehr aufgegangen". Konsequenterweise hatte Karl Schwanzer für die Entwurfsarbeit auch keinen abgeschirmten Arbeitsbereich, sondern seinen Tisch unter den anderen im Zeichensaal. Die „Bastelstube" für das Modellbauen war ebenfalls „mitten im Büro". Bis in die 1960er Jahre wurden weiße Mäntel getragen, es wurde „herumgeschmiert, mit Graphit gearbeitet, wieder radiert". Wiewohl jedes Projekt des Ateliers, „fast jeder Entwurf ein Schwanzer" (FEUERSTEIN IN SCHWANZER 1973: 18) war, war die Hierarchie im Büro eine Sache des ständigen Aushandelns unter den Mitarbeitern. „Man konnte die Pyramide leicht durchbrechen", so Martin Schwanzer.

Kleine Teams, vier bis fünf Mitarbeiter, alles gelernte Architekten oder Architektur-studenten, keine technischen Zeichner, konzentrierten sich auf ein Projekt. Manchmal wurden auch zwei Projektteams als Konkurrenten gegeneinander auf dasselbe Projekt angesetzt. Wer innerhalb des Teams die Leitung innehatte, das war ein gruppendynamischer Aushandlungsprozess. Schwanzers eigenes „Ringen um eine Lösung", das Streben nach „Witz", nach „Qualität" durchdrang als ständig präsente Erwartungshaltung die Büroatmo-sphäre. Rüdiger Lainer prägte für diese Mitarbeitermotivation den Ausdruck der „kreativen Abwesenheit". Während Wettbewerbsphasen „ging es wild zu", in der „Ausführung dann sehr

KARL SCHWANZER

„Der Abbau von Streß ist im schöpferischen Beruf nicht denkbar."

WETTBEWERBSENTWURF ÖSTERREICHISCHER PAVILLON EXPO '67 MONTRÉAL

baumeisterlich mit Details, mit Leistungsverzeichnissen. Da herrschten strengere Sitten." Martin Schwanzer sieht dies als „zwei verschiedene Welten", eben Büro und Atelier in einem. „Ökonomische Lösungen mögen den Bedarf decken, aber ob sie ihn erfüllen, ist eine weitere Frage." (SCHWANZER 1973: II) Ökonomie als Beschränkung, als Korsett wird nicht nur in seinen Bauten, sondern auch in der ihm eigenen Arbeitsweise gesprengt, die das verschwenderische Mehr als eine Lösung, die prinzipiell unabschließbare Suche als kreativen Motor eingeschrieben hat. „Das Nichtaufhörenkönnen innerhalb einer Entwicklungsphase eines Entwurfes kann bis zur manischen Besessenheit ausarten. Nicht immer zur Freude der betroffenen unmittelbaren Umgebung des Architekten." (SCHWANZER 1973: 7)

Den „Nerv einer Zeit zu treffen", die „kulturelle Atmosphäre" aufzunehmen, das war für seine Vorgangsweise der „Inszenierung" wichtig. Immer ging es um „die Message", darum, wie etwas sich am „besten vermitteln lässt". Im Einsatz für einen Entwurf, an den Karl Schwanzer glaubte, konnte er sehr weit gehen. Um die BMW-Aktionäre und Geschäftsführer vom schließlich realisierten Gebäude in München zu überzeugen, investierte er aus eigener Tasche über eineinhalb Millionen Schilling. Kulissentischler in den Bavaria Studios in Geiselgasteig zimmerten ein rundes Hochhaussegment, malten um die Fenster den Fernblick der Stadtsil-

NACH DEM WETTBEWERB WURDE IN EINER SERIE VON MODELLEN EIN VÖLLIG NEUER ENTWURF FÜR DEN PAVILLON ERARBEITET. GEOMETRISCHE STUDIENMODELLE ÖSTERREICHISCHER PAVILLON EXPO '67 MONTRÉAL

FOTOS: ATELIER SCHWANZER

MARTIN SCHWANZER ÜBER SEINEN VATER

„Man kann Architektur auch sprechen."

houette Münchens Richtung Alpen inklusive bereits fertig gestelltem Olympiagelände, stellten Büromöbel und Schreibmaschinen auf, spielten Bürogeräusche ein und kleideten 30 Statisten in Businessanzüge. Doch all der Aufwand, der am 2. Dezember 1968 zu einem schließlich erfolgreichen Arrangement führte, wurde getrieben, weil Schwanzer erkannt hatte, dass herkömmliche Methoden der Architekturvermittlung an den Auftraggeber, nämlich Modelle, Pläne und Sprechen nicht ausreichten, um die Möglichkeit Realität werden zu lassen.

Inspirationen holte sich der unermüdlich arbeitende Schwanzer, der auch zahlreiche Wochenenden im Büro verbrachte, auf seinen Reisen und aus der Kunst. Zusammenarbeit und Austausch mit „Malern, mit Bildhauern, mit Hoflehner, mit Wotruba" war „sein größter Spaß". Er hatte „Zeitschriften abonniert, war sehr belesen". Wenn er reiste, wollte er von anderen wissen, was es Aktuelles, Interessantes zu sehen gibt. Nach dem Zweiten Weltkrieg suchte Schwanzer aktiv den Austausch mit der internationalen Architekturöffentlichkeit, war neugierig auf die Welt. „Es folgten erste Reisen. Paris, Zürich, Kanada. Paris, trotz Nachkriegsnot eine prachtvolle, stimulierende, großzügige Stadt, für mich überwältigend, da ich bisher nur Ruinenstädte sah." Als Professor am Institut für Gebäudelehre der Technischen

KARL SCHWANZER

„Meine Mitarbeiter haben große Geduld mit mir bewiesen, mein Temperament und meine Rastlosigkeit zu ertragen."

STUDIENMODELLE ÖSTERREICHISCHER PAVILLON EXPO '67 MONTRÉAL

Universität Wien, wo Schwanzer von 1959 bis 1975 wirkte, setzte er auf das Sehen von Architektur, das Kennenlernen aktueller Trends, neuer technologischer Möglichkeiten und kultureller Umstände, wie es auch für ihn selbst immer inspirierend war. Mit den Studierenden unternahm er Exkursionen nach Berlin, Paris, 1964 in die USA. Auf die Methode der „Stimulanz durch Abwesenheit" setzte Schwanzer nicht nur im Atelier, sondern auch am Institut. Doch für Schlusskorrekturen nahm er sich dann Zeit und verfasste seitenlange handschriftliche Kommentare. Viele seiner Studierenden wie Laurids Ortner, Wolf D. Prix, Boris Podrecca oder Heinz Neumann arbeiteten später auch bei ihm. Im Atelier ließ Schwanzer die Mitarbeiter Ideen entwickeln. Dann ließ er sich die Überlegungen vorlegen, beurteilte sie und erteilte Freigaben. „Jedes Projekt besteht aus einem höchst individuellen, nonkonformistischen Lösungsansatz."

LITERATUR
Schwanzer, Karl (1973) Architektur aus Leidenschaft. Wien, München: modulverlag.

STRUKTUR- UND DEFINITIVES MODELL ÖSTERREICHISCHER PAVILLON EXPO '67 MONTRÉAL

FOTOS: ATELIER SCHWANZER

LAURIDS ORTNER
„Seine Impulsivität haut Rationalisierungspläne ebenso in die Pfanne wie durchgearbeitete Entwürfe in den Papierkorb."

Wir machen keine Papierarchitektur

SOM

SKIDMORE, OWINGS & MERILL LLP
224 SOUTH MICHIGAN AVENUE #1000
CHICAGO
USA

FELDFORSCHUNG IM BÜRO IM JANUAR 2007
INTERVIEW UND E-MAIL-KORRESPONDENZ MIT COLIN FRANZEN
& TEXT: ELKE KRASNY

FOTOS: SOM

Gegenüber vom Chicago Art Museum, mit Blick auf den Lake Michigan, hat die im Jahr 1936 gegründete Architekturfirma Skidmore, Owings & Merrill LLP seit Jahrzehnten ihr Büro. Der global agierende Architekturkonzern SOM hat in neun Städten, neben Chicago in New York, San Francisco, London, Los Angeles, Washington DC, Hongkong, Shanghai und Brüssel, Firmenniederlassungen. Weltweit gibt es 1600 Mitarbeiter. Das Akronym SOM bringt den ursprünglichen Gedanken der Firmengründer auf den Punkt: das Machen von Architektur nicht an eine charismatische Figur zu binden, die Arbeit von vielen nicht einem Kreateur als Architekturautor zuzuschreiben, sondern den Kreationsprozess Architektur als Firmenangelegenheit zu begreifen und zu veröffentlichen. Die Gründer setzten auf die Entwicklung eines Organisationsmodells für eine Architekturfirma und begriffen Architekturmachen als kollaborativen Prozess innerhalb einer klar strukturierten Hierarchie. Die Formation der Arbeit durch die Gruppe ist bis heute maßgeblich und drückt sich aktuell im studiobasierten Organisationsprinzip aus.

Einer der Mitarbeiter des Büros in Chicago, Colin Franzen, fungierte im Januar 2007 als „Tour Guide". Er beschreibt den hohen Grad der Vernetzung zwischen den internationalen Bürostandorten. „Alle Partner treffen sich jedes Monat. Auf der Führungsebene findet sehr viel Kommunikation zwischen den Büros statt." Laufende Projekte, zukünftige Orientierung, die Strategieentwicklung der Firma wird von den Partnern besprochen. Aber nicht nur zwischen allen Partnern, auch zwischen einzelnen Büros gibt es unterschiedlich intensive Formen des Austausches. „Jetzt sind gerade Leute aus Chicago in London."

„Die Organisation ist sehr fließend. Wir bewegen uns, wenn die Anforderungen wachsen, wie Baseballspieler, die ausgetauscht werden. Wir sind 500 Leute und wir werden dauernd umverteilt. Manchmal weiß man nicht, wo man nächste Woche sein wird." Die räumliche Organisation des Chicagoer Büros dient der Intensivierung der Kollaboration der verschiedenen Fachplanungsdisziplinen in den jeweiligen Studios. Im Laufe eines Projekts ändert sich die Teamzusammensetzung häufig, wird den jeweiligen Arbeitsschritten im Projektfortschritt flexibel angepasst. Das ausgeklügelte Management der personellen Ressourcen, es gibt eine eigene Personalabteilung, findet in der räumlichen Strukturierung der Organisation eine deutliche Entsprechung. Entwurfsteams werden gruppiert, arbeiten miteinander in einem der kojenartigen Bereiche, der von den nächst angrenzenden durch Trennwände abgeteilt ist. In die großzügig dimensionierten Arbeitskojen werden bei Teamvergrößerung einfach weitere Arbeitstische hineingeschoben. „Mehr Leute ziehen ein." Während noch bis vor einigen Jahren

COLIN FRANZEN

„Im Moment arbeiten wir aktiv an 100 Projekten im Büro."

Bedeutung und Prestige einer Position innerhalb der Firmenhierarchie durch dementsprechend großzügige Eckbüros, am besten mit Seeblick, markiert wurde, soll die sich verändernde Firmenphilosophie dadurch zum Ausdruck bringen, dass die Eckbüros im Zuge des Umbaus 2006 als allgemeine Besprechungsräumen definiert worden sind. Colin Franzen: „Als das Büro umgebaut wurde, ist die Hierarchie flacher geworden. Die Projektmanager sitzen mit allen anderen auf einer Ebene. Ob jemand ein Praktikant ist oder ein Architekt, lässt sich nicht sagen."

Bei vielen der Wettbewerbsteilnahmen, aber auch bei anderen internationalen Projekten ist das Besuchen des Bauplatzes, die physische Analyse des Bauplatzes zu Projektbeginn nicht möglich. Oft ist der Anfang für ein neues Projekt ein Beginnen aus der Ferne, ein Vorstellen und Entwickeln weit entfernt vom tatsächlichen Bauplatz, im Büro. „Wir fangen abstrakt an, nicht mit dem Bauplatz. Meistens erarbeiten wir es aus der Ferne." Doch gerade die Auseinandersetzung mit den kulturellen Gepflogenheiten eines Landes ist für die globale Architekturproduktion von SOM zunehmend eine Herausforderung, die sich jedoch mit den eng getakteten Zeitplänen, durchschnittlich beträgt die Dauer eines Projekts vierzehn Monate, nur schwer in Einklang bringen lässt. Mehr Zeit für Recherchen über die Kultur des jeweiligen Landes wie die Auseinandersetzung mit lokalen Bautraditionen wird jedoch als wünschenswert erachtet. „Wir sind eine internationale Firma, wir müssen unser Augenmerk darauf richten, warum Formen so aussehen, wie sie aussehen."

Die intensive Auseinandersetzung mit neuen Technologien sowie eine ständige Reflexion der Werkzeuge als Mittel im kreativen und ökonomischen Einsatz, sind nicht nur heute, sondern auch historisch charakteristisch für die Firmenarbeitsweise von SOM. Kollaboration wird auf der Ebene der personellen Ressourcen groß geschrieben, aber genauso im Einsatz technologischer Möglichkeiten. Walter Netch verwendete das Medium Computer, damals noch riesige Großrechner, um seine Feldtheorieexperimente durchzuführen. Faz Kahn schrieb eigene Software für Strukturberechnungen. Die Werkzeuge des Architekturmachens strate-

COLIN FRANZEN

„Wir sind rund 500 Mitarbeiter im Büro in Chicago."

MODELLE NORTH BUND TOWER WHITE MAGNOLIA PLAZA, SHANGHAI, FERTIGSTELLUNG 2009   CROWN-AERIAL

gisch auszuweiten und Technologie als avancierte, treibende Erzeugungskraft im Entwurfsprozess zu begreifen, zeichnet die Firmentradition aus.

Wird heute vom Chicagoer Büro für die neuen NATO Headquarters in Brüssel erstmals
das Building Information Modeling für ein Projekt dieser Größenordnung eingesetzt, so produzierte SOM bereits Mitte der 1980er Jahre eine firmeneigene Software, die ähnliches konnte,
und zählte zu den Pionieren der Entwicklung von CAD für Architekten. AES, Architectural and
Engineering Series, hieß das von SOM entwickelte, kommandogesteuerte Programm, mit dem
sich auch in 3D modellieren ließ. Hauseigene Software zu entwickeln, eine Strategie, die in
Industriekonzernen üblich ist, wurde auf die Architekturproduktion übertragen.

Mitte der 1980er Jahre arbeitete man bei SOM auf Großrechnern mit dem DRAFT
System, das VAX basiert war, und verwendete Tektronix Terminals. Die kollaborative Arbeitsweise mehrerer Fachdisziplinen drückte sich in der von SOM entwickelten Software in direk-
tem Übersetzungsverhältnis aus, da sie die Verwendung durch verschiedene Fachplaner
gleichermaßen ermöglichte sowie auch deren Kommunikation untereinander. Fünf Disziplinen
arbeiten heute im Chicagoer Büro miteinander: „Architekten, Innenarchitekten, Gebäudetech-
niker, Statiker und Stadtplaner." Essenziell für das Arbeitsverständnis ist der Informations-
fluss zwischen allen beteiligten Disziplinen, dies betrifft die verbale Kommunikation ebenso
wie die digitale. Im Building Information Modeling, das im großmaßstäblichen Einsatz erprobt
wird, taucht genau dieser Ansatz des transversalen Informationsmanagements entlang aller
involvierten Fachplanungsdisziplinen auf, der bereits für die Entwicklung der firmeneigenen
Software AES ausschlaggebend gewesen war.

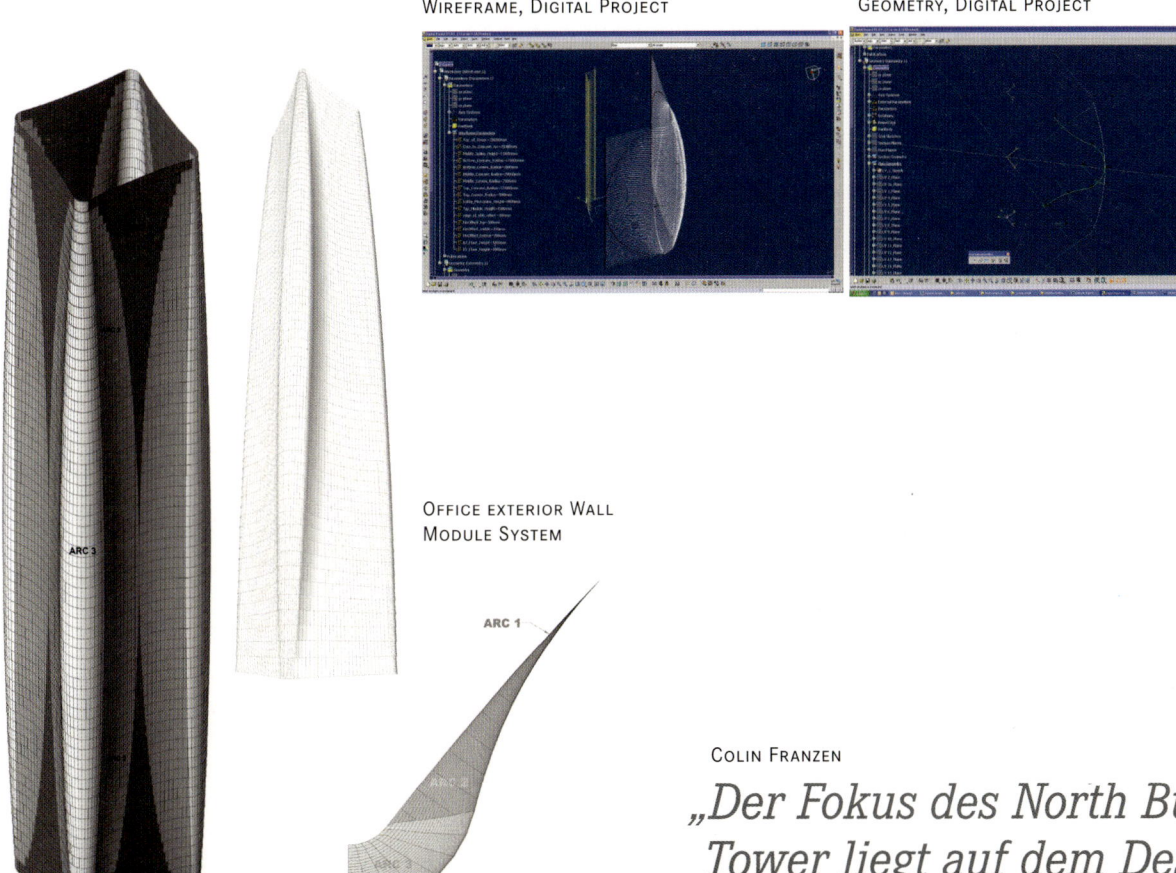

WIREFRAME, DIGITAL PROJECT

GEOMETRY, DIGITAL PROJECT

OFFICE EXTERIOR WALL
MODULE SYSTEM

ARC 1

COLIN FRANZEN

*„Der Fokus des North Bund
Tower liegt auf dem Design
und der Formfindung."*

„Je mehr wir daran arbeiten, desto mehr kann ich den digitalen Raum fühlen", beschreibt Franzen die allmählich zur Selbstverständlichkeit werdende Expertise, digitaler und digitalisierter Raumwahrnehmung. „Ich mache keine 3D-Prints. Ich habe ein Gefühl dafür, was im Computer ist." „Wir denken uns immer etwas Neues aus", betont er, obwohl die CAD Libary auch eine andere Vorgangsweise möglich machen würde. „Wir bauen nie zweimal dieselbe vorgehängte Fassade." Seit Dezember 2006 wird Digital Project verwendet, ein von Gehry Technologies entwickeltes parametrisches Project Lifecylce Management, das das Building Information Modeling mit Catia verbindet.

Zwischen Formfindung und Konstruktion spielt die Technologie eine entscheidende Rolle für die Machbarkeit. „Digitale Werkzeuge erzeugen neue Formen. Jetzt haben wir digitale Produktionsmöglichkeiten, diese Formen wirklich zu realisieren. Wir treiben die Ingenieure an, die Formen Wirklichkeit werden zu lassen." Steht der Burj Dubai, das derzeit in Bau befindliche höchste Gebäude der Welt, für die ingenieurstechnischen und konstruktiven Seiten des Büros, so experimentieren sie gleichzeitig mit parametrischer Software für Entwurf wie Produktion. „Am aller interessantesten ist, dass wir uns jetzt als Pioniere betätigen, die Intelligenz dieser Werkzeuge miteinander zu verbinden, nämlich Catias Entwurfspotenzial mit Revits Produktionsmöglichkeiten und eigene Skripts entwickeln."

Für die Arbeitspraxis ist das Entwerfen mit den technologischen Möglichkeiten ausschlaggebend. „Die tägliche Aufgabe ist, nicht mehr länger zu zeichnen, sondern Gebäude physisch zu konstruieren." Während mit AutoCAD die Arbeitsweise am Computer „dieselbe Logik wie das Zeichenbrett" hatte, „zweidimensional funktionierte", erfolgt nun der „Übergang zu 3D". Wiewohl das Beginnen individuell innerhalb des Büros ganz unterschiedlich aussehen kann, mit Skizzen oder Arbeitsmodellen, ist die Entwicklung in 3D und die Kommunikation in 3D nicht nur am Computer, sondern auch mit physisch gebauten Modellen, die überall im

THREE DIFFERENT GEOMETRIES OF THE BURJ DUBAI WERE TESTED, EACH WITH VARIOUS STRUCTURAL PROPERTIES, TO PREDICT THE WIND-INDUCED BASE LOADS AND ACCELERATIONS AT THE TOP OCCUPIED FLOORS OF THE TOWER.

STRUCTURAL MODEL AT 1:500 (LEFT)
29" HIGH BY 6" RADIUS AT BASE
STRUCTURAL MODEL AT 1:500 (RIGHT)
58" HIGH AND 7" RADIUS AT BASE

MODELLE DES BURJ DUBAI: GEOMETRISCHE FORMFINDUNG, ABGELEITET AUS WINDSTUDIEN

ALLE ABBILDUNGEN: SOM

Büro stehen, charakteristisch für den Entwicklungsprozess. In der Werkstatt trifft man neben den Modellbauern und vielen Praktikanten auch manchmal Architekten oder Partner an, die direkt physisch mit ihren Händen etwas ausprobieren oder schnell überprüfen wollen. „Einer der Partner wird sagen, bau mir ein Modell. Wenn du davon kein Modell bauen kannst, dann kannst du das auch nicht als Gebäude bauen. Wir machen keine Papierarchitektur. Wir lassen die Papierarchitektur hinter uns zurück."

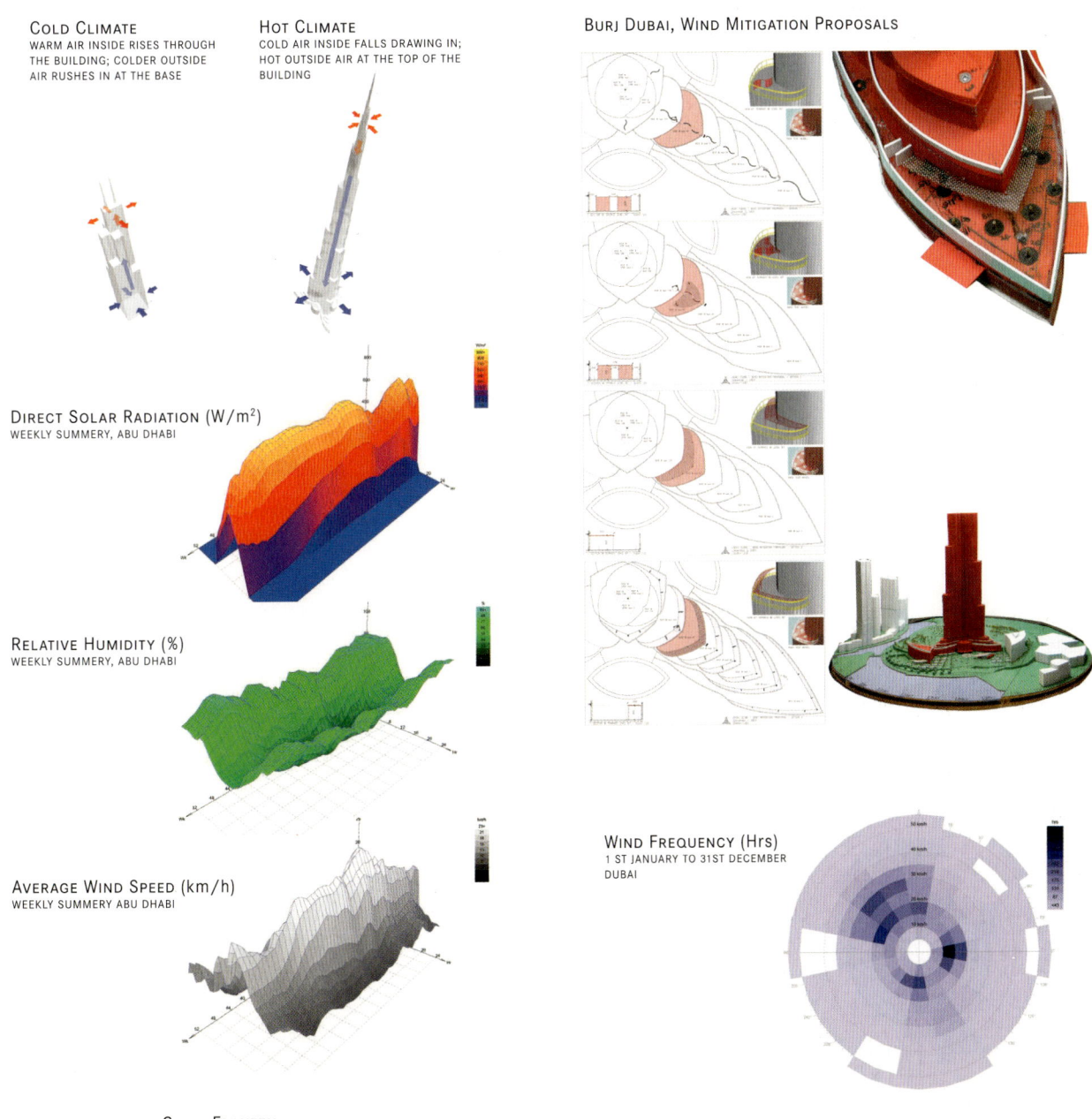

COLD CLIMATE
WARM AIR INSIDE RISES THROUGH THE BUILDING; COLDER OUTSIDE AIR RUSHES IN AT THE BASE

HOT CLIMATE
COLD AIR INSIDE FALLS DRAWING IN; HOT OUTSIDE AIR AT THE TOP OF THE BUILDING

BURJ DUBAI, WIND MITIGATION PROPOSALS

DIRECT SOLAR RADIATION (W/m²)
WEEKLY SUMMERY, ABU DHABI

RELATIVE HUMIDITY (%)
WEEKLY SUMMERY, ABU DHABI

AVERAGE WIND SPEED (km/h)
WEEKLY SUMMERY ABU DHABI

WIND FREQUENCY (Hrs)
1 ST JANUARY TO 31ST DECEMBER DUBAI

COLIN FRANZEN

„Die technischen, strukturellen und konstruktiven Leistungen stehen beim Burj Dubai im Vordergrund."

Werkzeuge über alles

UNStudio

STADHOUDERSKADE 113
AMSTERDAM
NIEDERLANDE

FELDFORSCHUNG IM ATELIER IM DEZEMBER 2006
FOTODOKUMENTATION, INTERVIEW MIT BEN VAN BERKEL
& TEXT: ELKE KRASNY

„Ich verwende Werkzeuge leidenschaftliche gerne. Ich zelebriere Werkzeuge und Entwurfstechniken richtiggehend", so Architekt Ben van Berkel, der mit der Kunsthistorikerin Caroline de Bos 1999 UNStudio gegründet hat. Van Berkel & Bos Architectuur Bureau, seit 1988 in Amsterdam aktiv, wagte knapp vor der Jahrtausendwende den Sprung in eine bestens vorbereitete, interne Reorganisation und internationale Expansion. Der Name ist Programm. UNStudio steht für United Network für Urbanismus, Infrastruktur und Architektur. Effizient, professionell und kreativ dient das Büro gleichzeitig als Atelier, Labor, Fabrik und Club, charakterisiert durch „plug-in"-Professionalität.

Mit einem theoretischen Manifest wurde die Transformation begleitet. Maximale Kreationsspielräume korrelieren mit der Ausreizung der Potenziale des Mediums Computer und strategischem Management. 1999 erschienen die drei Bände von „Move". Schreibende Theoriebildung ist integraler Bestandteil der Produktion. „Move" wurde als Manifest der idealen Organisation eines Architekturbüros verfasst. „Wir publizierten Move, das Buch erschien und wir haben des Büro aufgemacht, es war Teil des Buchs. Es war ein wirklicher interaktiver Prozess, real nicht virtuell. Wir machen Dinge und bringen Theorie hinein. Keine Theorie im Nachhinein, keine after-theory." Gewiefte und langjährige Praktiker der Architekturprofession arbeiteten mit jungen Postgraduates, die auf der Columbia oder in Harvard studiert hatten, internationale Experten und Konsulenten mit lokalen Firmen. „Wenn ich ein Diagramm unserer Struktur zeichnen müsste, dann wäre das nicht so einfach, es hätte die Form von Satelliten." Technologisch wie organisatorisch werden Kreationsprozesse beschleunigt und dauernd professionalisiert. „Bereits vor 15 Jahren habe ich es gelernt, die besten Spezialisten zu beschäftigen und sie bestens zu bezahlen."

80 MitarbeiterInnen, 25 aus Holland, 55 internationale, arbeiten in wendigen Designteams mit fünf bis sechs Personen. „Für den Entwurf haben wir kleine Teams. Wenn ein Projekt dann läuft, arbeiten sieben bis acht Leute in einem Entwurfsteam." Als Care-Taker wird der verantwortliche Projektarchitekt bezeichnet. „Das Entwurfsteam ist eine flottierende Plattform, die nicht so klar definiert ist. Im Entwurf kann man Qualität nicht fixieren. Man kann das Unerwartete nicht erzwingen." Entwurf, Planung, Human Ressources, Organisation, Kommunikation und Kostenmanagement sind aufs engste verschränkt und in Plattformen organisiert. Seit 2001 hat die Firma ein Qualitätsmanagement, das nach internationalen Managementstandards, ISO 9001 Regeln, vorgeht. „Wir haben die Mitarbeiter im Projektteam und Care-Takers. Die externe Kommunikation teilen Caroline und ich uns auf. Wir haben ein

BEN VAN BERKEL

„Wir machen Dinge und bringen Theorie hinein. Keine Theorie im nachhinein, keine after-theory."

Koordinationsteam mit drei Personen pro Projekt, mit einem Vertreter aus dem Management." Der „Master-Builder" ist völlig überholt. „Als Architekt muss man ein öffentlicher Wissenschaftler sein. Man muss sein eigenes System der Dialoge mit jedem der Teile der einzelnen Elemente erzeugen, das erlaubt neue Einsichten in die Kommunikation." Die Innovation besteht in der Architekturproduktion als dynamisches Wissensmanagement, das möglichst früh alle Elemente zueinander in Beziehung setzt. „Zu führen ist mein einziges Talent", so van Berkel. UNStudio ist ein Netzwerk als innere Bürostruktur. „Ich bin ein großer Spekulant. Ich liebe es zu spekulieren und Leute zusammenzuwürfeln. Ich glaube an die Intelligenz des Büros. Der Architekt ist wie John Cage zwischen dem Orchester."

Ein schmales, vierstöckiges Haus beherbergt das Architekturproduktionslabor von UNStudio. „Die Organisation eines Gebäudes ist wichtiger als der Stil eines Gebäudes." Das gilt auch für das eigene Büro. Auf einem von UNStudio entworfenen Sofa wird bei Nachtschichten auch mal geschlafen, ein Tischfußballtisch wartet auf Spieler, donnerstags gibt es gemeinsamen Lunch für alle. „Jeden Montag ist Partnertreffen, um wichtige organisatorische Angelegenheiten zu besprechen. Freitags haben wir Entwurfskritik mit Kritikern von außen." Das Netzwerk umfasst Klienten, Investoren, Managementexperten, Fachleute, Statiker, Designer oder Stylisten. Das taylorisierte Architekturlabor sucht traditionelles Atelierkreativflair zu ermöglichen, effiziente Organisation schließt Socializing in Clubstimmung nicht aus. „Wir mussten uns räumlich verändern, eine neues Gewand bekommen. Es war mehr wie ein Künstleratelier, jetzt ist es professioneller. Aber sozial ist es noch immer wie ein Atelier. Wir haben Lunch mit Klienten, freitags nehmen wir Drinks." Kommunikationsräume entstehen, wenn

VILLA NM, UPSTATE NEW YORK 2000–2006; ENTWURF: BEN VAN BERKEL MIT OLAF GIPSER UND ANDREW BENN, COLETTE PARRAS, JACCO VAN WENGERDEN, MARIA EUGENIA DIAZ, JAN DEBELIUS, MARTIN KUITERT, PABLO RICA, OLGA VAZQUEZ-RUANO; LOCAL CONSULTANT: ROEMER PIERIK

Mitarbeiter einander in den engen Stiegenhäusern am Treppenabsatz begegnen und Neuig-
keiten wie die zukünftige Zusammenarbeit im Designteam besprechen. Bei den eng getakteten
Arbeitstischen werden am Rand die Sessel zusammengeschoben, um einen Besprechungsraum
zu schaffen. Neben holländisch, hört man deutsch oder englisch. Im Erdgeschoss befindet sich
das Modellbaustudio und ein Teil des Archivs, zwei weitere, ausgelagerte Archive beherbergen
Modelle, Pläne und Korrespondenz aus der Vor-E-Mail-Zeit.

Ben van Berkels Arbeitsbereich ist von der Architekturproduktionshalle getrennt. Sein
kleiner Raum strahlt die Atmosphäre eines globalisierten Arbeitsnomaden aus, der kaum am
computerlosen Schreibtisch sitzt, sondern durchs Büro eilt, Gespräche leitet und seinen
Führungsaufgaben unermüdlich nachkommt. Eine Minibibliothek inklusive der zwölf bunten
Domus-Bände (Domus 1930s–1990s: The Very Best from the Seminal Architecture and Design
Journal 1928–1999), ein schmaler Schreibtisch ohne Zettelwirtschaft, ein in die Reisetasche
gepackter Laptop, einige Skizzen an der Wand hinter dem Schreibtisch sind die karge Ausstattung. „Ich öffne meine Wahrnehmung für die Umgebung. Bevor ich schlafen gehe, skizziere ich
viel. Das ist eine ganz strenge Routine, um zu Ideen für den nächsten Tag zu kommen." Das
Skizzieren ist Techne der Kreativitätsproduktion. „Ich skizziere während des Fliegens. Ich
zeichne viel. Am Abend setze ich mich wirklich gerne hin zum Zeichnen." Verwendet wird das,
was zur Hand ist. „Ich skizziere mit allem nicht nur mit Bleistift. Ich skizziere mit dem Pinsel
oder dem Bleistift. Ich reiße ein Stück Papier ab. Ich verwende Werkzeuge leidenschaftlich
gerne." Der Prozess des Entwerfens ist eine kommunikative Praxis im Team. „Wir entwerfen
im Team. Meine Inspiration entwickelt sich nicht so sehr am Papier. Ich zeige meine Skizzen

Ben van Berkel

*„Meine Inspiration
entwickelt sich nicht so
sehr am Papier. Ich zeige
meine Skizzen nicht. Ich
kommuniziere mit
Worten. Die Malereien
sind meine geheimen
Beobachtungen."*

nicht. Ich kommuniziere mit Worten. Die Malereien sind meine geheimen Beobachtungen." Entwerfen bedeutet Entscheidungen treffen. „Es ist wie in der Musik, man macht seine eigenen Noten, man schreibt sie dauernd um, indem man sie wieder anhört." Für die kommunikationsbasierte Arbeitsweise ist das Unterrichten ein Vorbild. „Unterrichten ist eine meiner wichtigsten Inspirationen. Für den Dialog habe ich an der Städelschule mein eigenes System entwickelt. Lass sie lernen, ihre eigenen Werkzeuge, ihr eigenes Denken zu entwickeln." Der Schlüssel zum Entwurfsprozess ist die Kommunikation. „Wir haben eine unglaubliche Dialogkultur. Ich unterstütze das sehr. Das Schwierigste ist die Kommunikation, die Infrastruktur der Kommunikation in Ordnung zu bringen."

Was den Entwurfsprozess unter Druck setzt, ist die zunehmende Beschleunigung durch den Computer. „Wir versuchen, so kompakt wie möglich zu arbeiten. Bereits in der ersten Entwurfsphase beziehen wir die Konstruktion und die Kosten mit ein. Mit dem Computer kann man so schnell entwerfen. Wir haben die Werkzeuge entwickelt, geometrische Modelle zu animieren. Wir können in einem Tag 50 Veränderungen durchführen. Wir animieren es in

BEN VAN BERKELS SKIZZEN FÜR DIE VILLA NM

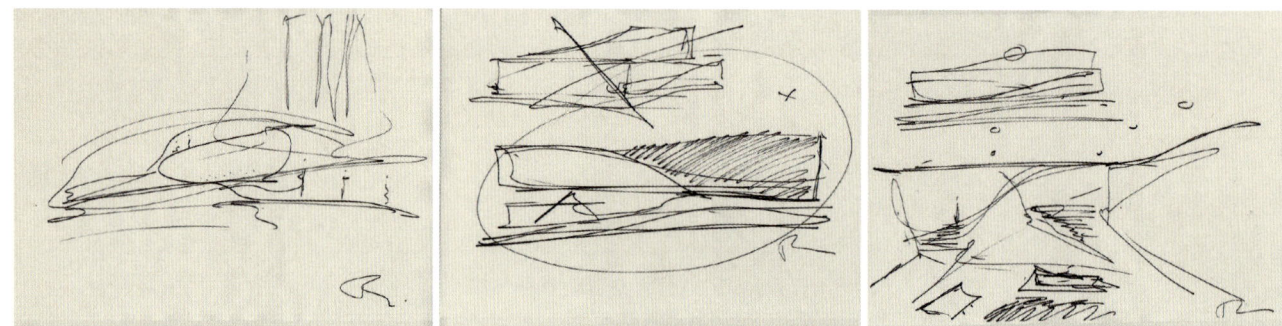

BEN VAN BERKEL UND CAROLINE DE BOS

„Das Konzeptmodell für die Villa NM ist eine Schachtel mit einem Blob-ähnlichen Moment in der Mitte; eine Verdrehung im Grundriss und Schnitt lässt eine einfache Schuhschachtel in zwei separate Split-Level-Volumina bifurkieren."

VILLA NM, UPSTATE NEW YORK 2000–2006; VOLUMETRISCHE ORGANISATION

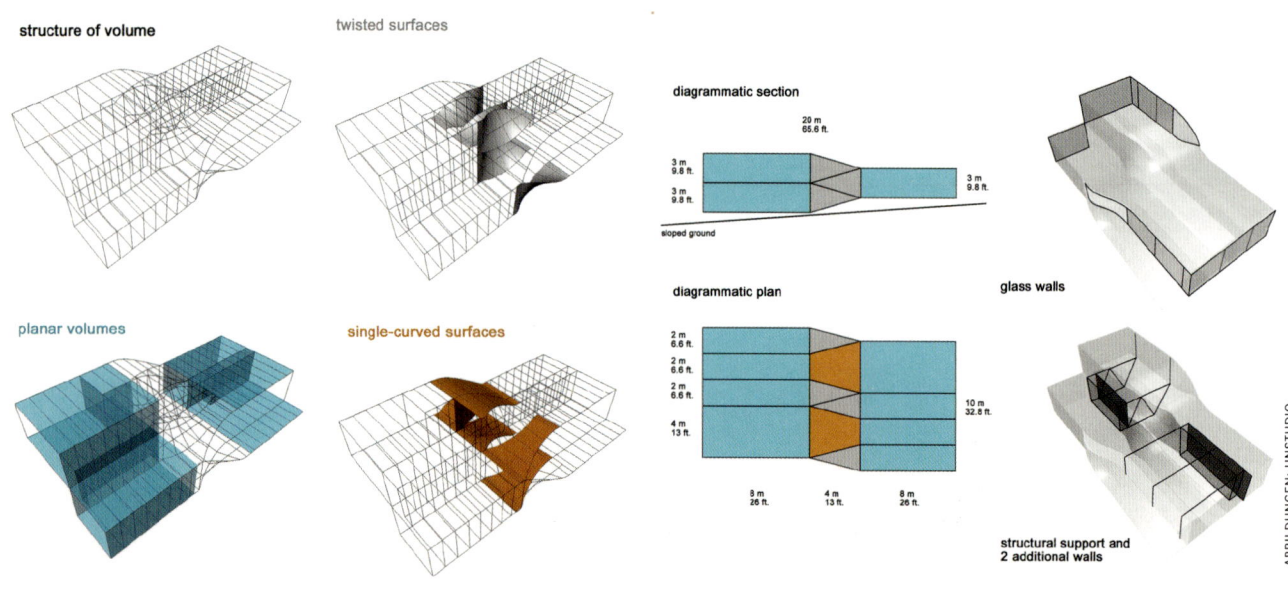

ABBILDUNGEN: UNSTUDIO

einem Tag, machen ein 3D Modell und jede einzelne Veränderung ist in zehn Minuten erledigt."

So wie die Mitarbeiterführung essenziell ist, ist es auch die Führung des intelligenten Werkzeugs Computer. „Werkzeuge können zu neuen Einsichten führen. Werkzeuge verändern, wie wir Dinge sehen." Ben van Berkel ist von Werkzeugen und ihren Potenzialen fasziniert und inspiriert. Es geht darum, Werkzeuge in ihrem Maximum auszuloten, ihre Kreativität zur Entfaltung zu bringen. „Wenn man die Kunstgeschichte anschaut, dann ist das Experimentieren mit Werkzeugen, das etwas Neues bewirkte. Seurat und der Pointillismus, zum Beispiel, oder die Farbfotografie, die die Frage des gemalten Bildes neu stellte. Es ging um die Expansion des Bildes." Heute geht es um die Expansion der Architektur, indem die zur Verfügung stehenden Werkzeuge ins Extreme gesteigert werden. „Es gibt scheinbar unendlich viele Möglichkeiten. Wir kennen die Grenzen der Formgenerierung. Wir steigern sie ins Äußerste." Um das Zelebrieren der Formgenerierung geht es nicht. „Ich schaue ganz genau darauf, den Computer zu führen. Wir sind nicht nur an Entwurfstechniken interessiert. Wir wollen wissen, wie man den Entwurf lenken und experimentelle Entwurfsstrategien entwickeln kann." Waren früher Diagramme die Entwurfsleitbilder, so ist es nun „der Führungsprozess. Wir nennen Karten Denkmodelle. Es geht darum, Ideen in ihrer Entstehung einzufangen. Mathematische Modelle lenken die relationalen Aspekte viel besser." Van Berkel kritisiert die computerfaszinierte Formobsession der Architekturkollegenschaft. „Wie kann man einen integralen Weg der Objekterzeugung entwickeln? Wir versuchen, ein prototypisches System zu erarbeiten. Das Wichtigste ist zu filtern und wegzulassen. Der Computer bietet so viele Möglichkeiten, man muss ihn als kluges Bearbeitungswerkzeug verwenden. Man muss seine Entscheidungen treffen, lernen und denken. Wir müssen neue Konzepte der Kontrolle entwickeln, kein lineares System, sondern ein zeitgenössisches für relationale Komposition. Ich bin mehr wie ein Künstler als ein Architekt. Architekten feiern das Äußere zu viel. Sie verwenden Werkzeuge falsch. Es geht nicht nur um die Formgenerierung. Der Computer ist eine intelligente Maschine. Architekten sollten die Intelligenz dieser Maschine nutzen."

Ben van Berkel

„Architekten feiern das Äußere zu viel. Sie verwenden Werkzeuge falsch."

Die Schönheit der Unordnung

VSBA Venturi Scott Brown & Associates

4236 Main Street
Manyank
Philadelphia
USA

Feldforschung im Büro im Januar 2007
Fotodokumentation, Gespräche mit Denise Scott Brown,
John Izenour, Nancy Rogo Trainer, James Kolker, Daniel MacCoubrey,
Jeremy Tenenbaum und Susan Scanlon & Text: Elke Krasny

„Am Wochenende arbeiten wir gemeinsam. Die anderen im Büro sehen nicht, wie wir miteinander arbeiten. Es geschieht dann, wenn niemand da ist", beschreibt Denise Scott Brown die gemeinsamen künstlerischen Arbeitsprozesse, ihre ,Joint Artistry' mit Robert Venturi. „Zwei Köpfe können hinter einer Idee stecken. Es ist eine Verschmelzung der Vorstellungen." Nach wechselnden personellen Konstellationen firmiert das von Robert Venturi 1960 gegründete Büro, in dem Denise Scott Brown seit 1967 Partnerin ist, ab 1989 unter Venturi Scott Brown and Associates. Heute charakterisiert der Versuch einer wohl tarierten Balance zwischen Veränderung und Kontinuität das Büro. Das zum Firmennamen werdende Kürzel VSBA steht für die sich im Wandel befindliche Identität. „Auftraggeber haben kein Vertrauen zu alten Menschen", räsonniert Scott Brown.

Anfänglich teilten sich Venturi und Scott Brown ein Büro. Seit damals ist sie es gewohnt, sich auf kleinstem Raum zu organisieren. „In einem Kämmerchen" entstehen ihre sorgfältigst redigierten, vom Streben nach präziser Formulierung ohne Fachjargon gekennzeichneten Texte: Angebote für Auftraggeber, Berichte über Campusplanungen, Vorträge, Essays und Bücher. „Das Schreiben ist ein Werkzeug im Umgang mit Auftraggebern, aber es erklärt unsere Ideen auch weltweit der Kollegenschaft." Eng gereiht sind die grauen Bände mit den Vorlesungen aus ihrer Zeit als Lehrende, die der letzten sechs bis sieben Jahre nur mehr im Computer. Aus den Laden ihres braunen Rollkastens zieht Denise Scott Brown Werkzeuge, die voller Erinnerungen stecken. „Meine letzten Zeichnungen habe ich mit Rapidograph gemacht. Das sitzt in meinen Knochen. Das gibt mir eine Geschichte, jetzt verwende ich oft Bleistifte. Das ist der Zirkelkasten meiner Mutter, datiert 1928. Sie hat ihn mir gegeben. Dieser Zirkel ist von meinem ersten Mann aus dem Jahr 1948. Heute verwende ich gerne meinen BlackBerry, den Computer, das Diktaphon, den Bleistift, einen Mix an Dingen." Während Denise Scott Brown den Rückzug braucht, ist Robert Venturis Schreibtisch mitten im Geschehen. „Bob sitzt im Zeichensaal und nicht in einem Büro", so die Mitarbeiter, das entspräche seiner Offenheit und Zugänglichkeit. Alltagsfundstücke, Referenzen aus Architektur- oder Kunstgeschichte, kleine Werkzeuge, bunte Post-It-Notizen, ein Sammelsurium bunter Visualität und lebhafter Gegenständlichkeit bringen den computerlosen Schreibtisch von Robert Venturi fast zum Verschwinden. Die drei Principals, Nancy Rogo Trainer, James Kolker und Daniel MacCoubrey, weisen auf seine Könnerschaft als Zeichner hin. „Bob hat die Entwicklung eines spezifischen Vokabulars des Zeichnens im Büro immer vorangetrieben." Am Anfang, so Denise Scott Brown, war Computerdesign das Äquivalent von verfügbarer Simulation. Das ist das Letzte, was man

Denise Scott Brown und Robert Venturi auf dem Campus der Tsinghua University in Peking.

Denise Scott Brown

„Wir sind wirklich keine Firma."

braucht." Seit Mitte der 1980er ist die Arbeitspraxis im Büro ein hybrider Mix aus Handzeichnung und Computer. „Wir fangen jetzt mit der 3D-Welt des Computer an. Bei Renderings wird so ein hoher Perfektionsgrad vorausgesetzt, aber es geht mehr um eine Erwartungshaltung als um wirkliche Notwendigkeit", fällt im Gespräch mit den Principals. Rollenweise gelbes Aquafix, Fineliner, schwarze Tinte, bunte Marker sind für den Entwurfsprozess im Einsatz. Auf einem großen Leuchttisch werden die auf Transparent entwickelten Varianten übereinander gelegt, miteinander verglichen. „Warte mal, lass uns da darüber skizzieren, das gibt uns eine größere Bandbreite an Wahlmöglichkeiten", so einer der Mitarbeiter.

„Wir hatten ganz lange alle Computer in einem dunklen Raum. Dann haben wir mutig und auf einen Schlag die Computer aus dem Computerraum heraus geholt und jedem einen eigenen Computer zur Verfügung gestellt." Das Können des Computers wurde an der individuierten Ausdruckskraft des Handzeichnens, des Handkolorierens gemessen. „Man kann diese Fähigkeiten in den Computer transferieren, aber nicht die Feinheiten", sagt Scott Brown. Auch Nancy Rogo Trainer, James Kolker und Daniel MacCoubrey befinden computergenerierte Zeichnungen als „zu früh zu präzis. Mit dem Computer schauen die Zeichnungen fertig aus, bevor wir so weit sind." Heute sorgt die Software Squiggle für Handzeicheneffekte. „Dinge unvollständig zu lassen, ist eine starke Inspiration, nicht nach zu viel Perfektion zu streben."

Nancy Rogo Trainer

„Bob hat die Entwicklung eines spezifischen Vokabulars des Zeichnens im Büro immer vorangetrieben."

Robert Venturis Skizzen für die Episcopal Academy Philadelphia, 2004 (2008 in Bau)

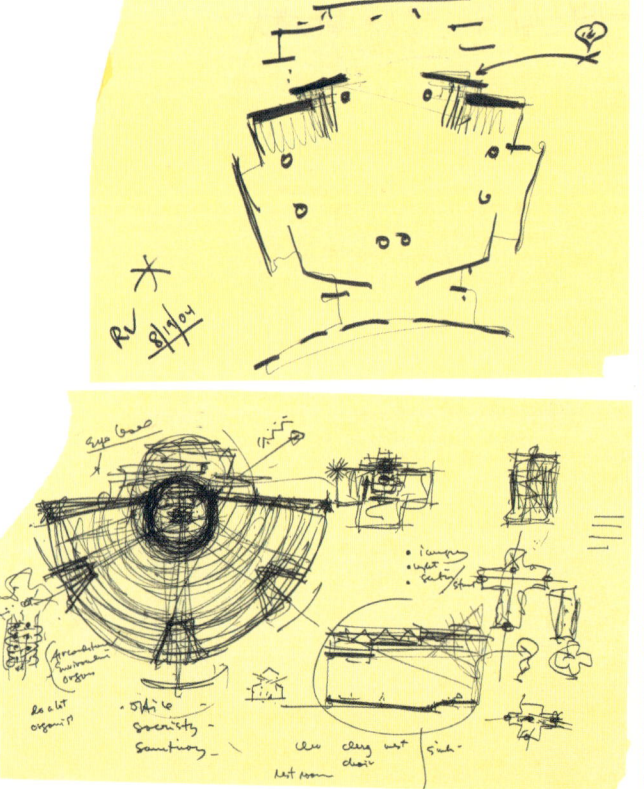

Für Denise Scott Brown ist es das Potenzial des Unfertigen, was zählt, nicht der Schein der Hyperperfektion. „Wir sind wirklich keine Firma. Wir haben hier einen anderen Zugang. Es gibt einen Unterschied, ob man sein Geld verdient oder ein Leben führt. Unser Leben geht in der Architektur auf."

1981 übersiedelte die Firma aus dem Zentrum von Philadelphia ins Zwischenland nach Manyank, wo Stadt und Suburbia aufeinander treffen. „Wir haben uns in dieses Gebäude verliebt. Wir haben tief eingeatmet und es genommen", so Denise Scott Brown. Die Auslagengestaltung kommuniziert Projekte oder Statements an die Main Street. Im Erdgeschoss wird Modell gebaut, ein Stock höher haben Nancy Rogo Trainer, James Kolker und Daniel MacCoubrey und Mitarbeiter ihre Arbeitsplätze, im zweiten Stock sind der Empfang, der große Besprechungsraum, Bobs Schreibtisch, Denises Kapäuschen sowie Mitarbeiterkojen. Die lange Geschichte des Büros, Skizzen, Pläne, Modelle, Dias, gesammelte Objekte oder Publikationen, breiten sich bis in den Dachboden hinauf aus. So wie in ihrer Campusplanung – „Vielleicht bin ich die letzte, die noch nach dieser Methode arbeitet", sagt Denise Scott Brown – die Wechselwirkung zwischen Bestand und Potenzialität zentral ist, ist das Zusammenspiel von formell und informell bürocharakteristisch. „Es gibt formelle und informelle Rituale. Jeden Montag haben wir eine Strategiebesprechung zur Arbeitsentwicklung von 9.00 bis 11.00. Im Gegensatz

„Bob sitzt im Zeichensaal und nicht in einem Büro."

dazu gibt es permanent informelle Meetings, wenn man an einem der Schreibtische vorbeigeht oder beim Mittagessen", so der Mitarbeiter Jeremy Tenenbaum. Die Entwurfsteams sind klein und arbeiten kontinuierlich von Anfang bis Ende an einem Projekt. So ist die detaillierte Kenntnis, die Rückverfolgbarkeit aller an einem bestimmten Punkt im Prozess getroffenen Entscheidungen gewährleistet. Der Austausch mit den verantwortlichen Projektmanagern ist intensiv. Große Projekte werden einmal die Woche mit Robert Venturi und dem Projektmanager besprochen. „Sie können immer mit uns sprechen, unser Büro ist klein genug dafür", so die drei Principals unisono über die Kommunikationsstrukturen. Zu Entwurfsbeginn arbeiten meist drei, dann fünf bis sechs Mitarbeiter im Team. Geballte Arbeitsphasen dienen der Ideenfindung. „Entwurfsklausuren sind wie Workshops, Think Tanks für einen Tag." Ihre längste Klausur, erinnert sich Denise Scott Brown, dauerte 65 Stunden. „Wir müssen jetzt nicht mehr so hart arbeiten, manchmal muss man innehalten und an den Rosen riechen", sagt sie heute.

DENISE SCOTT BROWN

„Vielleicht bin ich die letzte, die nach dieser Methode der Campusplanung arbeitet."

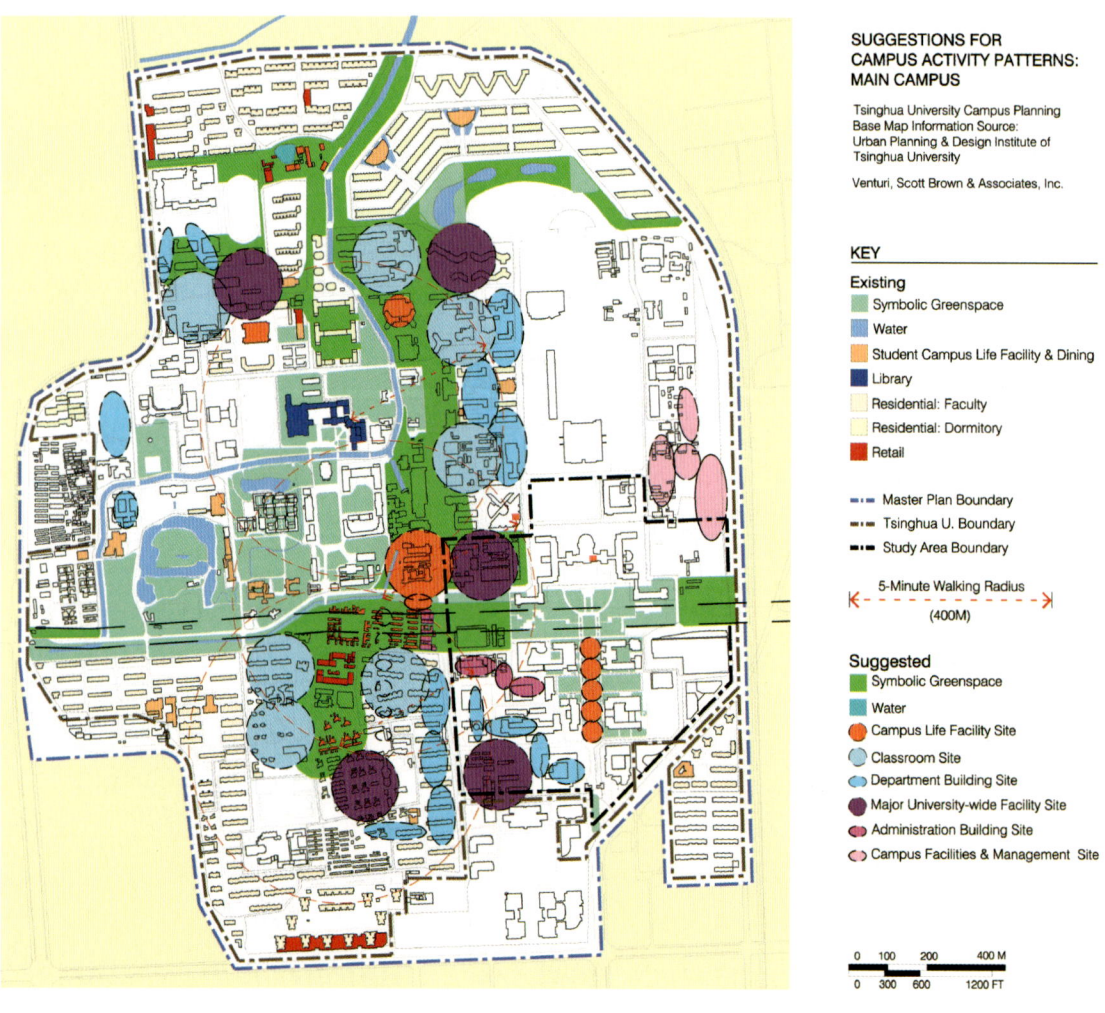

SUGGESTIONS FOR
CAMPUS ACTIVITY PATTERNS:
MAIN CAMPUS

Tsinghua University Campus Planning
Base Map Information Source:
Urban Planning & Design Institute of
Tsinghua University

Venturi, Scott Brown & Associates, Inc.

KEY

Existing

- Symbolic Greenspace
- Water
- Student Campus Life Facility & Dining
- Library
- Residential: Faculty
- Residential: Dormitory
- Retail

- – - – Master Plan Boundary
- – - – Tsinghua U. Boundary
- – - – Study Area Boundary

←---------→ 5-Minute Walking Radius
(400M)

Suggested

- Symbolic Greenspace
- Water
- Campus Life Facility Site
- Classroom Site
- Department Building Site
- Major University-wide Facility Site
- Administration Building Site
- Campus Facilities & Management Site

```
0    100    200    400 M
0    300    600    1200 FT
```

Im Prozess werden diskutierend und skizzierend die Ideen entwickelt, der semantische, historische, topografische Kontext sind entscheidend. „Die Schönheit des Durcheinander, die Schönheit der Unordnung." Der große Besprechungsraum ist wie eine Visitenkarte: die Stühle kamen von einer Ausstellung zurück, an den Wänden ist das Werk von VSBA als dichte Collage arrangiert. Für Denise Scott Brown ist der Fotoessay eine ideale Kommunikationsform. Der Entwurfsprozess beginnt mit einem Gespräch mit den potenziellen Auftraggebern. An Wettbewerben nimmt das Büro aus Prinzip nicht teil, da Ideen im dialogischen Prozess mit einem Gegenüber entwickelt werden. Es geht nicht um die eine Lösung, sondern um das Herausfiltern von diskutierbaren Wahlmöglichkeiten. „Wir versuchen, eine Idee von unseren Auftraggebern zu bekommen, wir verwenden Ikonographie, um die Auftraggeber widerzuspiegeln", so Nancy Rogo Trainer.

Wiederholt wird der Bauplatz aufgesucht, das Analysierte synthetisiert. „Fotografieren gehört zu meiner persönlichen Sicht der Dinge", so Denise Scott Brown. Das Konzept des „Learning from", sei es von Las Vegas, Tokio, Shanghai oder dem Manyank Kanal hinter dem eigenen Gebäude ähnelt der detaillierten Analyse von Bauplätzen oder Campusgeländen. „Wir kartografieren die Karten. Es geht um kreative Methoden, unterschiedlichste Variablen, die in einem Entwurf gebraucht werden, zusammenzubringen. Was soll womit verbunden werden. Ich denke in Strukturen, aber ich bin eine Architektin."

DENISE SCOTT BROWN

„Meine letzten Zeichnungen habe ich mit Rapidograph gemacht. Das sitzt in meinen Knochen. Das gibt mir eine Geschichte."

MOMENTAUFNAHMEN

STEVEN HOLL ARCHITECTS, FOTO: GUDRUN HAUSEGGER

LACATON & VASSAL

DILLER SCOFIDIO + RENFRO

YONA FRIEDMAN

VENTURI SCOTT BROWN & ASSOCIATES

ATELIER BOW-WOW

EDGE DESIGN INSTITUTE

THE JERDE PARTNERSHIP

VENTURI SCOTT BROWN & ASSOCIATES

HERMANN CZECH

EDGE DESIGN INSITUTE

THE JERDE PARTNERSHIP

YONA FRIEDMAN

FOTOS: ELKE KRASNY, GUDRUN HAUSEGGER

YONA FRIEDMAN

R&SIE(N)

DILLER SCOFIDIO + RENFRO

UNSTUDIO

THE JERDE PARTNERSHIP

LACATON & VASSAL

HERMANN CZECH

EDGE DESIGN INSTITUTE

HERMANN CZECH

EDGE DESIGN INSTITUTE

DILLER SCOFIDIO + RENFRO

ATELIER BOW-WOW

FOTOS: ELKE KRASNY, GUDRUN HAUSEGGER

CABANA AM FLUGHAFEN HONGKONG, FOTO: GARY CHANG

THE JERDE PARTNERSHIP, FOTO: ELKE KRASNY

WERKZEUGGESCHICHTEN

Mittel und Zweck

Robert Temel

Architekten machen Werkzeuge

Joseph Hardtmuth, Hofarchitekt des Fürsten Liechtenstein, ist einer der Erfinder des nach wie vor wichtigsten Entwurfswerkzeugs, des Bleistifts. Hardtmuth war so wie seine Berufskollegen mit der geringen Qualität damals angebotener Stifte konfrontiert. Diese wurden entweder aus Graphitblöcken geschnitten oder aus mit Schwefel und Antimon versetztem Graphitpulver gepresst. Beide Sorten brachen leicht und waren oft verunreinigt. Deshalb entwickelten um 1795 zeitgleich der Franzose Nicolas-Jacques Conté und Hardtmuth eine neue Herstellungs- methode. Der Graphit wurde von ihnen gemahlen und mit Ton gemischt. Dadurch war der Bleistift nicht nur stabiler und homogener, sondern konnte auch je nach beigefügtem Ton- anteil in verschiedenen Härtegraden produziert werden (WILHELM 1990; PETROSKI 1995). Der Bleistift erfuhr seit damals keine grundsätzliche technische Weiterentwicklung mehr.

Auch heute gibt es Beispiele dafür, dass Architekten ihre Werkzeuge selbst entwickeln. So produzierte Mitte der 1980er Jahre das Architekturbüro Skidmore, Owings and Merrill (SOM) seine eigene Software für Computer-Aided Design (CAD): AES (Architectural and Engineering Series) war eine Programmserie, die 3D-Modellieren ermöglichte und kommando- gesteuert war, sodass man sehr schnell arbeiten konnte. SOM folgte damit dem Beispiel vieler Industriekonzerne, die bereits zehn Jahre zuvor proprietäre, also im eigenen Haus entwickelte Software einsetzten. AES nahm in seiner Ausrichtung auf kollaboratives Entwickeln und auf den Bedarf verschiedener Fachplanungsbereiche Funktionen vorweg, die viele andere CAD- Programme erst später realisierten. Diese sind heute mit dem Begriff Building Information Modeling (BIM), also des digitalen Modells, das mit allen für den Bau nötigen Informationen versehen ist, wieder im Fokus des Interesses.

Werkzeug und Entwurf

Werkzeuge wirken direkt auf die Ideen und bestimmen diese mit. Allerdings ist es möglich, diesem Einfluss zu entkommen und ihn zu gestalten. Die Art, wie Architekten digitale Techno- logien nützen, wie sie das Wechselspiel zwischen Skizze oder Modell und Kommunikation im Team gestalten oder wie die Vermittlung von Ideen an Auftraggeber geschieht, hängt davon ab, welche Resultate erreicht werden sollen. Somit sind die Rahmenbedingungen, die die Werkzeuge den Entwerfern auferlegen, eher Angebote als Zwänge, wenn auch Angebote auf einem Markt mit beschränkter Auswahl. Architekten suchen sich diejenigen Werkzeuge und Methoden, die das gewünschte Ergebnis liefern können, sind bei der Wahl ihrer Werkzeuge

WERBEBROSCHÜRE VON IBM, AN DIE DIE
ARCHITECTURAL AND ENGINEERING SERIES VON
SOM LIZENZIERT WURDE. AES WURDE SCHLIESSLICH
MITTE DER 1990ER JAHRE ZUGUNSTEN VON
SOFTWAREPAKETEN WIE CATIA AUFGEGEBEN.

aber auch durch ihre persönliche Entwicklung und die Kulturen, in denen sie sich verorten, determiniert.

Die Werkzeuge zur Entwurfsdarstellung blieben viele Jahrhunderte lang fast identisch, bis auf kontinuierliche kleine technische Verbesserungen, während sich die gebaute Architektur in dieser Zeit radikal veränderte. Federn, die Tinte oder Tusche zwischen zwei Metallblättern aufs Papier führen und somit eine fixe Strichbreite erlauben, gab es seit der Antike bis in die Mitte des 20. Jahrhunderts (NEDOLUHA 1960: 14FF; HAMBLY 1988: 57FF). Daran änderte auch die Folgetechnologie, der Tuschestift, nichts Grundsätzliches, auch wenn das Zeichnen nun plötzlich viel leichter und bequemer war: Es gab keine Probleme mit rinnender Tusche mehr, das Reinigen war wesentlich einfacher und man musste nicht ständig andere Strichstärken an der Feder einstellen, weil es für jede gewünschte Stärke einen eigenen Stift gab. Der neue „Rapidograph" wurde anfangs mit Tusche befüllt wie eine Füllfeder, sein Zeichenröhrchen produzierte einen gleichmäßigen Strich, der nicht mehr, wie bei der Reißfeder, größte Konzentration erforderte, damit die Breite sich nicht änderte und man keine Flecken machte.

Das digitale Reißbrett

Der radikalere Bruch kam aber Ende des 20. Jahrhunderts, als CAD seinen Siegeszug durch die Architekturbüros antrat und händisches Planzeichnen und Tuschestift obsolet machte. Nun zeichnete man mit der Maus am Bildschirm, der digitale Repräsentationen der klassischen Darstellungskonventionen zeigte: Grundrisse, Ansichten, Schnitte. Die in der Architektur verwendete Software stammte zunächst aus der Fahrzeug- und Flugzeugindustrie, in der bereits in den 1970er Jahren der Umstieg auf CAD erfolgt war, bei der allerdings die Schnittstelle zur materiellen Umsetzung in Form von industrieller Herstellung wesentlich besser funktionierte, als das bei der Architektur der Fall war. Trotz aller Fortschritte in der Industrialisierung ist Bauen auch heute noch ein weitgehend handwerklicher Prozess. Während im Industriedesign bereits im Laufe der 1980er Jahre das digitale Entwerfen mit dreidimensionalen Volumenmodellen üblich wurde, simulierte man in der Architektur noch lange im digitalen Raum das orthogonale, zweidimensionale Zeichnen am Reißbrett. Später, ab den 1990er Jahren, als Software-Entwicklungen speziell für die Architektur bereits weit verbreitet waren, betrat ein neues Werkzeug die Bühne: Animationssoftware aus der Filmindustrie, mit der nicht nur animierte Darstellungen möglich wurden, sondern die Vielfalt der geometrischen Operationen auch zur Formfindung diente (SCHODEK 2005: 50FF). Dies trug,

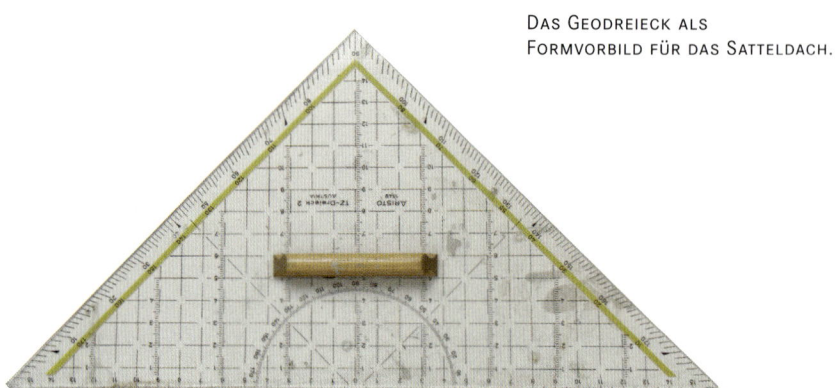

DAS GEODREIECK ALS
FORMVORBILD FÜR DAS SATTELDACH.

zusammen mit den erweiterten Möglichkeiten für geometrische Operationen bei anderen
CAD-Programmen, zu einer Abkehr von der Zeichentischmetapher am Bildschirm bei.

Nun wurde am Computer zu Beginn des Entwurfsprozesses nicht mehr nur gezeichnet,
sondern modelliert und damit möglicherweise ein größerer Schritt in Entwurfsmethodik und
kognitiven Bedingungen des Entwerfens getan, als das bei der Einführung von CAD der Fall
war. Während zuvor am Monitor ganz ähnlich gezeichnet wurde wie am Zeichentisch, model-
lierte man nun eher und zerlegte das entworfene Modell dann in beschreibende Zeichnungen.
Die neuen Methoden des digitalen Modellierens erlaubten neue Wechselwirkungen zwischen
digitalen und analogen Modellen, etwa indem Realmodelle gescannt und dann digital weiterbearbeitet wurden oder Computermodelle in 3D geplottet und somit in der Realität überprüft
werden können. Nach wie vor weitgehend ungeklärt ist die Schnittstelle zwischen digitalem
Entwerfen und realem Bauen, auch wenn mittlerweile Rapid Prototyping einen Ausblick auf
eine Zukunft zulässt, in der der Übergang von der Metapher des Zeichentischs zum Bauen im
Computer sich nicht aufs Architekturbüro beschränkt, sondern seine Fortsetzung auf der
Baustelle findet.

Werkzeugeffekte

Für die Tatsache, dass heute, im 21. Jahrhundert, nach wie vor Satteldächer gebaut werden,
und zwar meist mit einer Neigung von 45 Grad, gibt es vor allem einen Grund: Das ist kein
funktionaler – mittlerweile kann man Flachdächer bauen –, kein sentimentaler – historische
Dächer sind meist viel flacher als 45 Grad –, sondern ein geometrischer. 45 Grad ist die Mitte
des rechten Winkels. Die beiden Katheten, also die beiden kürzeren Seiten eines 45-grädigen
Dreiecks sind gleich lang und somit leicht zu bestimmen, und ein weit verbreitetes Zeichen-
werkzeug, das Geodreieck, weist zwei Winkel von 45 Grad auf (WOLFF-PLOTTEGG). Die Privilegierung des halben rechten Winkels gilt auch im CAD, wo nach wie vor oft im orthogonalen
Raum entworfen wird. Bestimmt die normative Gestaltungskraft der Werkzeuge, laut Flusser
„Erlebnismodelle" (FLUSSER 1989: 2) tatsächlich so massiv die gebaute Umwelt? Das Beispiel des
Architekten Antoni Gaudí lässt das Gegenteil vermuten: Er versuchte, in seiner Architektur
eine neue Formensprache umzusetzen, die mit den damaligen geometrischen und rechneri-
schen Methoden nicht realisierbar war. Dafür entwickelte er eigene Werkzeuge, die schließlich
Formen ermöglichten, die ohne Gaudís immensen Entwurfsaufwand erst heute mithilfe
digitaler Technologie wieder produziert werden können. Das Werkzeug besitzt somit seine

Beharrlichkeit, die sich jedoch nicht nur auf architektonische Produkte auswirkt, also Gebäude in ihrer Materialität, sondern auch auf die zugrunde liegenden Ideen selbst: So beeinflusst das Skizzierte ebenso wie die Wahl des Skizzierwerkzeugs, des Stiftes und des Papiers, unmittelbar die im Laufe des Zeichnens sich zunehmend konkretisierende Idee – nur wenige Architekten gehen mit einer fertigen Vorstellung im Kopf an den Zeichentisch (ROBBINS 1994: 32), sondern entwickeln diese im Wechselspiel zwischen anfangs noch nebuloser Idee und den konkreten Strichen am Papier. Es bleibt die Frage, welche Bauformen von den jüngsten Entwicklungen wie digitalem Modellieren und Rapid Prototyping zukünftig privilegiert werden, wenn das Satteldach nicht mehr das zentrale Bild für Architektur sein wird.

LITERATUR

Flusser, Vilém (1989) Vom Unterworfenen zum Entwerfer von Gewohntem, in: Intelligent Building, Karlsruhe.
Hambly, Maya (1988) Drawing Instruments 1580–1980, London.
Nedoluha, Alois (1960) Kulturgeschichte des technischen Zeichnens, Wien.
Petroski, Henry (1995) Der Bleistift. Die Geschichte eines Gebrauchsgegenstands, Basel.
Robbins, Edward (1994) Why Architects Draw, Cambridge, MA.
Schodek, Daniel L. (2005) Digital Design and Manufacturing. CAD/CAM Applications in Architecture and Design, Hoboken, NJ.
Wilhelm, Gustav (1990) Joseph Hardtmuth. Architekt und Erfinder 1758–1816, Wien.
Wolff-Plottegg, Manfred in Gesprächen mit Elke Krasny, Mai 2007 und August 2008.

... runder als das O des Giotto

Gerhard Vana

Das älteste Zeicheninstrument, das mein Großvater, der Architekt Heinrich Vana (1889–1968) hinterlassen haben soll, ist ein kleiner Handzirkel (ABB. 1). Mit ihm hat er wahrscheinlich auch die Notizen zum Unterricht in der „Architektonischen Formenlehre" gezeichnet, den er — als ersten Schritt zur Architektenausbildung an der Akademie der bildenden Künste — in den 1910er Jahren an der Wiener Staatsgewerbeschule genoss. In seinen Aufzeichnungen heißt es unter anderem: „In der griechischen Baukunst wurden die geschwungenen Profile alle ‚freier Hand' gezeichnet. In der römischen Kunst und damit in der ‚Renaissance' konstruiert man sie auf dem Zirkelschlag."

Dem akademischen Verständnis nach wird damit wohl ein gewisser zivilisatorischer Verfall der künstlerischen Kultur angedeutet, wenn das „Freihandprofil als Grundlage" — wie es zu einer seiner Zeichnungen als Überschrift heißt — geometrisch reproduziert werden muss, der Intellekt die emotionale Einheit des Architekten mit der Form, die sich in der Geste der Freihandzeichnung ausdrückt, zu ersetzen hat.

„... leider ist es sehr unbequem, liegend mit dem Zirkel zu wirtschaften", schrieb El Lissitzky 1924 in einem Brief von seinem Krankenbett (LISSITZKY-KÜPPERS 1980: 39). Den Zirkel, den er dabei gemeint haben mag, sieht man auf einer Fotoarbeit, die offensichtlich in Zusammenhang mit seinen damaligen Entwürfen für Pelikan stand (ABB. 2). Es ist ein ganz ähnliches Modell, wenn auch etwas größer als der Zirkel aus der Hinterlassenschaft meines Großvaters, der übrigens nicht ganz ein Jahr älter als Lissitzky war. Das zeitgebundene Handwerkszeug, das dem Architekten weitgehend vorgegeben ist, schafft hier eine wörtlich greifbare Relation zwischen der internationalen Kunstgeschichte und dem regionalen Wirken und demonstriert, wie unterschiedlich die Tätigkeit des Architekten aufgefaßt werden kann.

Während mein Großvater, der ganz wörtlich das Loos'sche Diktum vom „Maurer, der Latein gelernt hat" (KULKA 1979: 17) erfüllte, den Zirkel wohl als selbstverständliches Handwerkszeug verwendete, zeigt das Bild des Avantgardisten Lissitzky die offene Hand des Künstlers, in die der Zirkel zwischen den Fingern gleichsam eingewoben ist, als ob hier die Geste der ‚künstlerischen' Freihandzeichnung mit dem zweckgebundenen „Maschinenzeichnen" (VGL. RIEDLER 1913) versöhnt wäre. Auf dem untergelegten Millimeterpapier sieht man eine dynamische, an eine Kometenbahn erinnernde Linie, die — wie die Profile der akademischen Architektur — nach einer irrationalen Freihandgeste mit Zirkelschlägen konstruiert sein könnte.

Lissitzky verwendete dieses Foto auch für sein Selbstbildnis „Der Konstrukteur" (ABB. 3), wo er allerdings, wie in seinem etwa gleichzeitig entstandenen Plakat für Pelikan (S. ABB. IN

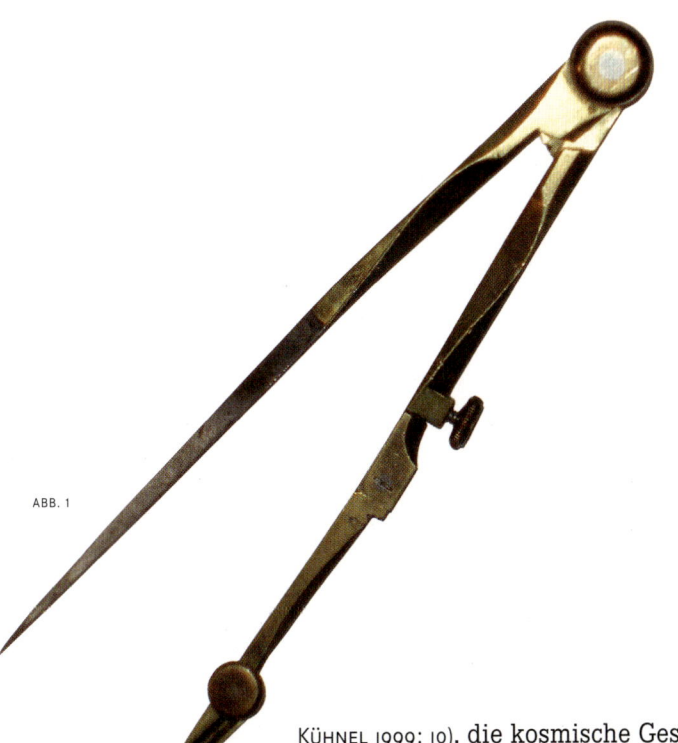

ABB. 1

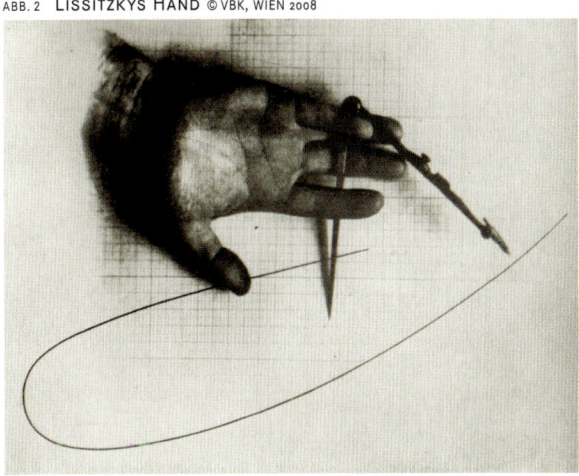

ABB. 2 LISSITZKYS HAND © VBK, WIEN 2008

KÜHNEL 1999: 10), die kosmische Geste durch einen Kreis ersetzte (TSCHICHOLD 1988: 6).

Diese Kombination von Hand und perfektem Kreis erinnert an jenes Blatt, das Giotto einem Vertreter von Papst Benedikt XI. als Arbeitsprobe übergeben haben soll: „Giotto, der sehr höflich war, nahm ein Blatt und einen Pinsel mit roter Farbe, legte den Arm fest in die Seite, damit er ihm als Zirkel diene und zog mit nur einer Handbewegung einen Kreis so scharf und genau, daß er in Erstaunen setzen mußte." (VASARI O. J.: 39F)

Die in dieser Erzählung Giotto zugeschriebene kalkulierte Provokation seines späteren Auftraggebers — Vasari berichtet, dass, als „diese Sache bekannt wurde", für „Menschen von grober Art" das Sprichwort „Du bist runder als das O des Giotto" entstanden sein soll (VASARI O. J.: 40) — ist eine erstaunlich moderne Geste, besonders, wenn man sich die geometrische Reduktion des geschilderten Blattes vor Augen hält. El Lissitzky scheint sie noch zu steigern, indem er die Artistik des Künstlers ablegt und einfach das Werkzeug des Konstrukteurs in die Hand nimmt. Dabei ist es bemerkenswert, dass man in einem Lehrbuch über das „Maschinen-zeichnen", wie dem von Alois Riedler (zumindest bereits in der hier vorliegenden zweiten Auflage), einen Abschnitt „Maschinenformen. Formenlehre" (RIEDLER 1913: 188FF.) findet, wo der Begriff der „Zweckform" propagiert wird, der in der Architektur erst später auch in der Abwandlung „Zweckbau" populär werden wird (SIEHE BEHNE 1926). Riedler verurteilt hier die „kindliche Nachahmung der Architektur" (RIEDLER 1913: 194) in applizierten Stilzitaten, was zeigt, dass das für den Maschinenbau wohl eher dem gesellschaftlichen Konsens entsprochen hat, als für die Architektur selbst, wo damals elementare Geometrie noch als Provokation wirkte. Jakow Tschernichow wird, fast in Umkehrung der historistischen Auffassung, erst 1931 in „Konstruktion der Architektur und Maschinenformen" in grafischer Monumentalisierung die vermeintlichen formalen Prinzipien des Maschinenbaus auch als Prinzipien der Architektur kanonisieren (SIEHE TSCHERNICHOW 1991), sonderbarerweise losgelöst von den funktionalen Überlegungen, die Riedler propagierte.

Betrachten wir nochmals das Ensemble aus Hand, Zirkel und Geste, dann scheint die dynamische Formauffassung der Moderne mit der zeichnerischen Tätigkeit verbunden. El Lissitzky zitiert in „K. und Pangeometrie" ein damals auch beispielsweise von Kandinsky (KANDINSKY 1973: 57) und Klee (KLEE 1971: 24) ganz ähnlich verwendetes Bild, wenn er die Linie auf die Bewegung eines Punktes — letztlich wie die des Stiftes oder des Zirkels auf dem Papier — bezieht. Lissitzky versinnlicht das Bild jenseits der geometrischen Abstraktion, wenn er schildert, „daß eine glühende Kohle bei der Bewegung den Eindruck einer leuchtenden Linie

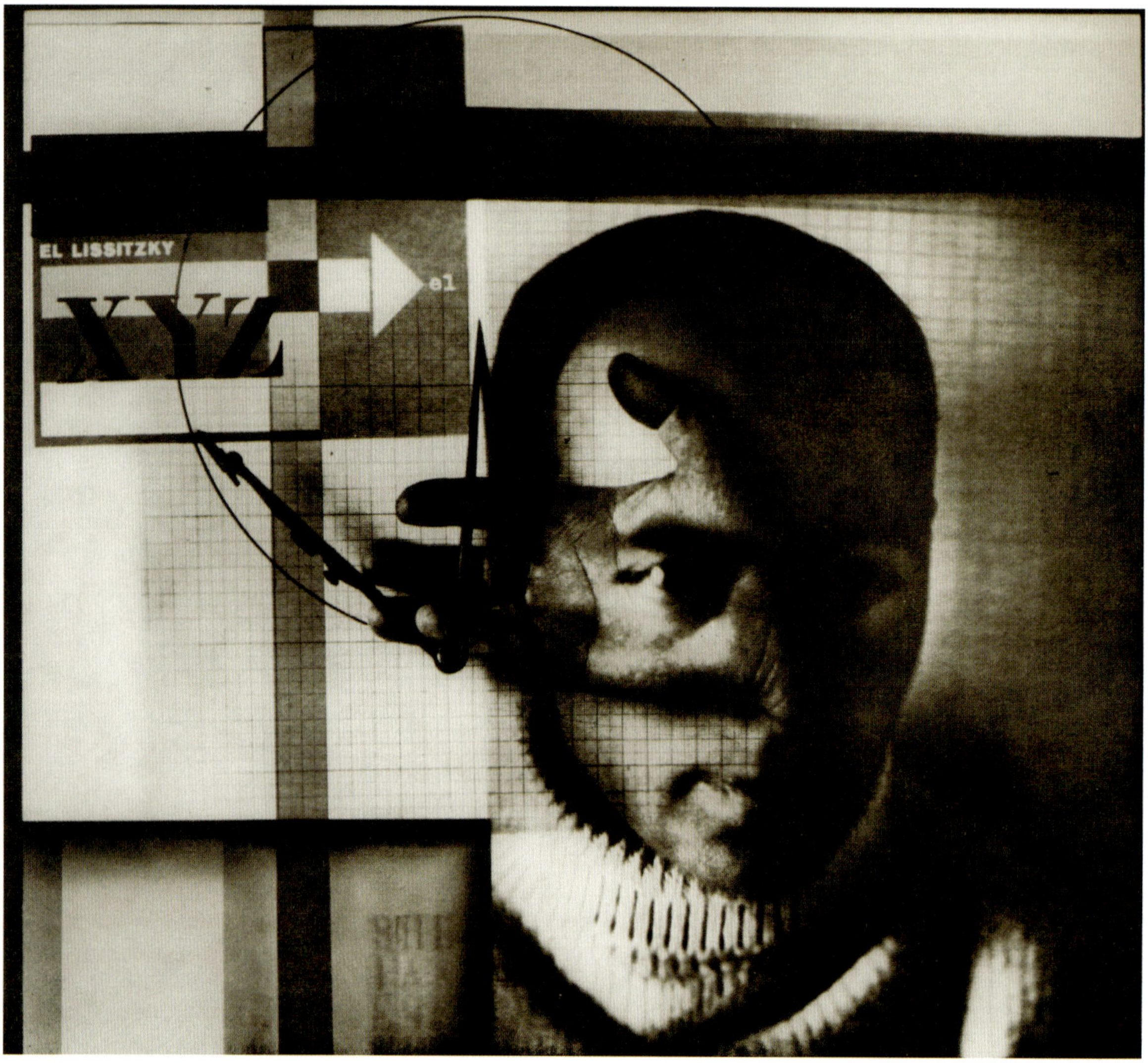

ABB. 3 El Lissitzky, Der Konstrukteur (Selbstbildnis) von 1924 © VBK, Wien 2008

ABB. 4 Imaginärer Rotationskörper © VBK, Wien 2008

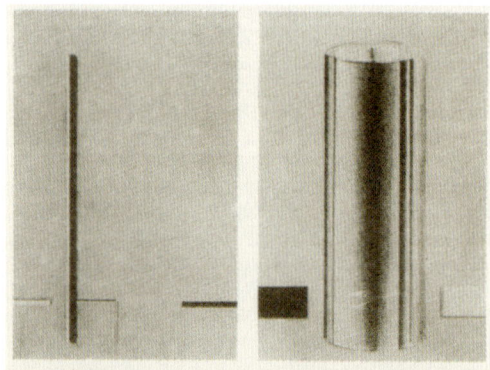

RUHEZUSTAND   ROTATIONSZUSTAND

EL LISSITZKYS IMAGINÄRER ROTATIONSKÖRPER

hinterläßt, die Bewegung der materiellen Linie den Eindruck einer Fläche und eines Körpers hervorruft" (LISSITZKY 1925: III). Seine Vorstellung von einer „amateriellen Materialität" (LISSITZKY 1925: 113) illustriert er durch imaginäre Rotationsformen (ABB. 4).

Konnte man am Beginn der digitalen Planproduktion in den 1980er Jahren noch die eigenartige Musik der Stiftplotter hören, die die Bewegungen von Walze und Zeichenkopf – manchmal sogar noch mit Bleistift ausgestattet – akustisch umsetzten, ist sie heute von der monotonen Geräuschkulisse der Großformatdrucker abgelöst. Auch El Lissitzkys so dynamisch angelegter „imaginärer Raum" (LISSITZKY 1925: III) ist jetzt im Bildschirm wieder „in einen Würfel eingebaut" und „so transformiert, daß er in der Fläche als Pyramide erscheint" (LISSITZKY 1925: 105). Heute, wo die elementare Geometrie zu den Basics jedes CAD-Programms gehört, ist diese künstlerisch offenbar nicht mehr ergiebig. Vielmehr werden wieder komplexe Geometrien organischer Formen, die schon die Expressionisten oft in Kohlezeichnungen imaginierten, zum Leitbild. El Lissitzkys Paradoxon von der „amateriellen Materialität", scheint dabei in der Bauausführung aber manchmal ungelöst.

LITERATUR

Behne, Adolf (1926) Der moderne Zweckbau. München und Wien: Drei Masken Verlag A.G.

Kandinsky, Wassily (1973) Punkt und Linie zu Fläche. Bern-Bümpliz: Benteli.

Klee, Paul (1971) Das bildnerische Denken. Basel und Stuttgart: Schwabe & Co.

Kühnel, Anita (1999) Verführungen. Plakate aus Österreich und Deutschland von 1914 bis 1945 (= Biblos Schriften der ÖNB 174) Umschau/Braus.

Kulka, Heinrich (1979) Adolf Loos. Wien: Löcker.

Lissitzky, El (1925) K. und Pangeometrie (S. 103–S. 113) in: Einstein, Carl/ Westheim, Paul (Hg.), Europa Almanach, Potsdam: Gustav Kiepenheuer.

Lissitzky-Küppers, Sophie (1980) El Lissitzky. Maler Architekt Typograf Fotograf. Erinnerungen Briefe Schriften übergeben von Sophie Lissitzky-Küpper. Frankfurt am Main/Wien/Zürich: Büchergilde Gutenberg.

Riedler, Alois (1913) Das Maschinen-Zeichnen. Berlin: Springer.

Tschichold, Jan (1988), Werke und Aufsätze von El Lissitzky (1890–1941), Berlin: Gerhardt.

Tschernichow, Jakow (1991) Konstruktion der Architektur und Maschinenformen. Basel/Berlin/Boston: Birkhäuser.

Vasari, Giorgio (o. J.) Künstler der Renaissance. Wiesbaden und Berlin: Vollmer.

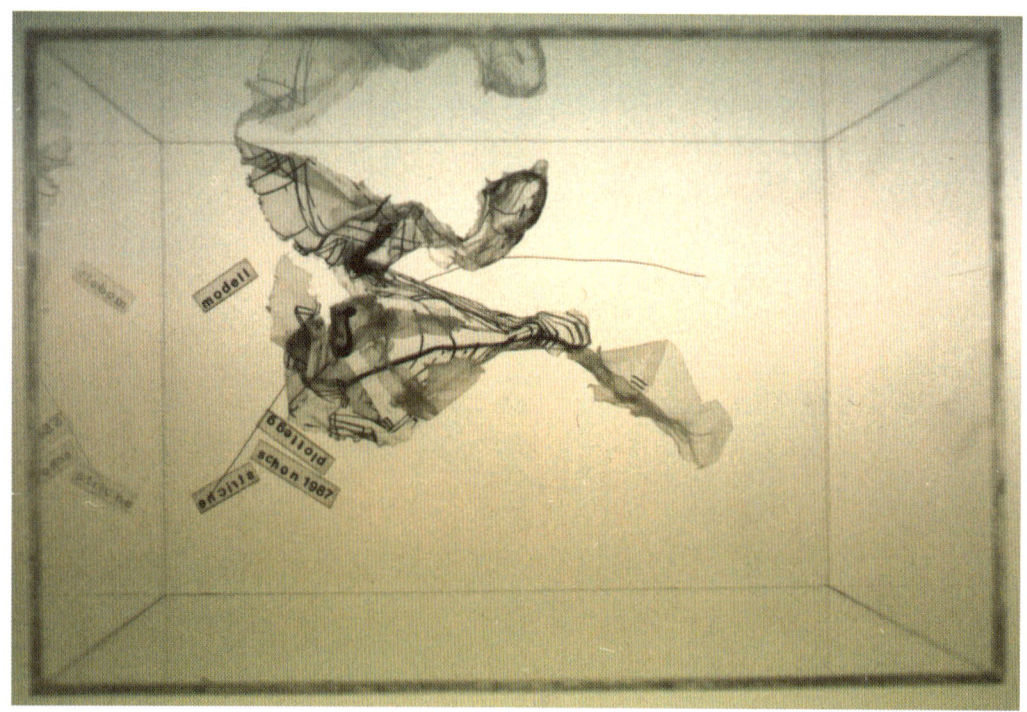

Analoger Architekturgenerator,
Manfred Wolff-Plottegg
Zusammensetzung: Plexiglasprisma
14/21/14 cm, eingeschlossen 4 räumliche
Rasterungen (thermisch-mechanische
verformte Overheadfolien), eine Polylinie
(Faden), Signatur, Datum.
Art der Anwendung: Heftiges Schütteln,
abruptes Abstellen (stehend oder liegend);
die jeweilige „Würfelung" ist architekto-
nischer Entwurf; mehrmalige Wiederholung
wird empfohlen.
Anwendungsgebiet: Non-verbaler Ansatz
der Architektur, zur Überwindung indivi-
dualistischer Formgebung, zur Verlagerung
der Kreativität in externe Prozesse
Wechselwirkungen: Gewöhnungs-
effekte treten auf, sobald das Limesbild
erkannt wird.
Nebenwirkungen: Wer auch immer heute
eine neue Konfiguration würfelt, sie ist
bereits von Plottegg signiert und schon
1987 datiert.
Es wird empfohlen bei Unklarheiten
fachliche Beratung einzuholen.

Plottegg striche modell schon 1987
Text + Foto: Manfred Wolff-Plottegg

KLEINES LEXIKON DER WERKZEUGE

Die Skizze ist eines der wichtigsten Entwurfswerkzeuge von Architektinnen und Architekten und bewährt sich als Mittel der Kommunikation. So halten sie für sich, aber auch für Mitarbeiter und Auftraggeber erste Ideen und weitere Schritte fest. Das zuvor nur Gedachte wird nun sichtbar und damit für sie selbst und andere überprüfbar. Vom (inneren) Auge geht es über die Hand aufs Papier – und zurück, weil das zeichnerisch Fixierte wiederum die Entwurfsvorstellung beeinflusst. Als „mythischer" Ursprung der Architektur erlangen erste Skizzen Kultstatus, werden zu Sammlerobjekten.

In Besprechungen mit Klienten wird skizziert und so unmittelbar Architekturdenken vermittelt wie auch auf Besprochenes direkt reagiert. Ob Bleistift oder Kugelschreiber, Filzstift oder Füllfeder: Die Instrumente des Skizzierens sind mobil, leicht und handlich und auch unterwegs immer dabei. Skizziert wird nicht nur zu Beginn, sondern während der gesamten Arbeit an einem Projekt, um Veränderungen, Varianten oder Details auszuprobieren.

Nach wie vor ist der Bleistift wichtiges Skizzierwerkzeug. Doch heute verwendet man zunehmend auch Software fürs Skizzieren der ersten Ideen, noch bevor die Exaktheit des Computers für Baupläne wichtig wird.

Die Skizze kann auf jeder Art Papier gemacht werden. Meist handelt es sich um weißes oder gelbes Skizzenpapier, aber auch Notizbücher, Servietten und Kopierpapier sind üblich. Der Bleistift ist das wichtigste und älteste Skizzierwerkzeug, er existiert in wenig veränderter Form seit dem 16. Jahrhundert. Davor verwendete man Griffel zum Ritzen und Stifte aus Blei, Silber oder Kupfer. Seit Ende des 18. Jahrhunderts gibt es den Bleistift in der heutigen Form. Gleichzeitig begannen der Architekt Joseph Hardtmuth in Wien und der Erfinder Nicolas-Jacques Conté in Paris, Graphit mit Ton zu mischen und die Mine in Holzstäbchen einzulegen. So machten sie den Bleistift stabiler und im Härtegrad abstufbar. Hardtmuth gründete die später berühmte Bleistiftfabrik Koh-i-Noor Hardtmuth.

Nachdem Software lange nur zum exakten Planzeichnen und für komplizierte Formfindungen diente, gibt es mittlerweile Programme fürs Skizzieren. Diese Skizzen können direkt mit CAD-Software (Computer-Aided Design) weiterbearbeitet werden.

Bleistift, Aquafix & SketchUp

KONRAD GESNER: DE OMNI RERUM FOSSILIUM GENERE ETC., ZÜRICH 1565
Die erste Darstellung eines Bleistifts wurde vom Schweizer Naturforscher Konrad Gesner in einem Buch über Mineralogie publiziert, zu einer Zeit, als der Graphitabbau begann. Gesners Bleistift ist ein hölzernes Röhrchen, in das ein gespitztes Graphitstück gesteckt wurde. Mit dem Knauf am Ende wurde der Stift mit einer Schnur am Notizbuch befestigt. Das Bild zeigt den Stift und ein Stück des damals noch wenig bekannten Materials.

BLEISTIFTSPITZEN, KATALOG A.W.FABER, 1900
Das Spitzen mit dem Federmesser auf zwei verschiedene Arten. Beim oberen Beispiel sieht man einen fabriksneuen, ungespitzten Bleistift, der gerade erst eine Spitze erhält.

KISTE MIT BLEISTIFTEN, ca. 1980er JAHRE
Mechanische Bleistifte gibt es seit dem 19. Jahrhundert. Bis in die 1970er Jahre verwendete man vorrangig Fallminenstifte, die etwa 2 bis 3 Millimeter dicke Graphitminen enthielten. Bereits 1915 wurde in Japan der Druckbleistift erfunden, der der Firma Sharp Electronics den Namen gab. Seine Mine ist nur etwa 0,2 bis 1,4 Millimeter dick, die dünnsten Minen sind nicht mehr keramisch, sondern mit Polymerbeimischung hergestellt.
WIEN, SAMMLUNG ARCHITEKT MOSTBÖCK

SCHATULLE MIT BLEISTIFTEN
L. & C. HARDTMUTH, VOR 1837
Joseph Hardtmuth, Hausarchitekt des
Fürsten Liechtenstein, erfand um 1795
parallel mit dem Franzosen Conté den
Bleistift aus gemahlenem Graphit und Ton.
Das erhöhte einerseits die Festigkeit – Stifte
aus Graphitstücken neigten zum Brechen,
vor allem die schlechtere Qualität, die man
am Kontinent abbaute. Und es ermöglichte
andererseits die Herstellung verschiedener
Härtegrade, je nach beigefügter Tonmenge.
WIEN, TECHNISCHES MUSEUM, INV. FA-101401

GEDESS MINENSPITZER, ca. 1980er JAHRE
Fallminen-Bleistifte können nicht gut mit
konventionellen Spitzern geschärft werden.
Es gibt dafür eigene Kegelspitzer, die auf
ihre Minenstärke abgestimmt sind. Der
Bleistift wird von oben in den Spitzer
gesteckt und dann so gedreht, dass er eine
Kegelform beschreibt. Im Inneren des
Spitzers wird die Mine dabei an einem
Feilring entlang geführt. Der Gedess-Spitzer
wird seit den späten 1930ern produziert.
WIEN, PRIVATBESITZ

BLEISTIFTVERLÄNGERER,
SPÄTES 20. JAHRHUNDERT
Ein Bleistiftverlängerer ist dicker als der Stift
selbst und liegt somit besser in der Hand, er
erlaubt das Zeichnen auch noch mit den
winzigsten Stiftstummeln und schützt
außerdem die Spitze beim Transport, wenn
der Bleistift im Inneren oder unter einem
Deckel verborgen wird.
WIEN, ARCHIV VANA-ARCHITEKTEN

CRETACOLOR 150, 2008
CRETACOLOR HEINRICH SACHS KG, HIRM
Der Cretacolor 150 ist Nachfolger des
berühmten Koh-i-Noor-Bleistifts von
Hardtmuth. Dieser war gelb lackiert, was
sich auf die österreichisch-ungarische Fahne
und die fernöstliche Herkunft des Graphits
bezog und sich von den damals meist rot
oder braun lackierten Konkurrenzprodukten
unterschied. Benannt war er nach dem
legendenumrankten Diamanten „Koh-i-Noor"
und kostete ungefähr das Dreifache anderer
Bleistifte.

ALVAR AALTOS 6B-FALLMINENSTIFT,
SPÄTES 20. JAHRHUNDERT
Der Fallminenstift Versatil („vielseitig") wird
seit 1946 vom tschechischen Unternehmen
Koh-i-Noor hergestellt. Im abschraubbaren
Druckknopf befindet sich ein Spitzer.
JYVÄSKYLÄ, ALVAR AALTO ARCHIV

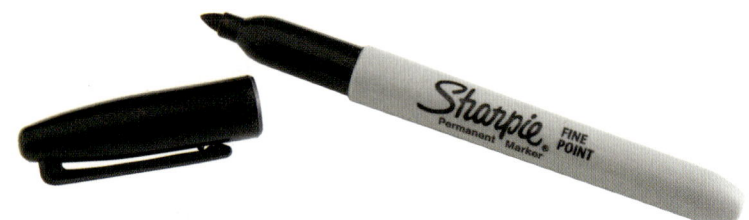

COPIC MARKER, LETRASET MARKER,
2000er JAHRE, TOO CORP., TOKIO;
LETRASET LTD., ASHFORD, KENT
Filzstifte werden zum Skizzieren und
Präsentieren verwendet. Die Copic- und
Letraset-Stifte gibt es in unzähligen Farben,
die zusätzlich auch selbst gemischt werden
können. Das alkoholbasierte Lösungsmittel
trocknet sehr schnell und löst Toner nicht
an, was mit ein Grund für den Erfolg seit den
1980er Jahren war. Es gibt Stifte nur mit
Lösungsmittel, um Farben zu vermalen. rt
WIEN, PRIVATBESITZ

SHARPIE, 2008
SANFORD L.P., OAK BROOK, ILLINOIS
Der „Sharpie" genannte Filzstift existiert seit
1964 und ist ein beliebtes Skizzierwerkzeug
bei Architekten. Der „Fine Point" besitzt eine
relativ breite, weiche Spitze, deren Strich auf
sehr vielen Materialien hält, und hat den
charakteristischen Lösungsmittelgeruch, den
so genannte „Permanent Marker"
ausströmen. rt
WIEN, PRIVATBESITZ

BUNTSTIFTE, SPÄTES 20. JAHRHUNDERT
Buntstifte können ähnlich wie der Bleistift
verwendet werden, durch ihre Farbe
erzeugen sie allerdings Effekte wie beim
Aquarellieren. Sie werden vor allem aus
synthetischen Pigmenten und Wachs
hergestellt und getrocknet statt gebrannt,
wie das bei den Bleistiften der Fall ist.
Buntstifte sind die modernen Entspre-
chungen zu Stiften wie Sepia, Rötel und
Kreide, die mit natürlichen Pigmenten
hergestellt wurden. rt
HELSINKI, ALVAR AALTO FOUNDATION

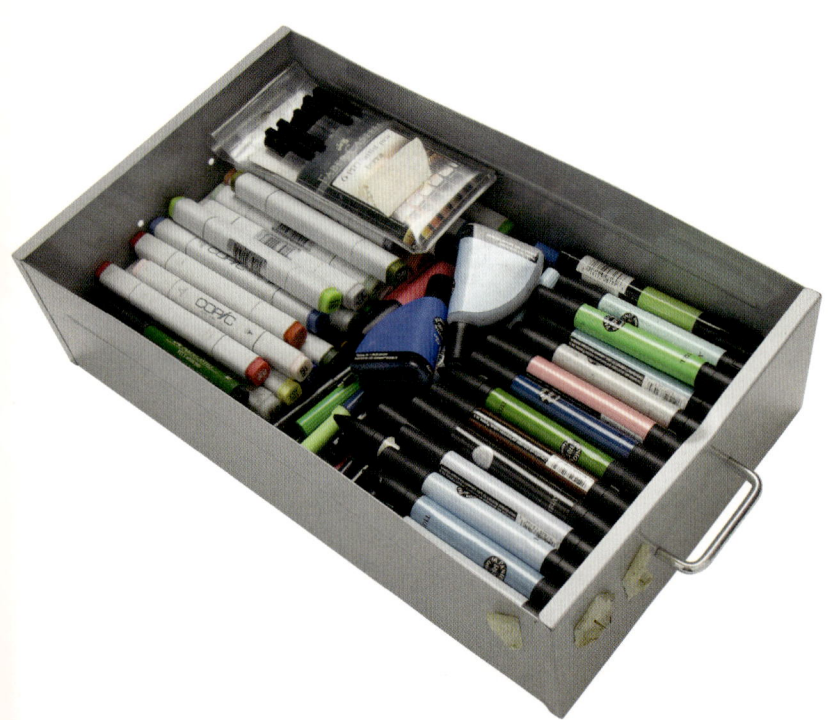

FOTOS: PETER KUBELKA, ELKE KRASNY

FOTOS: PETER KUBELKA, ELKE KRASNY

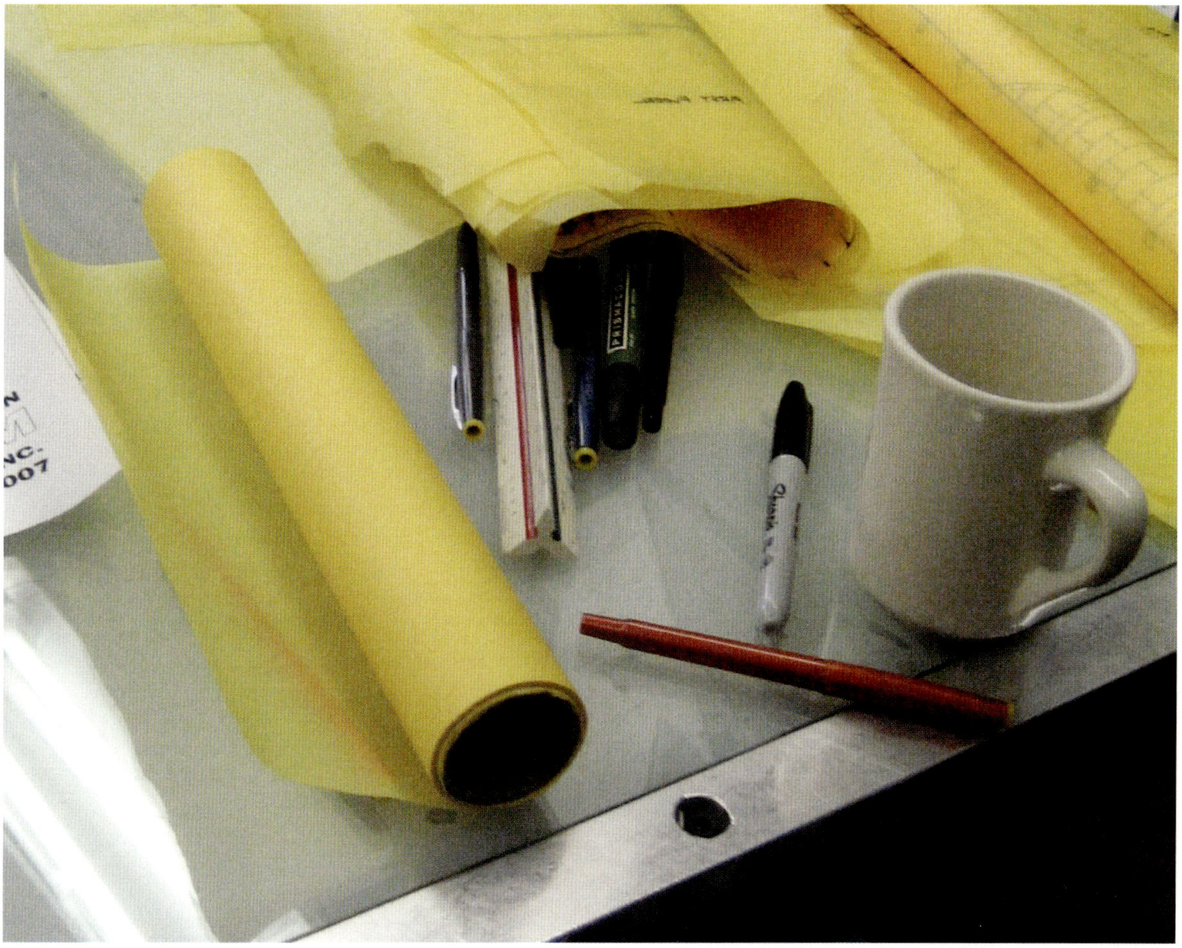

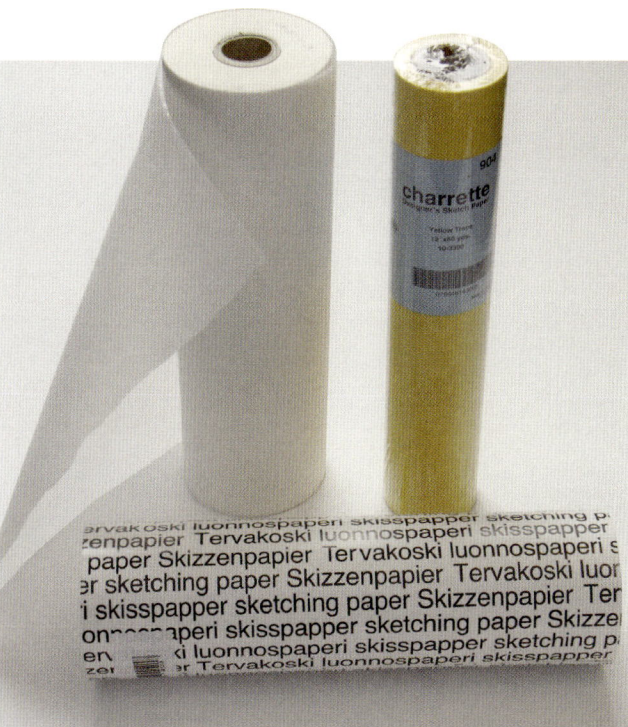

Aquafix, 2008
Fürs Skizzieren mit Bleistift, Filzstift oder anderen Materialien ist leichtes Skizzierpapier der wichtigste Träger. Die Rolle ist 30 Zentimeter hoch, entspricht also etwa der Höhe eines A4-Blattes, und etwa 50 Meter lang. Das Papier ist transparent und kann leicht gerissen oder geschnitten werden. Während in Europa weißes Skizzierpapier vorherrscht, ist in den USA yellowtrace weit verbreitet. *rt*
WIEN, PRIVATBESITZ

Google SketchUp
Schon im Namen SketchUp steckt die Anspielung auf den traditionellen Akt des Handskizzierens, auch das optische - Erscheinungsbild des Programms orientiert sich an der Anmutung von Bleistiftskizzen. Schneller zu erlernen und einfacher zu bedienen als andere 3D-Programme wanderte dieses ursprünglich für die Architekturprofession entwickelte Programm in andere Bereiche aus: zum einen ist es wegen seiner Einfachheit bei Laien geschätzt, zum anderen wurde es von Google Earth angekauft und wird für dessen Gebäudemodelle verwendet. *ek*

Der Plan ist standardisierte Architekturdarstellung und Mittel des Entwurfs, etwa wenn es um Proportionen oder exakte Größen geht. Die gebaute Welt entstand einst am Zeichentisch. Von der Antike bis in die 1950er Jahre verwendete man Reißfedern, seit 1952 brachte der Tuschestift „Rapidograph" Veränderung. „Radiert" wurde mit Messer oder Rasierklinge. Zusätzlich brauchte man einst Zirkel, Dreiecke, Winkelmesser und Reißschienen. 1980 wurde eine Maschine zur Planbeschriftung entwickelt, der Scriber.

Jede Änderung im Entwurf bedeutete viel Zeichenarbeit. Schwierig waren auch Vervielfältigung, Verkleinerung und Vergrößerung von Zeichnungen. Der charakteristische Ammoniakgeruch großer Lichtpausmaschinen ist heute ebenso aus den Büros verschwunden wie der Storchenschnabel zur Maßstabsänderung und das Wissen, wie man Zeichentische bespannt. Kopierer verlieren ihre Vervielfältigungsfunktion für Pläne, sind auch kaum mehr Entwurfswerkzeuge wie in den 1980ern.

CAD, Computer-Aided Design, veränderte ab Mitte der 1980er Jahre das Planzeichnen radikal. Eine offene Frage ist die Optimierung der Schnittstelle mittels CAD zu den Ausführenden: Die Welt des Baumaterials ist noch nicht kompatibel mit dem digitalen Entwerfen.

Bereits zur Römerzeit stellte man Ziehfedern her, die durch einen beweglichen Ring verschiedene Strichstärken erlaubten. Zusätzlich benutzte man bis in die Neuzeit Stifte zum Eindrücken oder Ritzen (daher „Reißfeder") der Zeichenfläche. Diese Linien wurden dann in Tinte nachgezeichnet. Die Reißfeder verwendete man bis in die Mitte des 20. Jahrhunderts in fast identischer Form. Verbessert wurde sie um 1700 durch eine Stellschraube, mit der die Strichstärke genauer eingestellt werden konnte. Und man wechselte von der Tinte zur kräftigeren und haltbareren Tusche.

Das Zeichnen mit der Reißfeder erforderte einige Übung – das wurde mit der Einführung des Tuschestiftes einfacher: Ab den 1930er Jahren gab es den Graphos von Pelikan, nach dem Zweiten Weltkrieg den Rapidograph von Rotring und viele ähnliche Modelle. Reißfedern und Tuschestifte wurden durch eine breite Palette an Zubehör ergänzt: Tusche, Radiermittel, Reinigungsgeräte. In den 1990er Jahren löste CAD, Computer-Aided Design, die händisch erstellte Planzeichnung fast vollständig ab.

Reißzeug, Rasierklingen & CAD

GRAPHOS MIT FEDEREINSÄTZEN,
ca. 1930er JAHRE, GÜNTHER WAGNER
(PELIKAN), HANNOVER
Der Graphos, ein Vorläufer des Tuschestifts Rapidograph, kann mit einer großen Zahl von Wechselfedern für verschiedenste Strichstärken und -formen ausgestattet werden. Er wurde wie eine Füllfeder befüllt, ab den 1960er Jahren gab es ein Modell mit Tuschepatronen. *rt*
WIEN, ARCHIV VANA-ARCHITEKTEN

TUSCHEPATRONEN PELIKAN,
GÜNTHER WAGNER, HANNOVER
Tusche in verschiedenen Farben zum Befüllen von Tuschestiften, Reißfedern, etc.: Durch Druck auf die Gummihalbkugel am Boden kann die Tuschemenge dosiert werden. *rt*
HELSINKI, ALVAR AALTO FOUNDATION

RECHTE SEITE OBEN REISSZEUG-MUSTERKASTEN, VOR 1900, CLEMENS RIEFLER, NESSELWANG
1905 stiftete Riefler dem gerade gegründeten Deutschen Museum in München einen großen Schaukasten mit sämtlichen dort jemals produzierten Zirkeln und Zeicheninstrumenten. Riefler hatte ihn fünf Jahre zuvor auf der Weltausstellung in Paris gezeigt. Für die zukünftige Präsentation im Museum versah man die Reißzeuge mit Pappschildchen, auf denen die damals fachgerechte Bezeichnung und Datierung zu lesen ist. *rt*
DEUTSCHES MUSEUM MÜNCHEN, INV. 3.429

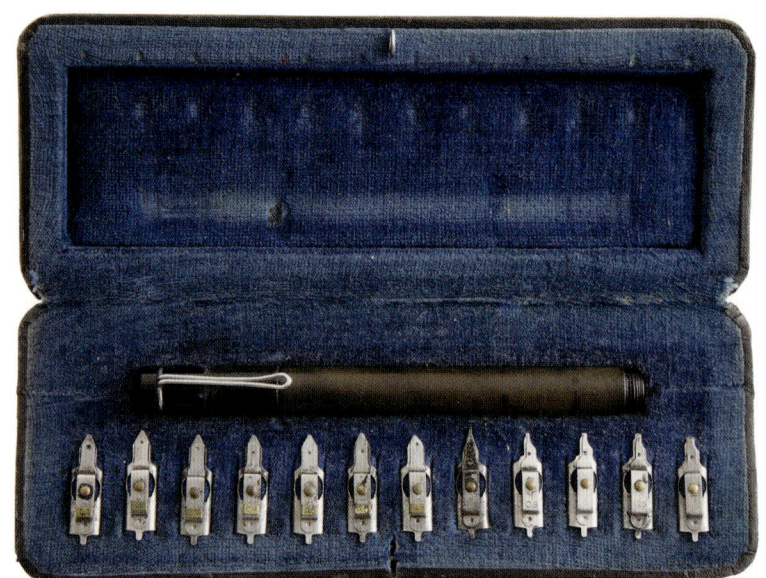

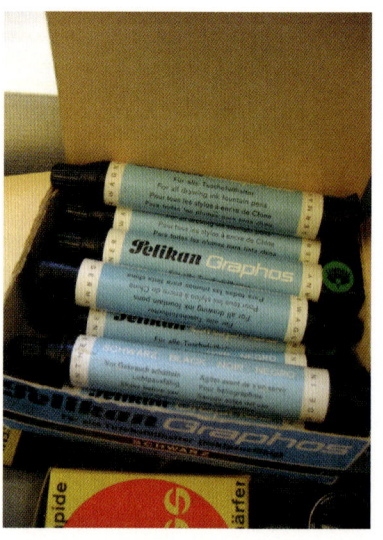

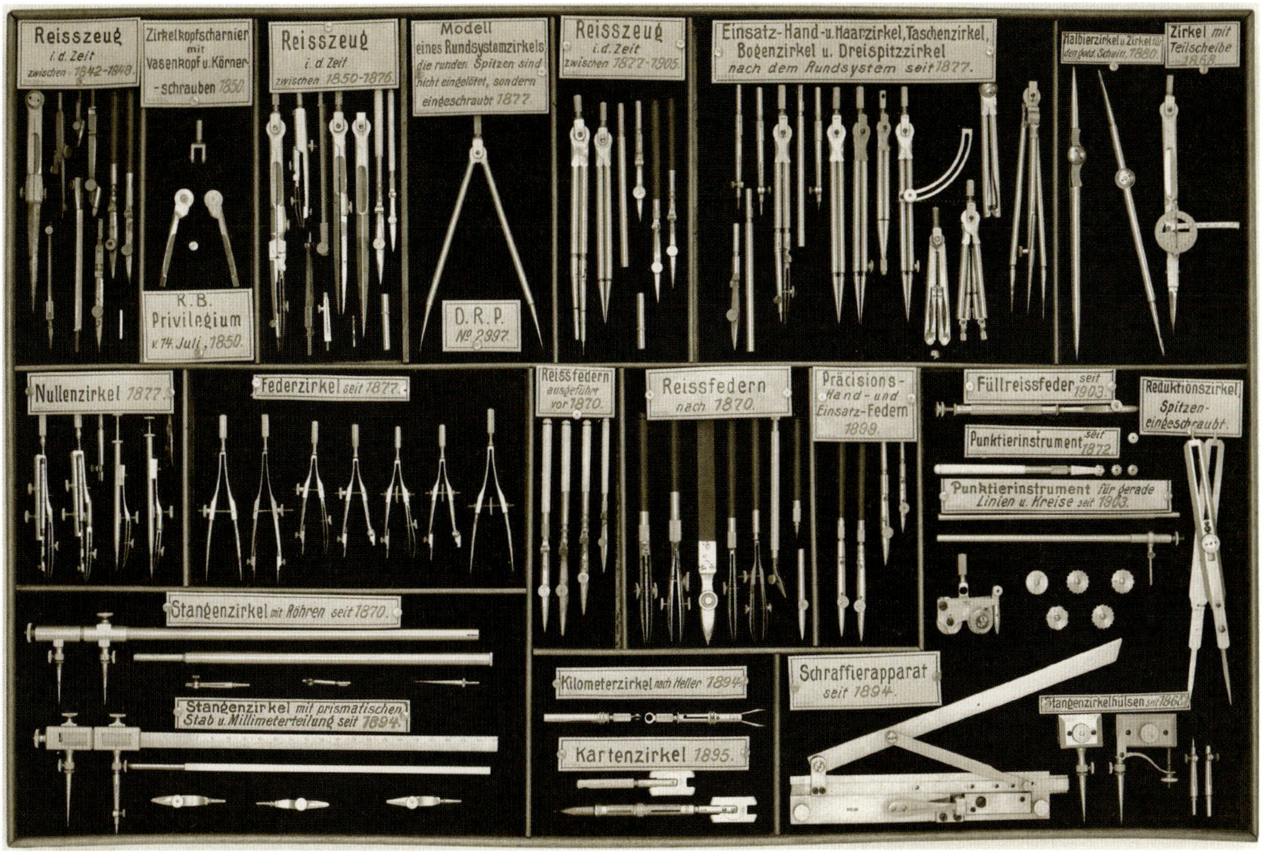

Reisszeug i.d. Zeit zwischen 1842-1848.

Zirkelkopfscharnier mit Vasenkopf u. Körner- schrauben 1850.

Reisszeug i.d. Zeit zwischen 1850-1876.

Modell eines Rundsystemzirkels, die runden Spitzen sind nicht eingelötet, sondern eingeschraubt 1877.

Reisszeug i.d. Zeit zwischen 1877-1905.

Einsatz-Hand-u. Haarzirkel, Taschenzirkel, Bogenzirkel u. Dreispitzzirkel nach dem Rundsystem seit 1877.

Halbierzirkel u. Zirkel in den field. Schritt. 1880.

Zirkel mit Teilscheibe 1868.

K.B. Privilegium v. 14. Juli 1850.

D.R.P. No 2997.

Nullenzirkel 1877.

Federzirkel seit 1877.

Reissfedern ausgeführt vor 1870.

Reissfedern nach 1870.

Präcisions- Hand- und Einsatz-Federn 1899.

Füllreissfeder seit 1903.

Reduktionszirkel Spitzen- eingeschraubt.

Punktierinstrument seit 1872.

Punktierinstrument für gerade Linien u. Kreise seit 1903.

Stangenzirkel mit Röhren seit 1870.

Stangenzirkel mit prismatischen Stab u. Millimeterteilung seit 1894.

Kilometerzirkel nach Heller 1894.

Schraffierapparat seit 1894.

Stangenzirkelhülsen seit 1868.

Kartenzirkel 1895.

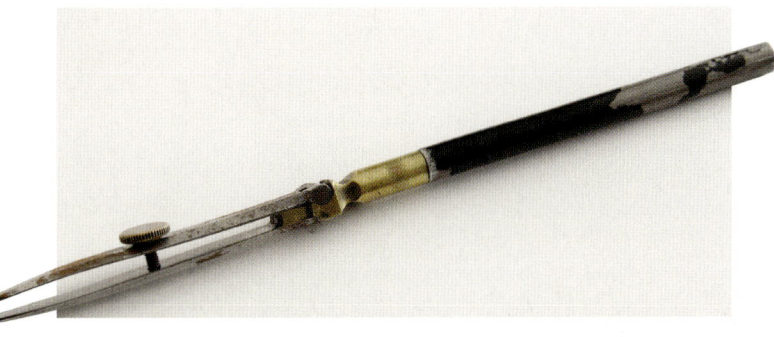

UNTEN REISSFEDER, FRÜHES 20. JAHRHUNDERT
Zum Reinigen aufklappbar, mit Stellrädchen für das Justieren der Strichstärke. Ein gleichmäßiger Strich mit der Reißfeder erforderte einige Übung. Außerdem musste die Feder regelmäßig nachgeschliffen werden, aber nicht zu scharf, da sonst das Papier zerschnitten wurde, und in der richtigen Form, um den besten Tuschefluss zu ermöglichen. *rt*
WIEN, ARCHIV VANA-ARCHITEKTEN

ALLPLAN BIM, 2008
NEMETSCHEK AG, MÜNCHEN
Das Softwareunternehmen Nemetschek, entstanden aus einem Bauingenieurbüro, verkauft seit 1984 die CAD-Software Allplan. BIM Building Information Modeling steht für die Vernetzung aller baurelevanten Infor- mationen in ein digitales Gebäudemodell. Dadurch werden die Kommunikations- prozesse mit den Fachplanern sowie die Planungsabläufe effizienter und schneller. *rt*

AUTOCAD
Die erste Version von AutoCAD wurde 1982 veröffentlicht. Mitte der 1980er Jahre be- gannen die ersten Architekturbüros damit, Computerarbeitsplätze einzurichten, die anfänglich noch sehr kostspielig waren und oft in einem eigenen kleinen Raum, dem Computerraum, untergebracht waren. 1992 gab es die letzte Version für Apple Macintosh. So genannte Bibliotheken liefern vordefinierte Bauteile. Mit dem vektor- basierten Zeichenprogramm AutoCAD der Firma Autodesk kann man sowohl in 2-D als auch in 3-D zeichnen. Manche Büros legen ihre eigenen CAD Bibliotheken mit häufig verwendeten Elementen an. *ek*

ARCHICAD
Graphisoft, ab 2007 eine Tochtergesell- schaft von Nemetschek, entwickelt ArchiCAD als spezifische Architektursoft- ware. Schon in der ersten Version, die 1984 für Apple Macintosh auf den Markt kam, war es möglich, Gebäudemodelle dreidimensio- nal zu erzeugen. Dieses „Virtuelle Gebäude" ist das Herz des Programms. Ausgehend von den 3D Modelldaten kann die detaillierte Planung erfolgen. Für Studierende gibt es ein kostenfreies Programm, das direkt von der Firmenwebsite heruntergeladen werden kann. *ek*

Der Tuschefüller, dessen Herz nicht älter wird. *neu*

rotring rapidograph® ISO
mit Kapillarpatrone

BRUNING HOLLOW-SHAFT ELECTRIC ERASER

OPERATING INSTRUCTIONS

Plug the machine into the proper electrical outlet for the machine you have (87-201 or 87-300 - 115 volt, 60 cycle — 87-206 or 87-302 - 230 volt, 50 cycle). Loosen the chuck ring and insert it by moving the chuck ring down until it is tight. Position the Electric Eraser in your hand, using the index finger or thumb to depress the control switch. The amount of manual pressure required to operate the Electric Eraser, at the most desirable speed for efficient erasing, is determined by the type of eraser used, and the material on which the erasure is to be made. Applying too much pressure will momentarily stall the Eraser but not injure it.

CHUCK REPLACEMENT

First, remove the eraser. To replace the chuck, insert a 3/8" screwdriver blade into the slotted shaft at the top of the machine while holding the chuck end. Turn the blade in a counterclockwise direction to unloosen the chuck. Unscrew the chuck and replace it. Screw it in slowly until it is flush against the bottom of the case. Maintain blade pressure against the slots to prevent the shaft from turning. Replace eraser. Chuck Part No. —30527. Chuck Ring Part No. — 30608.

GUARANTY

The Bruning Electric Eraser is unconditionally guaranteed against defective materials and workmanship for 90 days. The machine does not require maintenance, or oiling.
The Bruning Electric Eraser complies with requirements of specifications Mil-1-16910A U.S. Navy Bureau of Ships) and will be accepted as meeting the requirements of military specifications Mil-1-17623.
U.L. & C.S.A. Listed.

A-4492-5   Printed in U.S.A.

NO. 87-360 PENCIL POINTER ATTACHMENT FOR BRUNING ELECTRIC ERASER

Makes a clean point on refillable pencil lead in just seconds. Drive stem of pointer slides into top end of shaft of Bruning Electric Eraser. Four precision ground, four-edged blades instantly produce a uniform, conical point when pencil is inserted into guide while Electric Eraser is operating. Graphite dust is trapped harmlessly inside. Cap unscrews for emptying of dust and for changing or rotating long-lasting blades.

ROUND ERASERS
(Length 7" - Packed 12 in a box)

No. 87-550 Green. Soft. For pencil and cleanup work.
No. 87-551 Pink. Soft. For pencil and cleanup work.
No. 87-553 White. Medium Hard. For pencil or ink.
No. 87-556 Red. Medium Hard. For pencil or ink.
No. 87-550 Gray. Slightly Gritty. For abrasive work.
No. 87-562 Ruffed. Medium Soft. For cleanup work.
No. 87-565 Vinyl. For erasures on polyester eraser films.

STANDARD RING-TYPE CHUCK
Easy-draw ring tightens chuck and secures round eraser. Chuck is easily replaceable in seconds.

BRUNING

BRUNING

COOL
QUIET
LIGHTWEIGHT
EASY TO USE
NEAT
SAVES TIME

ELECTRIC ERASER OWNER'S GUIDE

ELEKTRISCHE RADIERMASCHINE, SPÄTES 20. JAHRHUNDERT, CHARLES BRUNING COMPANY INC., CHICAGO, ILLINOIS
Radiermaschine zum Entfernen von Tusche, Maschinenschrift, etc. Die Maschine wurde mit speziellen Radierstiften befüllt. Mit dem Taster konnten verschiedene Radiergeschwindigkeiten eingestellt werden, je nachdem, welche Sorte Radierstift gerade verwendet wurde. *rt*

ROTRING PROSPEKT, 1981
ROTRING-WERKE RIEPE KG, HAMBURG
Anfang der 1980er Jahre wurde für den Rapidographen nicht mehr ein konventioneller Tuschetank, sondern eine so genannte Kapillarpatrone verwendet – diese diente dem Druckausgleich und sollte ein Tropfen des Stiftes unter allen Umständen verhindern. *rt*
WIEN, TECHNISCHES MUSEUM, INV. BPA-010554

TUSCHESTIFTSATZ VARIANT/VARIOSCRIPT, ca. 1960er Jahre
ROTRING-WERKE RIEPE KG, HAMBURG
Tuschestift von Rotring mit sieben Zeichenkegeln. Weiterentwicklung des Rapidographen, erstmals 1959 hergestellt: Die Tusche befand sich nun in einem Tank, den man befüllte, und musste nicht mehr mittels Kolben in den Stift gesaugt werden. Variant war fürs Zeichnen und Varioscript fürs Schablonenbeschriften vorgesehen. *rt*
WIEN, ING. GERHARD SCHIER

RASIERKLINGEN, BOX, HALTER,
20. JAHRHUNDERT
Tuschestriche auf Transparentpapier wurden
am einfachsten und schnellsten mit
Rasierklingen weggekratzt – die Klingen
wurden manchmal in speziellen Haltern
geführt oder zurechtgebrochen. Um danach
über der gekratzten Stelle wieder zeichnen
zu können, musste das Papier mit einem
Radiergummi und danach mit dem Falzbein
geglättet werden. *rt*
WIEN, ARCHIV VANA-ARCHITEKTEN;
WIEN, ING. GERHARD SCHIER;
HELSINKI, ALVAR AALTO FOUNDATION

ZEICHENBESEN, ca. 1980er JAHRE
Beim Tuschezeichnen fiel manchmal eine
Menge an Radiergummikrümeln an, etwa
wenn am Schluss des Reinzeichnens die
Bleistiftvorzeichnung weggradiert wurde. Der
Besen war die schonendste Methode, diese
Krümel zu entfernen. *rt*
WIEN, SAMMLUNG ARCHITEKT MOSTBÖCK

ULTRASCHALLREINIGER ELTROSONIC,
TYPE 07, ca. 1980er JAHRE
ELTROSONIC GmbH, WIESBADEN
Zentrales Problem des Tuschestiftes war
das Verstopfen des Röhrchens und Drahtes
in der Spitze durch Papierfasern oder einge-
trocknete Tusche. Zum Reinigen wurden die
Spitzen in ein Wasserbad im Ultraschall-
reiniger gelegt, dessen Vibrationen das
Röhrchen wieder freimachen sollten. *rt*
WIEN, ARCHIV VANA-ARCHITEKTEN

Eines der ältesten Zeicheninstrumente ist der Zirkel: Er wurde bereits im alten Ägypten verwendet. Zirkel dienten ebenso Handwerkern auf der Baustelle wie Architekten. Große Fortschritte bei der Genauigkeit erreichte man im 16. Jahrhundert durch die Verwendung von Stellbögen oder Gewindestangen zum Justieren. In dieser Zeit gab es auch erstmals Exemplare, in die Bleistifte oder Reißfedern eingesetzt werden konnten. Und es entwickelte sich der Unterschied zwischen Zirkeln zum Zeichnen und Stechzirkeln, mit denen man messen, Längen übertragen und Zeichnungen kopieren kann.

Proportionalzirkel erlaubten das Teilen von Längen. Sehr große Kreise zeichnete man mit Stangenzirkeln. Für die Darstellung von Kurven wie Ellipsen, Parabeln, Hyperbeln oder Spiralen wurden eigene komplizierte Zirkel konstruiert. Weitere Werkzeuge für die Kurvendarstellung sind Schablonen und Kurvenlineale (etwa der Burmester-Satz, der aus dem Schiffsbau kommt). Viele gekrümmte Bauformen sind heute durch CAD-Programme wesentlich leichter zu konstruieren als in der Vergangenheit.

Zirkel, Schablone & Indy

ZIRKELSATZ PRÄCISION, 1920er JAHRE
E.O. RICHTER & CO., CHEMNITZ
Richter patentierte 1892 das „Flachsystem" für Zirkel im Gegensatz zur runden Bauweise, die vom Konkurrenten Riefler 1877 patentiert worden war, und zur noch älteren dreikantigen Bauweise. Nach dem Auslaufen des Patents wurde das Flachsystem von den meisten Herstellern übernommen, weil es rationeller zu produzieren war. *rt*
WIEN, ARCHIV VANA-ARCHITEKTEN

STANGENZIRKEL, FRÜHES 20. JAHRHUNDERT
Auf der Holzleiste laufen zwei Hülsen, in die Spitzen und Stifte geklemmt wurden. Der Stangenzirkel erinnert in seiner Form an die älteste Methode einen Kreis zu zeichnen, nämlich mittels Schnur und Spitze. *rt*
WIEN, ARCHIV VANA-ARCHITEKTEN

ZIRKELZEICHNEN
Richtiges Kreiszeichnen mit dem Zirkel: Man hält den Zirkelkopf und dreht, dadurch kann der Kreis mit einer Hand gezeichnet werden. Damit die Reißfeder senkrecht am Blatt aufsetzt, muss der Schenkel am Gelenk im richtigen Winkel eingestellt werden. *rt*
ABB. AUS: ALBERT BACHMANN, RICHARD FORBERG: TECHNISCHES ZEICHNEN, STUTTGART ¹⁵1969

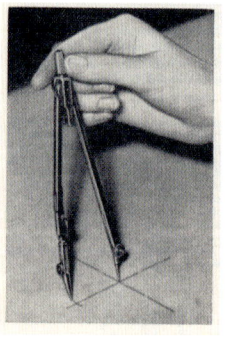 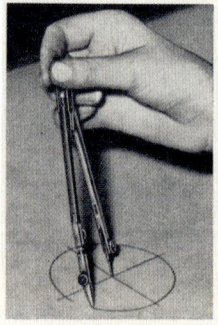

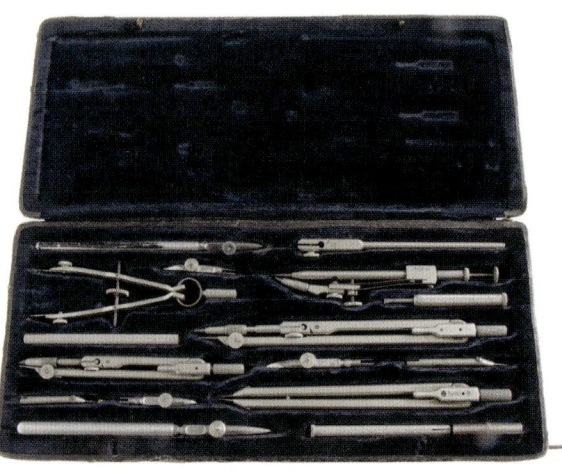

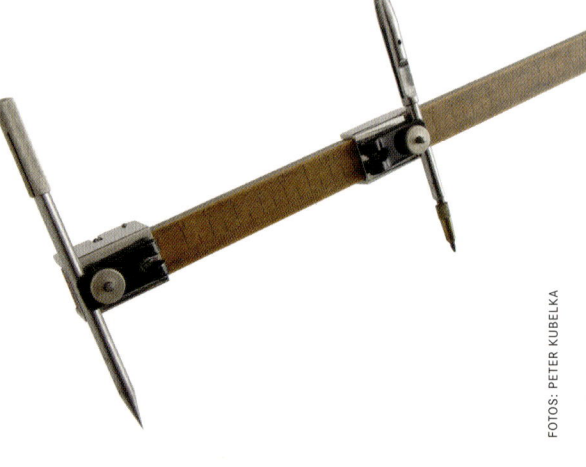

LINKS UNTEN BURMESTER-SATZ,
ca. 1980er JAHRE
Der Satz ist benannt nach Ludwig Burmester, der Ende des 19. Jahrhunderts Professor für Darstellende Geometrie in Dresden und München war. Die Formen kommen aus dem Schiffsbau, ein Satz besteht aus drei Schablonen. Durch Kombination der Bogenteile können viele Kurven annähernd korrekt gezeichnet werden: Die große Schablone ist vor allem für Hyperbeln gedacht, die kleinste für Ellipsen und die mittlere für Parabeln. *rt*
WIEN, PRIVATBESITZ

RECHTS UNTEN KURVENLINEALE,
FRÜHES 20. JAHRHUNDERT
Kurvenlineale aus Kunststoff und Birnbaumholz – die drei Holzkurven gehören zu einer Angebotspalette von insgesamt mehr als dreißig, die Anfang des 20. Jahrhunderts beim Zeichengerätevertrieb Gebrüder Wichmann in Berlin zu kaufen war. *rt*
WIEN, ARCHIV VANA-ARCHITEKTEN

ELLIPSENSCHABLONE, ca. 1990er JAHRE
STANDARDGRAPH ZEICHENTECHNIK GMBH,
GERETSRIED
Die Schablone bietet die Möglichkeit, mittels der im Winkel von 30 Grad abgeschrägten Ecke schnell Ellipsen zu zeichnen, die Kreise in isometrischer Darstellung abbilden: Eine Isometrie ist eine spezielle Form der Axometrie, bei der alle Längen gleich verkürzt sind und die Abbildungen der drei Raumachsen den gleichen Winkel zueinander haben. Die Schablone zeigt rechts unten eine Isometrie eines Würfels mit Kreisen. *rt*
WIEN, PRIVATBESITZ

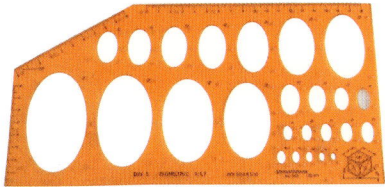

KURVENLINEAL ACU-ARC, ca. 1980er JAHRE
HOYLE PRODUCTS, INC., GLENNVILLE, CA
Das Lineal besteht aus 14 Kunststoffstreifen, die jeweils mittels zwei kleiner Schienen ineinander greifen. Wenn eine bestimmte Kurve eingestellt wird, bleibt diese durch die Reibung zwischen den Streifen fixiert. *rt*
WIEN, PRIVATBESITZ

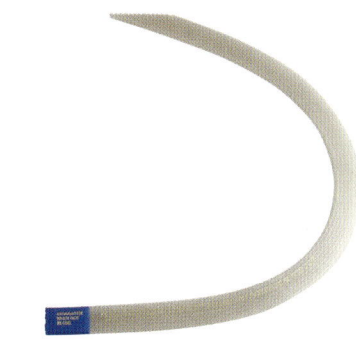

INDY, ANFANG 1990er JAHRE
SILICON GRAPHICS, INC. (SGI), SUNNYVALE,
KALIFORNIEN
1993 brachte SGI die Indy als billige, Unix-
basierte Grafik-Workstation für 2D und 3D
auf den Markt, der Preis mit Monitor betrug
damals unter 5.000 Dollar. Die Indy war
anfangs durch ihre spezielle Grafik-Hardware
den damaligen PCs überlegen, wurde aber
schon nach einigen Jahren überholt. Auf der
Indy liefen CAD-Programme wie AutoCAD,
aber auch die damals neuen Animations-
programme. *rt*
WIEN, PRIVATBESITZ

BLEISTIFT-PLOTTER iP-500EL, 1989
MUTOH INDUSTRIES LTD., TOKIO
Plotter mit Bleistifteinsatz: Jeweils ein Bleistift wird entlang einer Linie über das Papier
geführt, der Papierbogen selbst wird vom
Plotter rechtwinkelig dazu bewegt: So kann
jeder Punkt in der Papierebene erreicht
werden. Trotz der großen Zeichenfläche von
etwa einem Quadratmeter ist die Positionierung des Stiftes auf Millimeterbruchteile
genau. *rt*
WIEN, ARCHIV VANA-ARCHITEKTEN

RECHTS IVAN SUTHERLAND UND SKETCHPAD
Sutherland entwickelte 1962 am
Massachusetts Institute of Technology (MIT)
den Vorläufer der heutigen CAD-Programme,
genannt Sketchpad. Hier sieht man ihn beim
Zeichnen mit dem Lichtstift am Monitor. Mit
dem Tastenfeld links gibt man Befehle
(„draw", „move"), mit den vier Drehreglern
unter dem Monitor kann die Darstellung
gesteuert werden. *rt*

Über Zeichentisch und Zeichenblatt gleitet die Reißschiene, entweder mit einem Anschlag, der an einer Tischseite entlangläuft, oder mit Schnüren, die die Schiene führen. Darauf können dann verschiedene Dreiecke, Winkel und Lineale für die gewünschte Linienausrichtung aufgesetzt werden. So orthogonal wie Tisch und Schiene ist oft das entworfene Gebäude.

Seit dem 17. Jahrhundert wurden Zeichenmaschinen konstruiert: Mit ihnen kann ein Lineal an jeden beliebigen Punkt des Tisches geführt werden und bleibt dabei immer parallel. Spätere Maschinen waren mit einem drehbaren Zeichenkopf ausgestattet. Mit ihm können beliebige Winkel wiederholt gezeichnet werden. Schließlich besitzen Zeichenmaschinen Gegengewichte, die die Lineale fixieren und somit das Zeichnen am aufrecht stehenden Tisch erlauben. Das Zeichnen am Computer folgte anfangs dem rechtwinkeligen Raster des cartesianischen Koordinatensystems. Durch immer diffizilere grafische Verfahren sind heute faktisch alle dreidimensionalen Formen digital darstellbar.

Dreieck, Reißschiene & VectorWorks

HOLZREISSSCHIENEN, 20. JAHRHUNDERT
Die T-förmige Reißschiene entstand aus der Schmiege, also dem verstellbaren Winkelmessgerät der Tischler. Eine Reißschiene ist eine größere Schmiege, bei der Schenkel (Kopf) und Zunge fix in einem Winkel von 90 Grad miteinander verbunden sind. Derartige T-förmige Reißschienen gibt es seit dem 16. Jahrhundert. *rt*
WIEN, ARCHIV VANA-ARCHITEKTEN;

UNTEN HOLZREISSSCHIENEN IM ATELIER VON ALVAR AALTO, HELSINKI

UNTEN RECHTS SCHNURSCHIENE MAYLINE MOBILE ARMOREDGE,
SPÄTES 20. JAHRHUNDERT, MAYLINE CO., INC., SHEBOYGAN, WISCONSIN
Die Kunststoffschiene gleitet entlang von zwei Schnüren, die an der linken und rechten Seite über die gesamte Tischhöhe geführt werden und am oberen Tischende zusammenlaufen. Dadurch ist es möglich, die genaue Ausrichtung der Schiene an der Schnur zu justieren. *rt*
WIEN, PRIVATBESITZ

RECHTE SEITE OBEN PARALLELOGRAMM-ZEICHENMASCHINE, FRÜHES 20. JHDT., ISIS GMBH, GOTHA
Der Zeichenkopf trägt zwei demontierbare Maßstäbe. Mit der Gradskala werden diese auf beliebige Winkel eingestellt. Die Nullmarke ist verstellbar für das Zeichnen in verschiedenen Achsensystemen. Durch die Schraube zwischen Zeichenkopf und Gestänge kann die Ausrichtung justiert werden, damit die Maschine auf ein aufgespanntes Zeichenblatt eingestellt werden kann. *rt*
WIEN, ARCHIV VANA-ARCHITEKTEN

FOTO: ROBERT TEMEL

HANS LENCKER: PERSPECTIVA. DARIN EIN LEICHTER WEG ALLERLEY DING IN GRUND ZU LEGEN DURCH EIN SONDERLICHEN INSTRUMENT GEZEIGT WIRD, ULM 1617
Oben links sieht man den Fluchtpunkt, von dem aus Schnüre als Fluchtlinien über das Zeichenblatt laufen. Die waagrechten Längen können direkt am unteren Blattende mit dem Zirkel aufgetragen und mittels Fluchtlinie abgebildet werden, die senkrechten Längen werden durch eine Hilfskonstruktion mit einer Diagonale im quadratischen Blatt ermittelt. *rt*

DREIKANTMASSSTAB, ca. 1980er JAHRE ARISTO-ROTRING GMBH, WÖRGL
Erst seit der Renaissance gab es Maßstäbe, die nicht die realen Längen, sondern bestimmten Maßstäben entsprechende Verkürzungen anzeigten. So konnten ohne ständiges Umrechnen direkt maßstäbliche Zeichnungen angefertigt werden. Dreikanter zeigen sechs verschiedene Maßstäbe. Es gibt Versionen für Architekten, Maschinenbauer und Kartografen. *rt*
WIEN, SAMMLUNG ARCHITEKT MOSTBÖCK

GEODREIECK, ca. 1990er JAHRE, ARISTO-ROTRING GMBH, WÖRGL
Das Geodreieck stammt aus der Nautik und ist eine Kombination von Lineal, Dreieck und Winkelmesser. Mit ihm können Gerade, Parallele, Senkrechte, Strecken und Winkel konstruiert werden. Es ist ein einfaches und schnelles Werkzeug, das allerdings nicht immer die Genauigkeit großer Lineale und Dreiecke erreicht. *rt*
WIEN, PRIVATBESITZ

VECTORWORKS, 2008, NEMETSCHEK NORTH AMERICA, INC., COLUMBIA, MARYLAND
Die CAD-Software VectorWorks hieß zuvor MiniCAD. MiniCAD wurde ab 1985 von Diehl Graphsoft verkauft und war die erste CAD-Software für den damals ein Jahr alten Apple Macintosh. Nachdem es ab Mitte der 1990er auch für Windows-PCs angeboten wurde, erfolgte die Umbenennung in VectorWorks. 2000 kaufte der deutsche Hersteller von Allplan und ArchiCAD die Firma Diehl, die nun Nemetschek North America heißt. *rt*

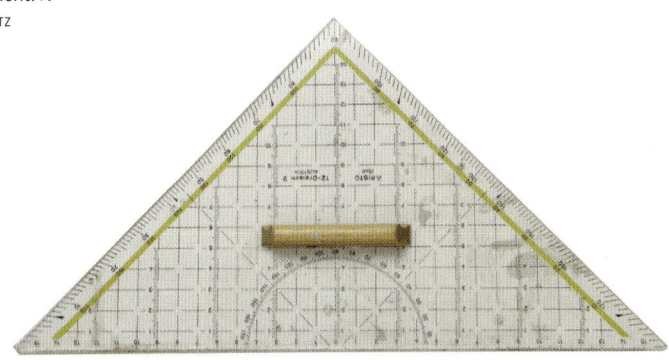

FOTOS: PETER KUBELKA

Die einfachste Kopiermethode war seit der Antike das Durchstechen von Zeichnungspunkten. Für das Durchzeichnen wurde Papier mit Öl durchsichtig gemacht. Zeichnungen wurden auch durch Schwärzen der Rückseite und Nachzeichnen der Linien kopiert. Mit dem Storchenschnabel oder Pantograph wurde kopiert, vergrößert und verkleinert. Eine von James Watt erfundene „Kopierpresse" mit spezieller Farbe und feuchtem Papier wurde im 19. Jahrhundert so verbessert, dass sie bis zu 50 Kopien erzeugte. Voraussetzung war die Verwendung von Kopierstiften.

Ab 1850 benutzten Architekten die Blaupause: Die Zeichnung und dahinter das chemisch behandelte Pauspapier wurde in einen Rahmen gespannt und von der Sonne belichtet. Die belichteten Flächen verfärbten sich nach dem Entwickeln mit Wasser blau, die unbelichteten Linien blieben weiß. Die Kopie war negativ. Ab den 1920er Jahren wurde die Blaupause durch die Lichtpause ersetzt: Pauspapier und darüber liegende Zeichnung wurden UV-Licht ausgesetzt und durch Ammoniakdämpfe entwickelt. Die Kopie war positiv. 1949 kam der Fotokopierer auf den Markt. Neben stufenlosem Vergrößern und Verkleinern wurde der Kopierer auch als Entwurfswerkzeug entdeckt.

Storchenschnabel, Lichtpausmaschine & Kopierer

ELEKTRISCH-AUTOMATISCHE
LICHTPAUSMASCHINE LPM III, 1920er JAHRE
CARL JAHODA & BERGMANN, WIEN
Um einen stehenden Glashalbzylinder werden das Pauspapier und das Original herumgeführt, während in der Mitte die Belichtungslampe langsam die gesamte Papierhöhe abfährt. Die etwa 2,5 Meter hohe Anlage belichtet automatisch, die Entwicklung muss danach gemacht werden. Das Produkt wurde von der seit 1911 in Wien ansässigen Firma Jahoda & Bergmann angeboten. *rt*
ABB. AUS PREISLISTE JAHODA & BERGMANN, WIEN, TECHNISCHE PAPIERE UND UTENSILIEN, 1933

LICHTPAUSMASCHINE, 1980er JAHRE
RIGOLI F.I.M.E. S.P.A., MAILAND
Für die bei der Diazotypie verwendeten Papiere wurde der Markenname Ozalid eingeführt, eine Umdrehung des chemischen Namens unter Hinzufügung eines Buchstabens, den man nach einiger Zeit allgemein für den Prozess verwendete und nicht nur für die Markenprodukte eines Unternehmens. *rt*
ABB. AUS PRODUKTBROSCHÜRE RIGOLI F.I.M.E. S.P.A.

TISCHKOPIERER RICOH FT 2260, 1989
RICOH COMPANY, LTD., TOKIO
Die Einführung der Xerographie brachte neue Möglichkeiten für die Planvervielfältigung: Die Vorlagen mussten nicht mehr transparent sein, es konnte verkleinert und vergrößert werden, und durch Bewegungs- und Kontrasteffekte wurde der Kopierer zum Entwurfswerkzeug. Der Kopierer diente später auch zur Übertragung von Beschriftungen auf Klebefolien, die mit dem Computer erstellt wurden. *rt*
WIEN, ARCHIV VANA-ARCHITEKTEN

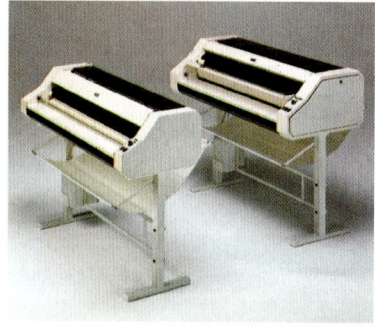

FOTO: PETER KUBELKA

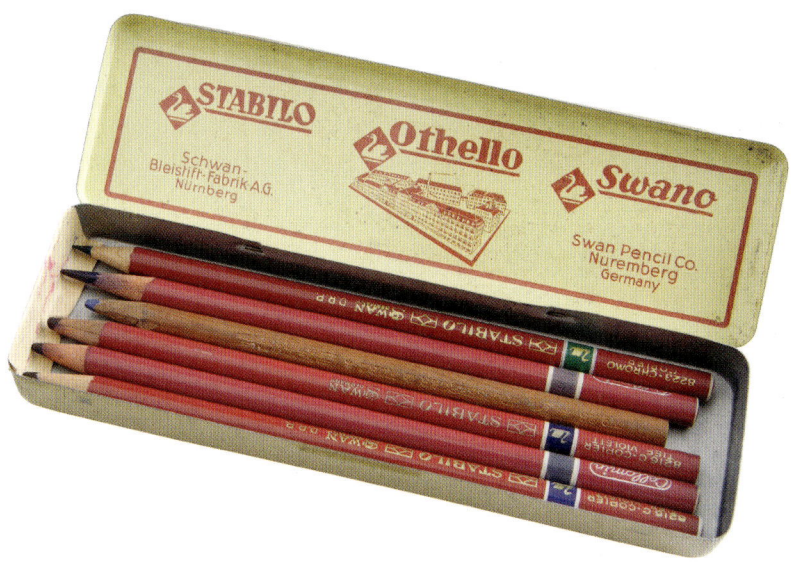

KOPIERSTIFTE, SPÄTES 20. JAHRHUNDERT
SCHWAN BLEISTIFTFABRIK AG; H.C. KURZ
KG, BEIDE NÜRNBERG
Durch die Verwendung von Kopierstiften
war es möglich, mittels Kopierpresse bis zu
50 Kopien einer Zeichnung oder Textseite
herzustellen. Die verschiedenfarbigen
Kopierstifte wurden teils zum Codieren
verschiedener Korrekturphasen benützt.
Später dienten sie nur mehr als dokumen-
tenechtes Schreibwerkzeug.
HIRM, CRETACOLOR

PANTOGRAPH, ca. 1980
THE LUTZ CO., GUTTENBERG, NEW JERSEY
Einfacher hölzerner Storchenschnabel: Um
eine gewisse Proportion zu erreichen,
mussten die beiden Schrauben in die
richtigen Löcher positioniert werden —
Verhältnisse zwischen 1:1 1/8 und 1:8 sind
möglich. Je nachdem, ob eine Vergrößerung
oder Verkleinerung erwünscht ist, wird mit
dem mittleren oder äußeren Stift gezeichnet.
WIEN, PRIVATBESITZ

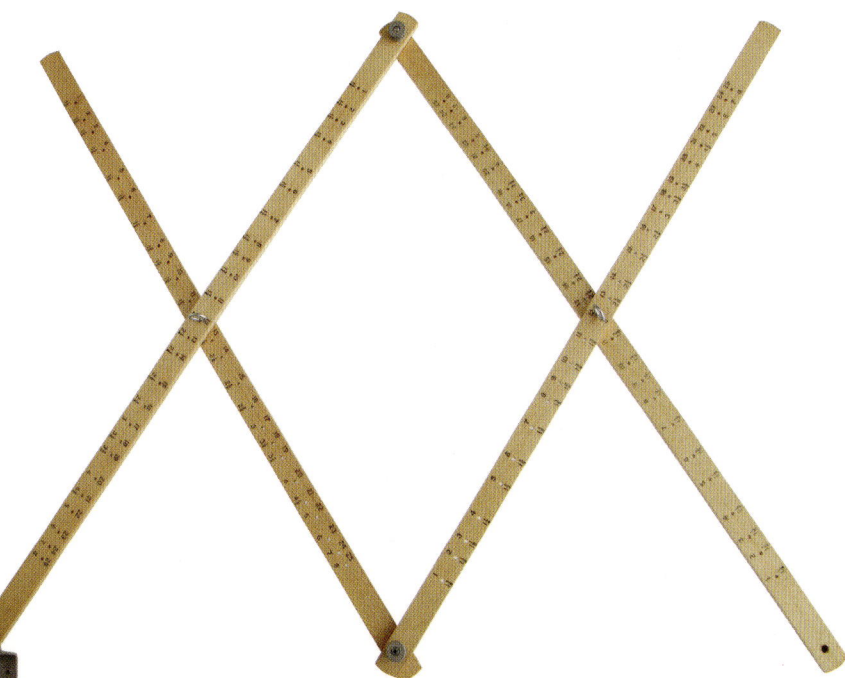

REDUKTIONSZIRKEL, UM 1850
KERN & CO AG, AARAU
Mit dem verstellbaren Reduktionszirkel
konnten Längen und Figuren in beliebig
einstellbaren Verhältnissen verkleinert und
vergrößert werden. Der Zirkel erlaubt
Verhältnisse von 1:10 bis 11:12 für Längen.
Für die Polygone stellte man auf einer
Zirkelseite den Radius des umschließenden
Kreises ein, die andere Seite ergab dann die
Seitenlänge.
WIEN, ARCHIV VANA-ARCHITEKTEN

Seit Ende des 18. Jahrhunderts gab es spezielle Zeichenpapiere, davor wurden Schreibpapiere verwendet. Zum Zeichnen feuchtete man das Blatt entweder an und fixierte es mit Klebeband oder Leim am Tisch oder heftete mit Reißnägeln. Später wurden Kreppband und Transparentklebeband üblich. Ab etwa 1850 konnte man industriell erzeugtes Transparentpapier kaufen. Pläne wurden oft auf leicht korrigierbares Transparentpapier gezeichnet und dann auf undurchsichtiges Papier gepaust.

Die Beschriftung der Pläne wurde lange freihändig mit Federn gemacht, erst im 20. Jahrhundert verwendete man dafür Schablonen, Durchreibebuchstaben und Beschriftungsmaschinen.

Schon immer war nicht nur die schwarze Strichgrafik, sondern auch die Färbelung von Plänen wichtiges Thema. Früher verwendete man dafür Kreide, Aquarellfarben und färbige Tuschen, die mit Pinsel, Blasrohr oder Spritzgitter aufgetragen wurden. Später gab es färbige Kunststofffolien und Airbrush, bevor mittels CAD Strichzeichnung und Färbelung mit demselben Gerät, dem Plotter, hergestellt werden konnten.

Papier, Letraset & Airbrush

ZEICHENTISCH IDEAL, 1930er JAHRE
CARL JAHODA & BERGMANN, WIEN
Der Zeichentisch kann sitzend und stehend benützt werden, er ist einerseits höhenverstellbar, andererseits kann die Platte in verschiedenen Neigungswinkeln fixiert werden. Auf der Zeichenplatte war eine an zwei Schnüren links und rechts geführte Zeichenschiene montiert, die somit parallel über das Blatt geführt werden konnte — eine seit dem 17. Jahrhundert bekannte Konstruktion.

WIEN, TECHNISCHES MUSEUM, INV. 72.475

SCHRIFTSCHABLONE, ca. 1980er JAHRE
ROTRING-WERKE RIEPE KG, HAMBURG
Die Beschriftung der Pläne war immer ein aufwändiges und anspruchsvolles Unterfangen. Seit es Röhrchenfedern gab, wurden dafür Schablonen verwendet, die für verschiedene Strichstärken zu kaufen waren, erkennbar an dem farbigen Ring, der dem Farbcode der Stifte entsprach.

WIEN, ARCHIV VANA-ARCHITEKTEN

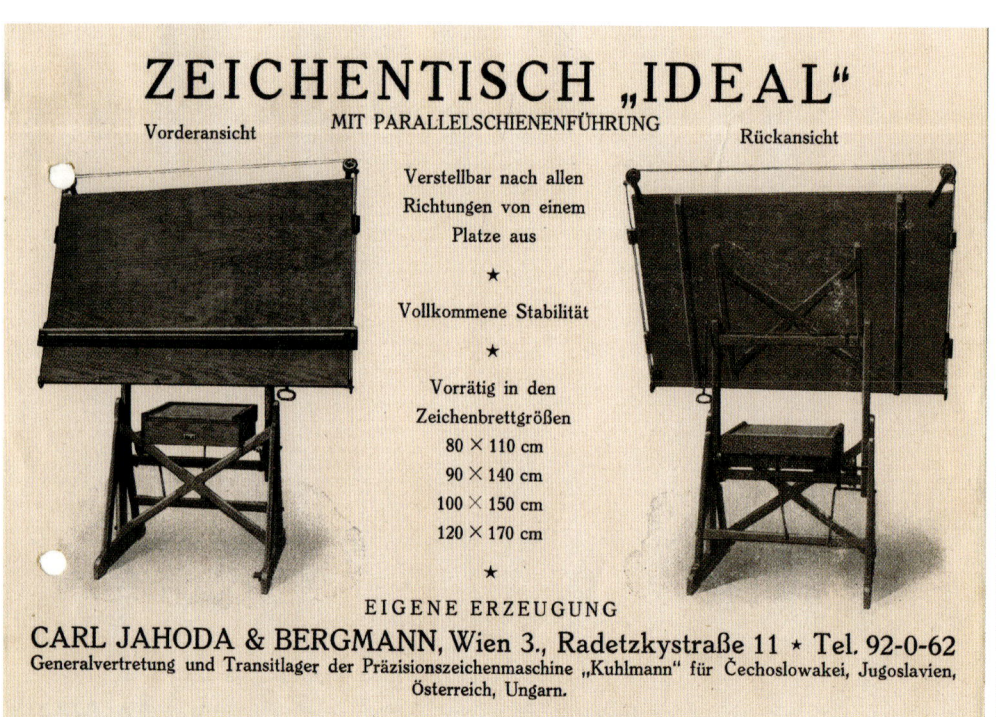

ZEICHENTISCH „IDEAL"
MIT PARALLELSCHIENENFÜHRUNG
Vorderansicht   Rückansicht

Verstellbar nach allen
Richtungen von einem
Platze aus
★
Vollkommene Stabilität
★
Vorrätig in den
Zeichenbrettgrößen
80 × 110 cm
90 × 140 cm
100 × 150 cm
120 × 170 cm
★
EIGENE ERZEUGUNG
CARL JAHODA & BERGMANN, Wien 3., Radetzkystraße 11 ★ Tel. 92-0-62
Generalvertretung und Transitlager der Präzisionszeichenmaschine „Kuhlmann" für Čechoslowakei, Jugoslavien, Österreich, Ungarn.

AIRBRUSH AEROGRAPH SPRITE MAJOR,
ca. 1990er JAHRE, ILLINOIS TOOL WORKS,
GLENDALE HEIGHTS, ILLINOIS (DEVILBISS)
Airbrush, eine Erfindung aus dem späten
19. Jahrhundert, wurde ab den 1930er
Jahren zunächst in den USA von Grafikern
verwendet und kam von dort auch in die
Architekturbüros. Die fertigen Zeichnungen
deckte man mit Klebefolien ab, aus denen
dann die zu färbenden Flächen mit dem
Skalpell ausgeschnitten und mit dem
Luftpinsel eingefärbt wurden.
WIEN, SAMMLUNG VANA

PARIENSTEMPEL, 20. JAHRHUNDERT
Identische Planzeichnungen, die etwa für die
Einreichung von Bauplänen bei der Behörde
in mehrfacher Ausfertigung durch Pausen
oder Kopieren hergestellt wurden, erhielten
eine gestempelte Buchstabenkennung,
sodass man die A-, B- und C-Parie eindeutig
unterscheiden konnte.
WIEN, ARCHIV VANA-ARCHITEKTEN

BESCHRIFTUNGSMASCHINE SCRIBER ET1000,
ca. 1980er JAHRE, MUTOH INDUSTRIES LTD.,
TOKIO
Anfang der 1980er Jahre entwickelten einige
Unternehmen so genannte NC-Scriber
(Numerical Control). Das Gerät konnte an
die Zeichenmaschine montiert werden, ein
Tuschestift wurde eingeschraubt und per
Tastatur der gewünschte Text eingegeben,
den das Gerät dann automatisch zeichnete.
Zusätzlich gab es Kassetten mit
Symbolbibliotheken, die beispielsweise
Einrichtungsobjekte enthielten.
WIEN, SAMMLUNG ARCHITEKT MOSTBÖCK

AUFREIBE-GRAFIKEN UND REIBESTIFTE,
ca. 1980er JAHRE, LETRASET LTD., ASHFORD,
KENT, UND ANDERE HERSTELLER
Statt des händischen Schablonenzeichnens
von Einrichtungsgegenständen wurden auch
so genannte Letraset-Folien verwendet:
Kunststofffolien, auf denen die gewünschten
Darstellungen aufgedruckt waren, die mittels
dry transfer, also Durchreiben, auf das
Zeichenblatt, in die Zeichnung eingefügt
werden konnten.
WIEN, ARCHIV VANA-ARCHITEKTEN

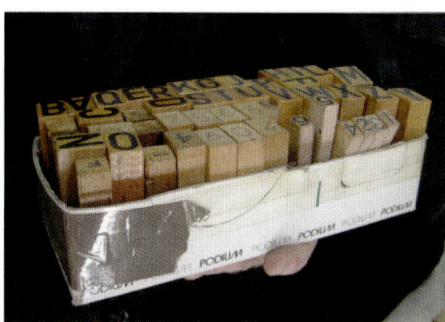

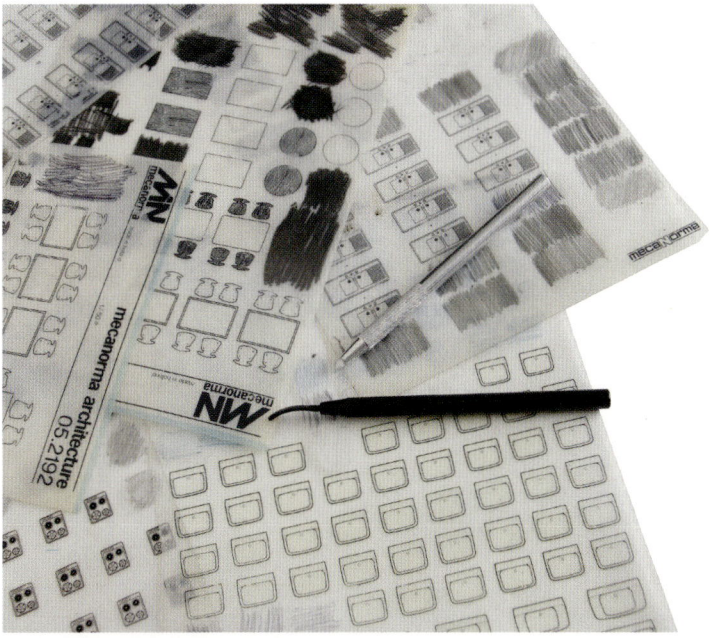

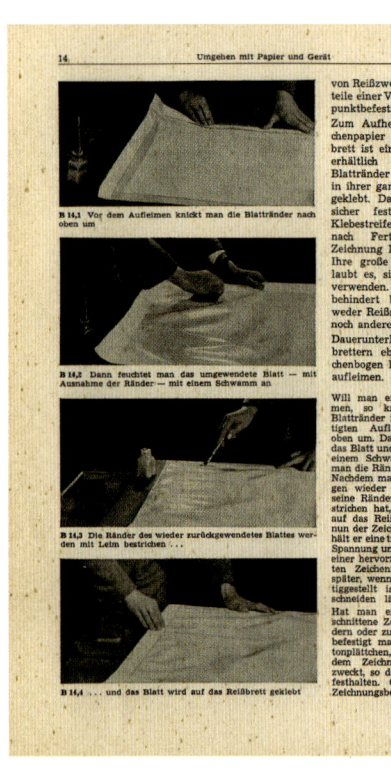

14. Umgehen mit Papier und Gerät

B 14,1 Vor dem Aufleimen knickt man die Blattränder nach oben um

B 14,2 Dann feuchtet man das umgewendete Blatt — mit Ausnahme der Ränder — mit einem Schwamm an

B 14,3 Die Ränder des wieder zurückgewendeten Blattes werden mit Leim bestrichen . . .

B 14,4 . . . und das Blatt wird auf das Reißbrett geklebt

von Reißzwecken die Nachteile einer Vier- und Mehrpunktbefestigung.

Zum Aufheften von Zeichenpapier auf das Reißbrett ist ein *Klebestreifen* erhältlich **(B 13,5)**. Die Blattränder werden damit in ihrer ganzen Länge angeklebt. Das Papier wird sicher festgehalten. Die Klebestreifen lassen sich nach Fertigstellen der Zeichnung leicht abziehen. Ihre große Klebkraft erlaubt es, sie mehrfach zu verwenden. Der Streifen behindert beim Zeichnen weder Reißschiene, Winkel noch anderes Zeichengerät. Dauerunterlagen an Reißbrettern ebenso wie Zeichenbogen kann man auch aufleimen.

Will man ein Blatt aufleimen, so knickt man die Blattränder in der beabsichtigten *Aufleimbreite* nach oben um. Dann wendet man das Blatt und feuchtet es mit einem Schwamm an, wobei man die Ränder trocken läßt. Nachdem man dann den Bogen wieder umgekehrt und seine Ränder mit Leim bestrichen hat, klebt man ihn auf das Reißbrett. Trocknet nun der Zeichenbogen, so erhält er eine trommelfellartige Spannung und wird damit zu einer hervorragend gespannten Zeichenfläche, die sich später, wenn die Arbeit fertiggestellt ist, bequem abschneiden läßt (**B 14,1 · · · 4**). Hat man eine bereits beschnittene Zeichnung zu ändern oder zu ergänzen, dann befestigt man sie mit Kartonplättchen, die man neben dem Zeichnungsrand festzweckt, so daß sie das Blatt festhalten. Oft genügt ein Zeichnungsbeschwerer.

ZEICHENBLATT AUFSPANNEN, WILHELM
SCHNEIDER: TECHNISCHES ZEICHNEN FÜR
DIE PRAXIS, BRAUNSCHWEIG 1958
Die Bilder erklären das Aufleimen eines
Zeichenblatts am Reißtisch: Das Blatt wird
zunächst angefeuchtet, damit es durch das
Zusammenziehen nach dem Trocknen straff
gespannt ist.
WIEN, TECHNISCHES MUSEUM, INV. EB 563

MARGINALIEN, PETER AUER 1993
Es handelt sich um eine Zeichentischbespannung aus Halleiner Papier, auf der mit
einer Seilzeichenschiene (l = 120cm) aus
transparentem Kunststoff gezeichnet wurde.
Weitere verwendete Werkzeuge waren:
Tuschestifte (Rotring), Bleistifte und Klebebänder. TEXT: PETER AUER

MARGINALIEN, DETAIL

Das Modell: Ob Entwurf, Planung oder Präsentation, das Modell spielt unterschiedliche Rollen. Es dient dem Begreifen der Raumwirkung.

Von Karton über Lego, Styropor, Plexiglas, Holz oder Lehm, der Materialwahl scheinen keine Grenzen gesetzt. Teure Repräsentationsmodelle gibt es oft nur auf Klientenwunsch.

Durch die Computerisierung erfolgt eine Kombinierbarkeit von zwei- und dreidimensional. Die Mischformen des Zusammenspiels von Computer, Scanner, Film, Cutter oder Plotter erzeugen komplexe neue Visualisierungsmöglichkeiten. Am Rechner werden Modelle entwickelt, dann animiert oder als Film bearbeitet. CNC (Computer Numerical Control)-Technologien, wie Lasercutter oder Fräsen, schneiden aus Materialblöcken die am Computer generierten Modelle. 3D-Printer werden vom Computer angesteuert und bauen Schicht um Schicht 3D-Modelle aus Pulver auf, alle Entwurfsschritte können überprüft werden. „Walk throughs" wie fotorealistische Animationen, die Originalmaterialien einscannen, um die zu bauende Architektur wirklichkeitsgetreu zu simulieren, werden in der Kommunikation mit Bauherren verwendet.

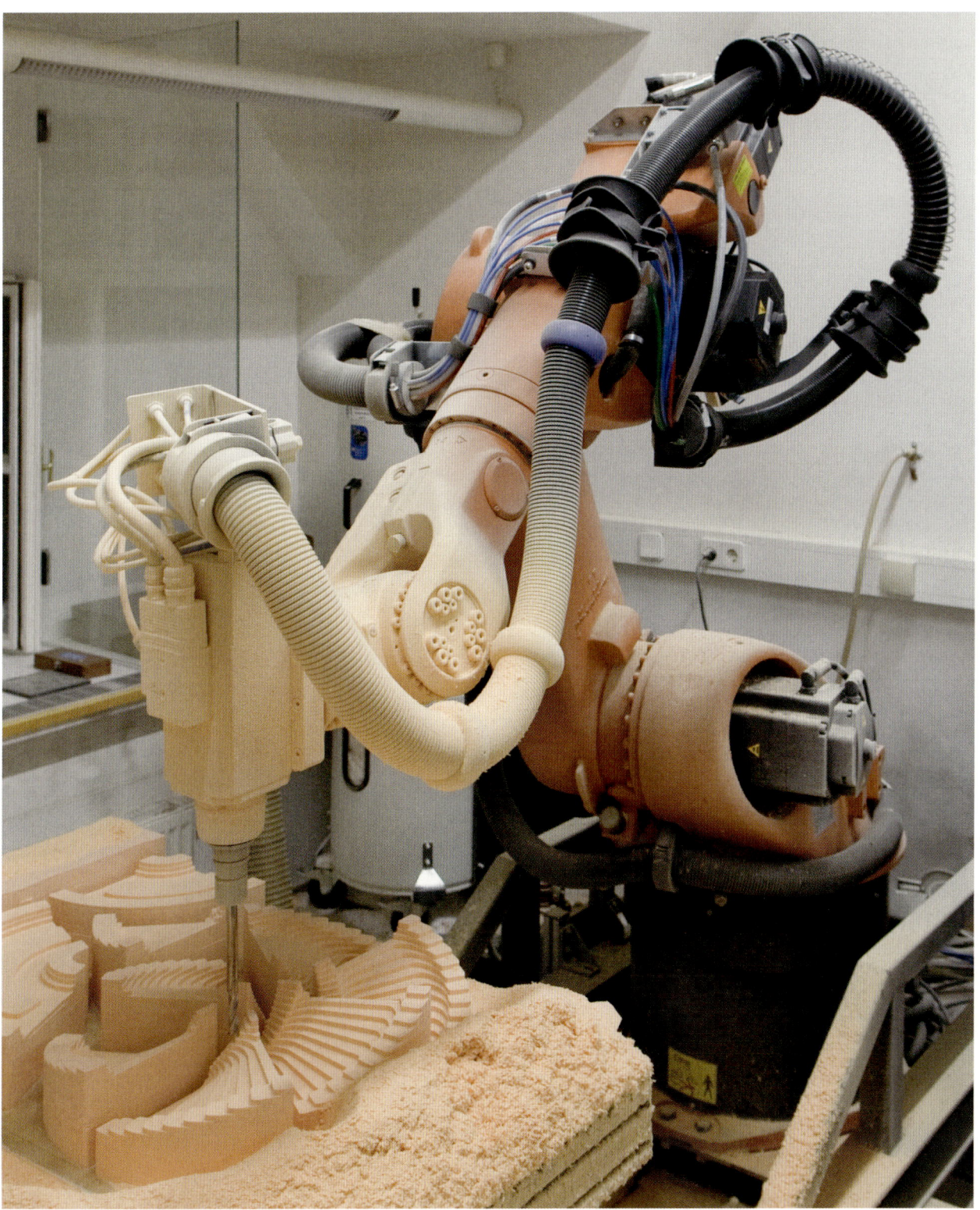

Selbst einfachste Mittel wie Kartonplatten oder Styroporquader reichen aus, um zu entwerfen. Modelle scheinen lange Zeit vorrangig zum Präsentieren und Vermitteln an Handwerker, nicht zum Entwerfen verwendet worden zu sein, wie etwa die grandiosen Beispiele aus Holz von Brunelleschi und Michelangelo deutlich machen. Im 20. Jahrhundert wurden Modelle aus Materialien wie Holz oder Styropor herausgeschnitten, aus Ton oder Plastilin geformt, aus Gips oder Metall gegossen, aus Papier, Karton, Kunststoff-, Holz- und Metallplatten zusammengesetzt.

Heute werden Modelle zunehmend als 3D-Objekte im Computer erzeugt und am Bildschirm gezeigt. Aus diesen digitalen Vorlagen werden mit vielfältigen Technologien Modelle automatisch hergestellt, durch Fräsen, 3D-Plotten oder Zuschneiden von Platten, die dann zusammengesetzt werden. Reale Modelle werden für die Weiterarbeit am digitalen Modell gescannt, das schließlich wieder zu einem realen werden kann.

Stanleymesser, Kleber & 3D-Plotter

SCHAUMKARTON, MDV PAPIER- UND KUNSTSTOFFVEREDELUNG GMBH, KARLSTEIN
Depafit-Platten verbinden die Vorteile von Hartschaum und Karton: Die Platten werden in Dicken von 3, 5 und 10 Millimeter geliefert, sind also relativ dünn, aber stabiler und körperhafter als Karton. Sie können sehr exakt mit dem Messer geschnitten werden, auch Gehrungsverbindungen sind möglich, und sie können sowohl geklebt als auch mit Stecknadeln verbunden werden.
WIEN, ARCHIDELIS

SCHNEIDUNTERLAGE, SCHNEIDLINEAL UND SKALPELL, STANDARDGRAPH ZEICHENTECHNIK GMBH, GERETSRIED; MARTOR KG, SOLINGEN
Um Tischflächen zu schonen und Messerschneiden scharf zu halten, werden spezielle Schneidunterlagen verwendet, die aus zumindest drei Kunststoffschichten bestehen: außen jeweils eine Schicht Weich-PVC, in der Mitte härteres PVC. Für besonders feine Schneidarbeiten im Modellbau, aber auch beim Planzeichnen und -layoutieren werden Skalpelle verwendet.

RECHTS OBEN NADELN, ZIEHEISEN, STEMMEISEN, PINZETTEN
Modellbauen ist immer auch weitgehend Improvisation: Für verschiedenste Schneid-, Ritz-, Stech- und andere Formvorgänge stellen Modellbauer vielfach eigene Metallwerkzeuge her, die dann in einen Holzgriff eingesetzt werden, und benützen Stemmeisen. Zum Greifen und Halten kleiner Teile werden Pinzetten benötigt.
WIEN, ARCHIDELIS

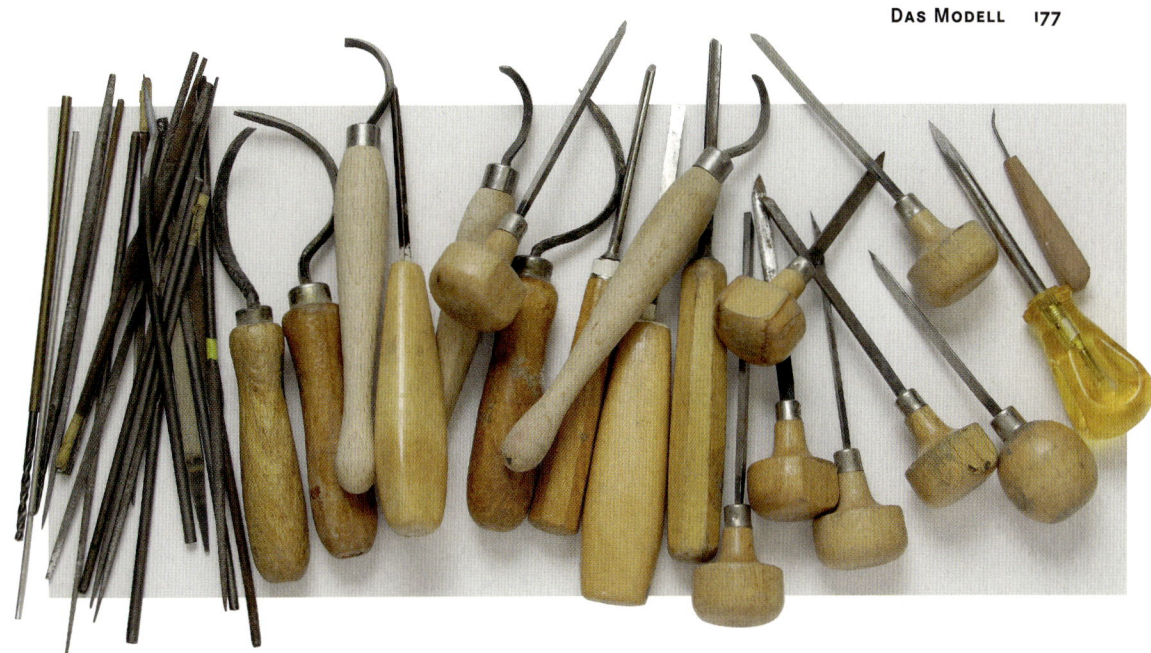

THERMOSCHNEIDGERÄT BM4, ca. 1980er
JAHRE, BURKHARDT, MÜNCHEN
Hartschaumplatten aus Polystyrol können
gut mit einem heißen Draht geschnitten
werden. Dieses frühe, kleine Thermoschneidgerät besitzt einen Arbeitstisch und
eine Lehre. Geschnitten wird mit einem
Draht, der unter 12 Volt Spannung gesetzt
und durch den elektrischen Widerstand zum
Glühen gebracht wird. Zum Schneiden wird
der Hartschaumblock gegen den Glühdraht
geführt, ähnlich wie bei einer Bandsäge.
WIEN, ARCHIDELIS

METHYLENCHLORID
Methylenchlorid bzw. Dichlormethan ist ein
chlorierter Kohlenwasserstoff und riecht
ähnlich wie Chloroform. Es wird im Modellbau für Acrylglas, das es unsichtbar klebt,
und für Polystyrolplatten verwendet. Die
Chemikalie wird mit dem Pinsel aufgetragen
und löst den Kunststoff an, der dann durch
Aufeinanderpressen zweier Bauteile rasch
verschmilzt, weshalb sie auch plastic weld
genannt wird.
WIEN, ARCHIDELIS

SCHUTZMASKE, 1990er JAHRE
SHIROHATO CO., LTD., NAGOYA
Der Kontakt mit gefährlichen Lösungs-
mitteln und Staub ist beim Modellbauen
fast unvermeidlich. Zum Schutz vor Staub
werden Schutzmasken mit Staubfiltern
eingesetzt – ein Beispiel dafür ist diese
japanische Maske.
WIEN, PRIVATBESITZ

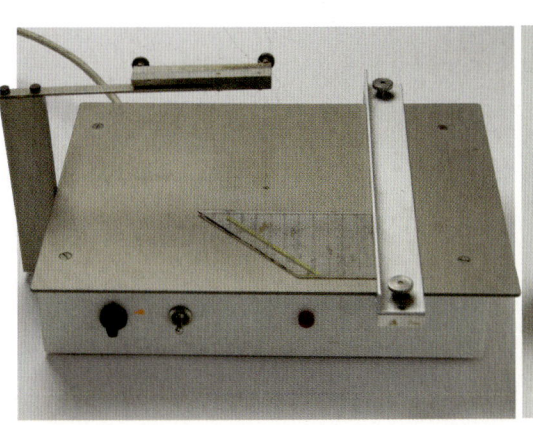
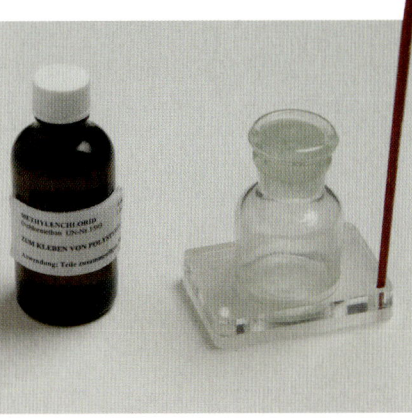

FOTOS: FLORIAN RIST

CUTTER, 1990er JAHRE
Eines der wichtigsten Modellbauwerkzeuge
ist das Stanleymesser, benannt nicht nach
dem britischen Zeicheninstrumente-
Hersteller, sondern nach dem
amerikanischen Werkzeugproduzenten
Stanley Works. Die originalen Stanleymesser
werden im Handwerksbereich benützt und
sind mit auswechselbaren Klingen
ausgestattet, während Architekten Cutter
mit Abbrechklinge benützen, die dadurch
sehr schnell wieder scharf gemacht werden
können.

WIEN, PRIVATBESITZ

INDUSTRIEROBOTER KR 60 HA,
2000er JAHRE, KUKA AG, AUGSBURG
Der Einsatz von vielachsigen Industrie-
robotern erweitert die Möglichkeiten im
digitalen Modellbau. Dieser Roboter besitzt
sieben Achsen – gewöhnliche CNC-Fräsen
haben meist drei steuerbare Achsen. Durch
mehr Freiheitsgrade sind kompliziertere,
auch unterschnittene Formen herstellbar.
Der Roboter kann neben der Fräse eine
Vielzahl anderer Werkzeuge aufnehmen.

WIEN, TECHNISCHE UNIVERSITÄT,
INSTITUT FÜR KUNST UND GESTALTUNG

FOTO: PETER KUBELKA

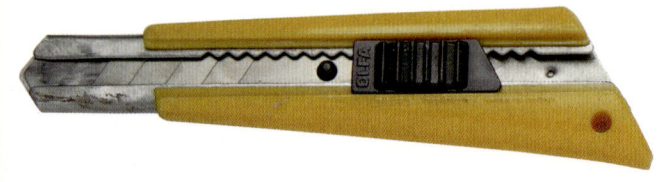

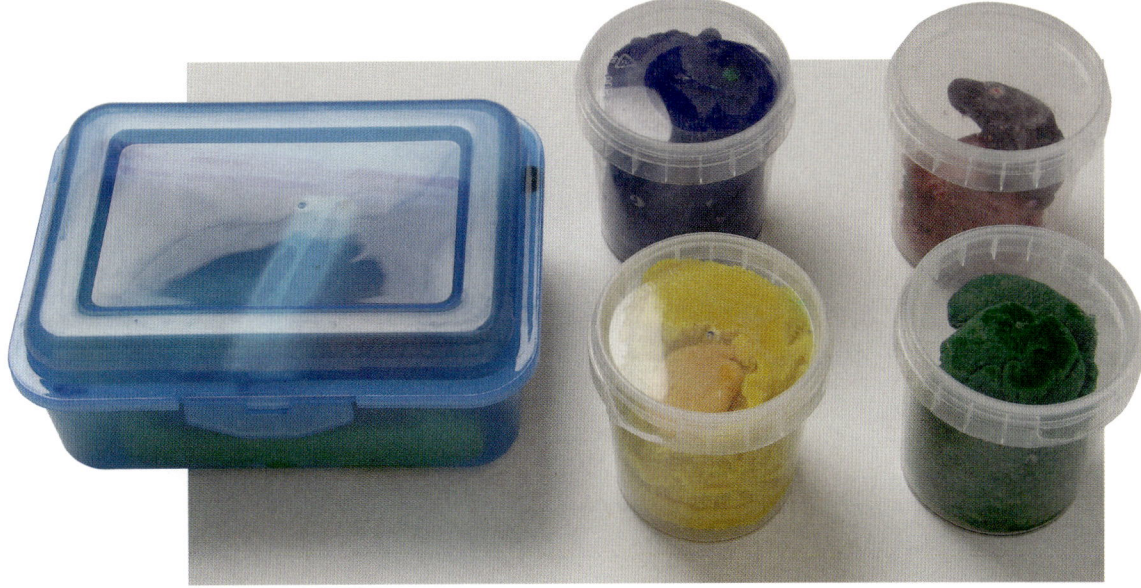

FOTO: PETER KUBELKA

PLASTILIN

Modelle werden nicht nur aus Elementen zusammengesetzt oder aus Materialblöcken geschnitten, sondern auch aus formbarem Material wie Gips, Ton oder Plastilin modelliert. Für den professionellen Einsatz gibt es Clay (Industrieplastilin), das im Unterschied zum Spielzeug härter und meist einfärbig braun ist. Clay kann angewärmt leicht geformt und in kaltem Zustand mit Werkzeug bearbeitet werden. Doch auch gewöhnliches Plastilin kann für Modelle herhalten, vor allem, wenn es um Farbe geht.

WIEN, PRIVATBESITZ

MICROSCRIBE G2X, 2000er JAHRE
IMMERSION CORP., SAN JOSE, KALIFORNIEN

Das Gerät erlaubt die Digitalisierung von Realobjekten: Mit der Spitze markierte Punkte oder Linien werden dreidimensional aufgenommen, daraus können dann mittels Software Flächen und Körper berechnet werden, sodass eine digitale 3D-Kopie des analogen Modells entsteht.

WIEN, TECHNISCHE UNIVERSITÄT,
INSTITUT FÜR KUNST UND GESTALTUNG

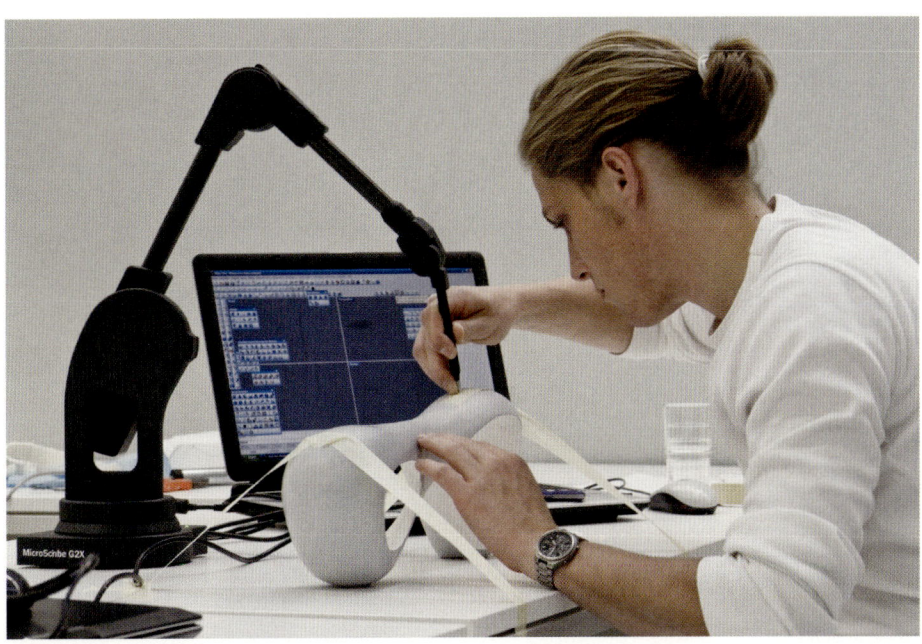

FOTO: FLORIAN RIST

Die einschneidendsten Veränderungen für die Architekturkreation sind die Transformation des Entwurfs- wie Planungsprozesses von 2D zu 3D, die immer enger werdende Kreativitätsschere sowie der ständig gesteigerte Effizienz- und Zeitdruck.

Das Potenzial veränderter Formen durch die Herstellung liegt in computergesteuerten Fertigungsverfahren sowie innovativen Materialien, die heute wiederum ihre spezifische Materialsprachlichkeit, oft auch überraschend, im Produktionsprozess entfalten. Auch die Haltung, die sich durch Programme manifestiert ist voller Widersprüche: open source und eigene Skripts neben kostspieliger Software mit hohem Anspruch an Lernkurven, sie zu meistern, die Leichtigkeit, standardisierte Elemente zu reproduzieren und gleichzeitig die Schwierigkeit, im weiten Spektrum möglicher Formgenerierung, den individuellen Kreationsausdruck zu finden.

Heute lässt sich ein Trend zur erweiterten Palette von Werkzeugen feststellen, die sich durch die Koexistenz von Tradition und Innovation auszeichnen: Bleistift und Skizzenpapier wird kombiniert mit 3D-Modeling, Scannern, 3D-Plottern und Rendermaschinen.

3D-Modeling, Bézier Kurven & Rendermaschinen

ADOBE PHOTOSHOP
Im Jahr 1987 begannen die Brüder Thomas und John Knoll mit der Entwicklung eines Bildbearbeitungsprogramms, das damals Display hieß. Bereits um 1910 begannen Architekten für Wettbewerbspräsentationen Fotografien von Architekturmodellen an die Stelle des zukünftigen Bauplatzes in Schaubildern zu montieren. Noch in den 1950ern wurde die Verwendung von Fotomontagen durch Yona Friedman von der Kollegenschaft als laienhaft belächelt. Heute ist das Adobe Photoshop von Adobe Systems — 1988 haben die Knoll-Brüder und Adobe einen Vertrag, der Softwaregeschichte schrieb, miteinander geschlossen — aus dem Alltag des Architekturmachens nicht mehr wegzudenken. *ek*

ADOBE ILLUSTRATOR
Dieses vektorbasierte Grafik- und Zeichenprogramm der Softwarefirma Adobe Systems kam 1987 auf den Markt und war ursprünglich für Apple Macintosh konzipiert. In der allerersten Version war es noch gar nicht möglich, Objekte mit Löchern zu machen. Wie frühere Werkzeuge sich in neuen technologischen Entwicklungen wieder einfinden, sieht man an den seit 1993 verwendeten Illustrator Werkzeugen: Messer, kalligraphischer Pinsel, Farbeimer. Seit 1997 gibt es auch eine Windows Version. *ek*

CATIA
Catia, die Abkürzung für Computer Aided Three-Dimensional Interactive Application, ist ein für 3D-Modellieren verwendetes CAD-Programm der französischen Firma Dassault Systèmes, das ursprünglich für den Flugzeugbau entwickelt wurde. Im Jahr 1969 begann Avions Marcel Dassault damit, ein Grafikprogramm fürs Zeichnen zu entwickeln. Die aktuelle Version Catia V5 ist ein parametrisches 3D-CAD Programm, das in der Automobil-, Luftfahrt-, Elektronik-, Medizinischen und Möbelindustrie, sowie im Maschinen-, Schiff-, Werkzeug- und Formenbau und eben auch in der Architektur eingesetzt und von IBM weltweit vertrieben wird. Catia steckt im Alpha Jet ebenso wie im Guggenheim Museum in Bilbao. *ek*

CINEMA 4D, 2008
Cinema 4D ist eine Software zum 3D-Modellieren und Animieren, entwickelt von der deutschen Firma Maxon, die seit 2000 zur Nemetschek-Gruppe gehört. Die erste Version des Vorläufers FastRay wurde 1991 für Commodore Amiga veröffentlicht. Cinema 4D wird für große Animations-Kinofilmprojekte verwendet, aber auch in Architektur und Design. *rt*

SCANNER
War in den 1980er Jahren der Kopierer ein pragmatisches Alltagsgerät in Architekturbüros, das auf unterschiedlichste Weise für Entwurfsinspirationen, sei es durch Rütteln, durch Stoßen, durch Vergrößern, Verkleinern oder andere ursprünglich nicht gedachte Verwendungsweisen, herangezogen wurde, liefert heute die Datenerfassung durch Scanner, auf ganz andere Weise, mitunter erstaunliche Anregungen und Inspirationen für das Vorstellen und Entwickeln von Raum. Mit Flachbettscannern, auf denen das Material mit der zu scannenden Seite nach unten liegt, lassen sich, da das Material nicht eingezogen werden muss, beliebige Objekte scannen. *ek*

3DS MAX
3Ds-Max ist ein Programm zur 3D-Modellierung, Animation, Rendering und für visuelle Effekte, das von Autodesk weiter entwickelt wird. Es kommt für Computerspiele und Filme zum Einsatz, aber auch in Architektur und Design. Ursprünglich ist es unter dem Namen 3D Studio Max von der Firma Kinetix entwickelt worden. Die angestrebte Echtheitswirkung von Renderings wird durch Mehrfachreflexionen, durch die Beleuchtung den Geokoordinaten entsprechend je nach Jahreszeiten oder Tageszeiten ermöglicht. Da Materialien selbst bestimmt werden können, ist die Gestaltungsfreiheit hoch. *ek*

FORM.Z
Der Hersteller auto.des.sys brachte im Jahr 1991 form.Z auf den Markt. Die heute häufig als par excellence für computertypisch erachtete Formensprache der Nichtorthogonalität, das Gekrümmte, Gewölbte, Geschwungene, war ursprünglich im klassischen CAD höchst aufwändig. Heute wird diese 3D-Grafik-Software sowohl für Oberflächenmodelle als auch für Volumenmodelle verwendet. Basierend auf parametrisch modellierten Kurven, wie den in den 1960er Jahren entwickelten Bézierkurven, die nach dem bei dem französischen Autohersteller Renault tätigen Ingenieur Pierre Étienne Bézier benannt sind, lässt sich mit form.Z vielseitig modellieren. *ek*

MAYA

Most Advanced Yet Acceptable, so das Akronym, das sich hinter Maya, einer 1998 erstmals auf den Markt gekommenen Software verbirgt. Sind zum einen Auto- und Flugzeugdesign Leittechnologien, aus denen Innovationsimpulse in andere Gebiete, wie das der Architektur, wandern, so ist es zum anderen die Film- und Computergameindustrie, in der Softwareentwicklung als Leittechnologie vorangetrieben wird. Die hochkomplexe 3D-Visualisierungs- und Animationssoftware Maya zeichnet sich durch modulare Offenheit für Plug-ins von anderen Anbietern aus. 2006 wurde die Entwicklerfirma Alias von Autodesk übernommen. *ek*

RENDERN

Die möglichst wirklichkeitsnahe Darstellung noch nicht gebauter Architektur wird unter dem Terminus Rendern heute fast ausschließlich mit Computertechnologie in Verbindung gebracht. Tatsächlich wurde jedoch schon lange vorher gerendered: nämlich in mit Bleistift oder Tusche angelegte Skizzen oder Plänen, die mit Buntstiften oder Kreiden zu Schaubildern weiter bearbeitet wurden und natürliche Phänomene, wie beispielsweise Schattenwirkungen, naturgetreu zeigten. Heute werden Materialien oft auf den Scanner gelegt und dann für Renderings verwendet, um der Wirklichkeitswirkung auch in der Materialität ganz nahe zu kommen. Mit den gestiegenen Erwartungen an Architekturvisualisierungen entstanden neue, auf Renderings spezialisierte Firmen und Anbieter, die im Zuge der Visualisierungstätigkeit Copyrights an den von ihnen erstellten Bildern beanspruchen. Dies stellt die Frage nach der Urheberschaft und dem Urheberrecht in der Darstellung von Architektur und dem Verhältnis zwischen Idee und Bild. *ek*

REVIT ARCHITECTURE

Revit Architecture ist eine Software für Gebäudeplanung, die an der Schnittstelle zwischen Architektur, Professionisten und Fachplanern zum Einsatz kommt. Konzipiert für BIM, Building Information Modeling, wird jede Änderung in allen Aspekten eines Projekts in der Dokumentation ständig mitvollzogen. Die Veränderung des Entwurfsprozesses der Architektur durch Computational Design vollzieht sich somit nicht nur auf der Formgebungsebene, sondern, was mindestens ebenso entscheidend ist, in den immer rascher werdenden, die Effizienz und den Zeiterwartungshorizont verändernden Kommunikationswegen. *ek*

RHINOCEROS

Rhinoceros, meist nur kurz Rhino genannt, wird als Modellierwerkzeug für Freiformen im Industriedesign, der Architektur, dem Schmuckentwurf ebenso eingesetzt wie im Rapid Prototyping, bei dem digitale Daten ohne manuelle Umwege in Werkstücke umgesetzt werden. Die Software wurde von Robert McNeel & Associates entwickelt. Ursprünglich war Rhino in einer offenen Version zugänglich und wurde von vielen Usern kollektiv verbessert. Rhino hat eine „scripting language", die auf Visual Basic beruht. Zur Popularität trägt nicht nur die relative Kostengünstigkeit bei, sondern auch der Umstand, dass Rhino als Konvertierwerkzeug zwischen verschiedensten Programmen im Designprozess fungieren kann. *ek*

MAXWELL RENDER

Der Lichtsimulator Maxwell Render ist eine „Stand-Alone-Renderengine", deren Qualität in der physikalisch richtigen Simulation von Licht liegt. Die Perfektion der naturgetreuen, fotorealistischen Simulation arbeitet mit physikalisch korrekten Lichtquellen und den Spektralwellen des Lichts, also nicht im computergewohnten RGB Farbspektrum. Wie Programme ineinander greifen und im Zusammenspiel eingesetzt werden, lässt sich an Plugin-Strukturen ablesen: Plugins für Maxwell Render gibt es für 3dsMax, Allplan, ArchiCAD, AutoCAD, Cinema 4D, formZ, Houdini, Lightwave, Maya, Rhino, SketchUp und Solidworks. *ek*

GEHRY TECHNOLOGIES

Frank Gehry gründete im Jahr 2002 Gehry Technologies GT, ein aktuelles Beispiel dafür, wie ein Architekt die Werkzeuge der eigenen Profession entwickelt. In Produktdesign und Produktion hatten sich früher als in der Architektur tiefgreifende Veränderungen in Richtung 3D vollzogen, was GT als Trend für die Architektur verstärkt. Forschung und Entwicklung findet in Zusammenarbeit mit wissenschaftlichen Einrichtungen, aber auch der Industrie statt: das Media Laboratory des MIT, Georgia Tech und CERF. Die Produktentwicklung wird mit IBM und Dassault Systems, den Entwicklern von Catia, vorangetrieben. Gehry Partners waren Pioniere des modellbasierten Entwerfens, was Initiativen in der Technologie und Softwareentwicklung, die die Praxis des Architekturentwerfens verändert, nach sich zieht. Digital Project von GT beinhaltet 3D Building Information Modeling (BIM) und Management Werkzeuge mit Catia als Herzstück. *ek*

web: archidelis.at

Foto: © Fabian Lux

Architektur beginnt
im Kopf ...

gemeinsam schaffen wir daraus

Raum für
die Zukunft!

Als Österreichs wichtigster Immobilien-
besitzer und Bauherr legt die BIG neben
kommerziellen Interessen verstärkt auch
auf baukünstlerische Qualität großen
Wert.

Wirtschaftlichkeit und Architektur
gehen Hand in Hand.

Bundesimmobiliengesellschaft m.b.H
Hintere Zollamtsstraße 1, 1031 Wien
T +43 5 0244-0, F +43 5 0244-2211

office@big.at, www.big.at

Anspruchsvolle Architektur verlangt perfekte handwerkliche
Qualität im Detail, Ausführung und Montage.

www.auer-hm.at   www.vitrinenbau-auer.at   www.messebau-auer.at

Zu den AutorInnen

Dietmar Steiner

Studium der Architektur an der Akademie der bildenden Künste in Wien. Bis 1989 an der Hochschule für angewandte Kunst in Wien, Lehrkanzel für Geschichte und Theorie der Architektur.
Seit 1993 Direktor des Architekturzentrum Wien. 2002 Kommissär des österreichischen Beitrag zur 8. Architekturbiennale Venedig. Mitglied des Steering Committee des European Union Prize for Contemporary Architecture — Mies van der Rohe Award. Präsident von ICAM — International Confederation of Architectural Museums. Architektur-Consultant für eine Vielzahl von Jurys und Gutachterverfahren. Redakteurstätigkeit beim Magazin „domus" sowie publizistische Arbeiten zu den Themen Architektur und Stadtentwicklung.

Elke Krasny

Kulturtheoretikerin, Kuratorin, Autorin, Kunst- und Kulturprojekte im öffentlichen und sozialen Raum; arbeitet, forscht, kuratiert, lehrt und publiziert entlang der Verbindungen von Architektur, Kunst als öffentlicher Raum, Urbanismus, Gender und Repräsentation sowie Museen und Ausstellungen als kulturelle Formationen; Lehrbeauftragte an der Akademie der bildenden Künste, Gastprofessur der Ernst-Georg-Heinemann-Stiftung an der Universität Bremen zum Thema „Wege in die Stadt. Urbane Narrative und ihre Transformationsprozesse" 2006; Lehrbeauftragte an der Universität Salzburg 2008 zum Thema „Stadt Raum Gender — Die Produktion urbaner Narrative. Kritische Reflexion als Intervention"; ihr Kinder- und Jugendbuch „Warum ist das Licht so schnell hell?" wurde mit dem Österreichischen Kinder- und Jugendbuchpreis sowie dem Kinder- und Jugendbuchpreis der Stadt Wien ausgezeichnet.
„Wege über den Karlsplatz", Wandinstallation in der Ausstellung „Karlsplatz. Am Puls der Stadt", Wien Museum 2008.
PUBLIKATIONEN HERBST 2008: Urbanografien. Stadtforschung in Architektur, Kunst und Theorie, Hg. Elke Krasny, Irene Nierhaus, Reimer Verlag Berlin, September 2008; Stadt der Frauen. Eine andere Topographie von Wien, Metro Verlag Wien, Herbst 2008; Unsere Welt in den Augen der Welt. Identität und Authentizität als Frage der Gestaltung im Medium Weltausstellung, in: Matthias Götz (Hg.) Villa Paragone. Thesen zum Ausstellen, Schwabe Verlag Basel 2008.

Gudrun Hausegger

Studierte Medizin, Kunst- und Architekturgeschichte in Graz, Wien und Los Angeles (2000–2003 Masterstudium an der University of California Los Angeles). 1996–1998 Presse- und Archivarbeit bei Coop Himmelb(l)au, 1998–2000 Lehrauftrag an der Universität für angewandte Kunst in Wien. 1998–2000, und erneut seit 2004, Projektleitung im Architekturzentrum Wien.
Forschungsschwerpunkte liegen auf der europäischen und US-amerikanischen Architektur von 1940 bis zur Gegenwart. Publikationen im Rahmen von Coop Himmelb(l)au und dem Architekturzentrum Wien.
PUBLIKATION: Steven Holl. LOISIUM: World of Wine, Hatje Cantz 2007.

Robert Temel

ist selbstständiger Forscher, Journalist und Vermittler in den Bereichen Architektur, Stadt und
Kulturtheorie. Er untersucht das Feld der Planung mit einer Perspektive, die gestalterische
und funktionelle Aspekte ebenso wie ihren breiten Kontext umfasst – das heißt es geht dabei
auch um Politik und Verwaltung, AuftraggeberInnen und NutzerInnen, Wirtschaft und
Gesellschaft. Seit 2003 ist er Vorsitzender des Vorstands der Österreichischen Gesellschaft
für Architektur (ÖGFA).
PUBLIKATIONEN: Florian Haydn, Robert Temel (Hg.): Temporäre Räume. Strategien innovativer
Stadtnutzung, Basel 2006; Robert Temel: „Temporärer Urbanismus. Potenziale begrenzter
Zeitlichkeit für die Transformation der Städte", in: Elke Krasny, Irene Nierhaus (Hg.)
Urbanografien. Stadtforschung in Kunst, Architektur und Theorie, Reimer Verlag Berlin 2008.

Gerhard Vana

1988–1992 Universitätsassistent am Institut für Künstlerische Gestaltung der TU-Wien
Abteilung für Plastisches Gestalten und Modellbau, 1992–1996 Vertragsassistent und Leiter
des Forschungsprojektes „Baukästen", 1994 Promotion zum Doktor der technischen
Wissenschaften an der TU-Wien (mit Auszeichnung), 1994–2001 Lehrbeauftragter für die
Vorlesung „Architekturmodell" an der TU-Wien, 1996 Verleihung der Befugnis als „Staatlich
befugter und beeideter Ziviltechniker" und seither Arbeit als selbständiger Architekt mit
Kanzleisitz in Wien, 2001–2003 Teilnahme an Durchführung und Konzeption des Forschungs-
projektes: „Architektur und Baukasten" als freier wissenschaftlicher Mitarbeiter; 1984
Förderpreis des Schweizer Stahlbaus – 2. Preis; 1986 Karl-Scheffel-Gedächtnispreis der
Zentralvereinigung der Architekten Österreichs.

ALVAR ALTOS YARDSTICK
JYVÄSKYLÄ, ALVAR AALTO ARCHIV

Dank

Anita Aigner
Marc Albertin
Garrick Abrose
Wendy Arrington
Philipp Aschenberger
Heinrich Auer
Peter G. Auer
Joan Bassegoda Nonell
Corinne Bélier
Ben van Berkel
Marlies Breuss
Steward Berriman
Ewald Bilonoha
Gerhard Binder
Chantal Bittrich
Emile Boucheteil
Dirk Bühler
Carla Camilleri
Alfred Candrian
Mary Chan
Gary Chang
Haiko Cornelissen
Mónica Cruz Guáqueta
Dana Cuff
Hermann Czech
Kersu Dalal
Alexander Desbulleux
Rodolfo Dias
Johanna Diehl
Ingrid Diem
Elizabeth Diller
Nermin Dizdarevic
Robert Donnelly
Clemens Ellmauthaler
Annemarie Emeder
Anneke Essl
Michael Etzel
Solange Fabiãio
Jordi Faulí i Oller
Barbara Feller
Marianne Fischbacher
Ingrid Fitzek
Colin Franzen
Yona Friedman
Françoise Fromonot
Martina Frühwirth
Martina Fuchs
Birgit Gartner
Nick Gelpi
Ben Gilmartin

Judy Glass
Wolfgang Gleissner
Eugenia Gorini Esmeraldo
Rainer Graefe
Susanne Gronemann
Wolfgang Hammerer
Marja-Liisa Hänninen
Harald Hasler
Gregor Harbusch
Gudrun Hausegger
Wolfgang Heidrich
Arne Heporauta
Marta Hernàndez i Roig
Steven Holl
Marjo Holma
Yvonne Hotwagner
Helmut Houdek
Dorothee Huber
Herbert Hutterer
Yoshiko Iwasaki
John Izenour
Kristof Jarder
Ben Jakober
Familie Jochum
Momoyo Kaijima
Gabriele Kaiser
Susanne Kappeler-Niederwieser
Barbara Katzelmayer
Armin Keck
Hollyamber Kennedy
James Kolker
Machteld Kors
Erhard Krasny
Yamna Krasny
Bernadette Krejs
Peter Kubelka
Thomas Kussin
Marion Kuzmany
Gyoung Nam Kwon
Esa Laaksonen
Anne Lacaton
Helmut Lackner
Rosmarie Ladner
Alicia LaDuke
Stephanie Lavaux
Vivian Lazzareschi
Sonja Lebos
Alfred Lechner
Catherine Lecoq
David van der Leer

Thomas Liedl
Karin Lux
Peter Märkli
Alexandra Maringer
Fernando Marzá Pérez
Aude Mathé
Daniel McCoubrey
Chris McVoy
Gabriele Metzger
Andreas Mieling
Herbert Mödlhammer
Anita Mostböck
Martin Mostböck
Karen Murphy
Vezio Nava
Ute Neuber
Irene Nierhaus
Andrea Nussbaum
James Roderick O'Donovan
Michael Ogertschnig
Andrew Ogilvie
Alessandro Orsini
Katariina Pakoma
Pernette Perriand Barsac
Hartmut Petzold
Alexander Pirker
Sonja Pisarik
Monika Platzer
Manfred Wolff-Plottegg
Markus Puchberger
Ines Purtauf
Charles Renfro
Ursula Riederer
Johann Riegler
Florian Rist
Katharina Ritter
François Roche
Nancy Rogo Trainer
Christian Roschitz
Mario Rosner
Angelica M. Ruano
Ulrike Ruh
Peter Sauerwein
Susan Scanlon
Georg Schwalm-Theiss
Ricardo Scofidio
Denise Scott Brown
Hans-Peter Siffert
Martin Skladal
Werner Skvara

Monika Sparta
Evelyn Spindler
Klaus Stattmann
Dietmar Steiner
Oscar Steiner
Hester Stöbe
Marcelo Suzuki
Heinz Schalk
Gerhard Schier
Christoph Schlosser
Beate Schnitter
Lutz Schöbe
Cornelia Schörg
Alexander Schuh
Yaron Schuh
Yona Schuh
Leon van Schaik
Michael Schöller
Martin Schwanzer
Christoph Stadlhuber
Lek Thanavatik
Robert Temel
Jeremy Tenenbaum
Andreas Thierer
Eamon Tobin
Jos Tomlow
Monika Tscholakov
Yoshiharu Tsukamoto
Nia Turner
Gerhard Vana
Jean-Philippe Vassal
Robert Venturi
Alexandra Viehhauser
Sílvia Vilarroya
Malu Villas Bôas
Laia Vinaixa
Alexandra Wachter
Ute Waditschatka
Daniel A. Walser
Torsten Warner
Daniel Weiss
Mark Wigley
Ebbie Wisecarver
Noah Yaffe
Ute Woltron
Sandy Yu
Michael Zinganel